U0678070

集刊

集人文社科之思 刊专业学术之声

刊　　名：亚非研究
主办单位：北京外国语大学亚非学院
主　　编：孙晓萌

Journal of Asian and African Studies

**编辑委员会**

**学术顾问：**饶宗颐　黄心川　郝　平

**主　任：**孙晓萌

**副主任：**金京善　佟加蒙

**编辑委员会委员：（以姓氏笔画为序）**

王一丹　王一兵　王邦维　王泽壮　孔建勋　冯玉培　刘　建
刘曙雄　许利平　华黎明　李安山　李金明　李绍先　李丽秋
吴宗玉　邱苏伦　张西平　张朝意　张宏明　张晓君　陈云东
陈利君　杨保筠　陆蕴联　范宏伟　罗　刚　郁龙余　金　莉
拱玉书　贺圣达　贺文萍　胡仕胜　徐中起　梁志明　黄兴球
黎跃进　穆宏燕　姜景奎

**编辑部**

**执行主编：**饶宗颐　黄心川　郝　平

**执行副主编：**孙晓萌

**编辑部主任：**金京善　佟加蒙

**责任编辑：（以姓氏笔画为序）**

米　良　李　灿　张忞煜　周利群　黄立志　康　敏　傅聪聪
曾　琼　穆宏燕

**2018年第1辑**

刊名题词：李 波
投稿邮箱：yfyj@bfsu.edu.cn
中国集刊网：http://www.jikan.com.cn/
集刊投约稿平台：http://iedol.ssap.com.cn/

集刊

总第13辑
（2018年第一辑）

# 亚非研究

Journal of ASIAN AND AFRICAN STUDIES

孙晓萌 主编

社会科学文献出版社
SSAP
SOCIAL SCIENCES ACADEMIC PRESS (CHINA)

# 目录
CONTENTS

## 南亚研究



## 东南亚研究



## 亚非经典译介

目录

CONTENTS

## African Studies



## Northeast Asian Area Studies



## Central Asian Studies



## Caucasus Area Studies



## South Asian Studies

## Southeast Asian Studies



## Translation of Asian and African Classics

# 非洲研究

# 中国新移民再议：以非洲为例

李安山[*]

【摘　要】新移民是指中国改革开放以来移民海外的中国人。新移民既是一种现象，也是一个群体。本文从时间节点、行为主体、行为目的和现实身份等方面入手，对新移民进行了定义，并以非洲为例，就新移民的特点和分类提出了自己的观点。

【关键词】新移民　非洲的中国人　华侨华人

新移民既是一种现象，也是一个群体，学术界对此有过不少讨论。本文希望以非洲华侨华人为例，对新移民的定义进行探讨，并在此基础上对新移民的特点和分类作一概括。

## 一　新移民的定义

在华侨华人研究中，对“新移民”的定义有多种。一种观点认为，“1978年中国实行改革开放以来，出现了百万大陆居民移居海外的现象，这是自新中国成立以来的一次规模较大、数量较多的移民潮。这些移居海外的

* 李安山，北京大学教授，华东师范大学荣誉讲座教授。

大陆居民被称作是新移民。"①这一定义注重的是一种现象，而且仅限于中国大陆居民。另一种观点认为新移民指"1970年代以后迁往外国的中国移民，包括从香港、台湾和澳门移居外国的新移民"。持这种观点者强调两点：一是长住一年以上者，不包括政府所派遣的外事人员；二是不主张用"改革开放以来"作为时限标志，认为即使在中国大陆，闽、粤等地较大规模的海外移民活动亦始于20世纪70年代初，早于改革开放开始的1978年。②由于这一现象仍然处于历史的进程中，其基本定义难以明确，这完全可以理解。③

然而，从华人移民非洲来看，这是一个持续不断的过程，如果过分强调时间节点，我们难以解释台商早在20世纪60年代已开始在非洲诸国投资④；香港的四大家族在同一年代均已在尼日利亚投资兴业。正是由于改革开放带来的新移民这一现象，欧洲华人在20世纪70年代后期出现了重大变化，中国大陆（而不是香港或东南亚）成为该地区华人移民的主要来源地。⑤

笔者以为，我们对新移民做出定义时除了参考联合国对国际移民的一般定义外，还应加上另外四个因素：时间节点、行为主体、行为目的和现实身份。有鉴于此，笔者对"新移民"的定义如下：新移民主要指中国改革开放后移民海外的中国人，他们的主要目的是定居海外以求得更好的生存空间和发展条件，他们中有的已入籍所属国，有的仍保留中国国籍。我

① 赵红英引用的《国际日报》的定义。参见赵红英《试论中国大陆新移民的特征：北美与欧洲的比较》，《八桂侨刊》2001年第3期。

② 庄国土、张晶盈：《中国新移民的类型与分布》，《社会科学》2012年12期。

③ Frank N. Pieke et al., *Transnational Chinese: Fujianese Migrants in Europe*, Stanford University Press, 2004, pp.9-17; Tan Chee-Beng ed., *Routledge Handbook of the Chinese Diaspora*, Routledge, 2013, pp.2-7; Giles Mohan et al., *Chinese Migrants and Africa's Development: New Imperialists or Agents of Change*, London: Zed Books, 2014, pp.1-30.

④ 20世纪60年代末加纳的台侨人数已达250余人。参见王申望《迦纳华侨大聚会》，《侨务月报》（台北），第199期，1969年3月，第30页；徐知音《中国人在利比亚》，《侨务月报》（台北），第165期，1966年5月，第24页；徐姁《侨居东非掇拾》，《侨务月报》（台北），第200期，1969年4月，第18页；商岳衡《在非洲的中国人》，《侨务月报》（台北），第217期，1970年9月，第12页。

⑤ Frank N. Pieke et al., *Transnational Chinese: Fujianese Migrants in Europe*, Stanford University Press, 2004, p.1.

们用“中国改革开放”作为时间节点，因为新移民这一历史现象是改革开放的直接后果之一。用“中国人”来定义，是因为这些人的主体来自中国大陆，也包括港澳台移民。将“定居海外以求得更好的生存空间和发展条件”作为他们移民的目的，是因为国外学者往往将大批在海外从事施工超过一年的中国普通工人也列入这一类，这既不科学也不符合事实，因为他们是根据合同在外工作几年然后回家，一些国际学者也注意到了这一点。[①]“他们中有的已入籍所属国，有的仍保留中国国籍”这一条是为了说明现有的身份并不影响将他们定义为新移民。

由于这一群体在非洲华侨华人中占有日益重要的地位，笔者将对一些实际问题做出相应的分析。

## 二　新移民的特点

不言而喻，新移民有其特点，与老华人相比，其特点尤其明显。由于新移民是中国改革开放的产物，他们的身上也带有强烈的时代特征。他们抵达非洲的目的不同，受教育程度和文化素质不同，从事的职业和经营方式也不同，这使他们在人们眼中的形象各异，非洲人和中国人对他们的看法就迥然相异。

### 1. 商务官员的描述

长期负责对非洲商务工作的中国商务部前副部长魏建国对非洲华商曾做出过评论，此处的“非洲华商”指的应该是新移民。他在分析华商成功的原因时认为，首先，经营方式灵活多样是他们的长处之一。华商能够根据非洲市场多品种、小批量和个性化的需求特点，及时调整经营策略以规避风险。其次，有吃苦耐劳的精神是长处之二。他们能够因陋就简、艰难创业，也可以困境求生，“这是国有企业难以相比的”。最后，善于运用国家政策是长处之三。每项政策发布的关头，这些新移民都会体现适时应用政策、使政策的益处最大化的特点。

① Jie Wang and Josh Stenberg, “Localizing Chinese Migrants in Africa: A Study of the Chinese in Libya Before the Civil War”, *China Information*, 28:1(2014), pp.69-91.

华商存在的问题，第一，缺乏文化积淀，懂外语和管理的人才缺乏，内部管理也欠规范。第二，偏重以数量扩张为主的粗放式增长，缺乏品牌意识，销售网络也相对薄弱。这种缺陷主要存在于改革开放初期赴非洲的移民身上。忽视商品质量、以次充好、以量取胜的时代已经过去。第三，无序竞争状态普遍存在。由于个体商贩多，互相杀价的恶性竞争并不稀奇。这种做法一方面造成市场上的经营秩序混乱，另一方面也说明华商不团结，从而影响了中国人的形象。① 第四，忽视生产技术的提高与创新，研发能力薄弱。第五，不注意保护当地环境和劳工权益，缺乏履行社会责任的意识。魏建国副部长对华商中存在的这些问题并不避讳，而且认为这些问题具有普遍性。②

**2. 外交官员的看法**

中国前驻津巴布韦大使袁南生对华人在非洲的贡献评价很高。这种贡献表现在五个方面：第一，对非洲经济建设和社会生活的促进作用；第二，促进中非相互理解和友好往来方面的桥梁作用；第三，在“反独促统”中的呐喊作用；第四，对中国现代化建设的支持作用；第五，在回馈非洲社会和关心弱势群体方面的积极作用。然而，对新华人存在的毛病，袁南生大使也不讳言：相当一部分新华人受过高等教育，他们的思想观念比老华人要现代得多、前卫得多，办事风格更张扬。一些具有专业技术的新华人经营的领域有电脑和通信等新型产业。新华人起步多是“借船下海”，先是国企派往非洲的代表，利用公家资金与业务网络为自己起家打下基础，有的几年内就可暴富。新华人中存在坑蒙拐骗的现象，根源在于“急于完成资本的原始积累”。新华人中的少数人“更善于、更勤于把国内的假冒伪劣产品‘倒腾’到非洲”；有的甚至当人贩子，通过非法移民捞取钱财；有的还将国内黑社会的做法移植到非洲，为争夺利益大打出手。应当说，败坏中国人形象的种种行为，相当一部分是新华人中的个别人所

① 津巴布韦华联会副会长赵科 2017 年 3 月 27 日在北京大学非洲研究中心作讲座时举了一个例子：为了保证市场价格稳定，津巴布韦哈拉雷 7 家卖自行车的华商开了一个会，规定自行车售价为 56 美元。然而，第二天营业时，有的店铺就定出了 55.5 美元的价格。

② 魏建国：《此生难舍是非洲——我对非洲的情缘和认识》，中国商务出版社，2011，第 127~128 页。

为。新华人还习惯于以老板的眼光居高临下地看待当地人，对黑人尊重不够。袁南生大使认为，新、老华人两个群体有诸多不同，有往来和合作，也有矛盾与冲突。老华人的影响、实力和社团凝聚力在下降，而新华人中又出现新的分化。①

### 3. 客观的评价

上述评价来自中国政府中负责非洲事务的官员，他们的评价或是基于国家利益或政策层面的考虑，或是有感于自己所接触或印象最深的事例。笔者不想否认新移民中存在的各种不良倾向，也不愿为少数害群之马的恶行作任何辩护。应该看到，任何一个群体都是良莠不齐的，存在着各种倾向。然而，我们不应该一叶障目，也不应该因为个别人的行为而影响对新移民这一群体做出基本而客观的评价。

只有将新移民这一现象置于经济全球化和中国改革开放这一大的格局中去理解，将这一群体置于中国人主动走向世界（与以前的契约劳工完全不同）这一历史背景中去考察，我们才能更全面地认识他们的作用。非洲的中国新移民是在一个遥远而陌生的大陆上直面困难、开拓市场的先锋。他们审时度势、机制灵活、模式新颖，从街头摆摊到熟悉市场，从经商贸易到轻工制造，从单打独斗到抱团出海，逐渐摸索出一套适合民企在非洲发展的策略。即使是新移民在街头摆摊，也有各种不同的情况。以南非为例，有的新移民开二手车摆摊，也有的在外围区摆摊，还有的在商业区摆摊，各种策略不一而足，均视手头财富、来非时间、个人判断和机缘巧合而定。② 然而，大部分华人的经营方式还有待进一步升级。有在非经营的华商认为："我们华商是做大了，全面开花，但是没做强。不少人在中国城里开个店，拿着计算器交易，是相对低端的交易方式。（这些领域）恐怕在相当长的时间内有需要，但可持续性怎样不好说。现在，中国（中高端）主流产品的主流（销售）渠道不在我们手上。如果我们有机会建立我们的零售、销售渠道，对南非市场的稳定性有好

---

① 袁南生：《走进非洲》，中国社会科学出版社，2011，第 235~237、244~247 页。

② 南部非洲上海工商联谊总会编《追梦——上海人在非洲》，2014。

处，对我们自身也是保障。”[①] 当然，这与华人在非洲定居时间的长短有直接关系。

新移民最大的特点是与中国的关系密切，这点与老华人有所不同。新移民近期刚离开中国，与祖国有千丝万缕的联系，在国内有家庭老小、亲戚朋友和社会关系，有烂熟于心的处世之道和文化习俗，还有自幼熟悉的各种人文环境。中国政府为他们提供了教育和出国的条件，改革开放使他们可以利用这些条件把机遇变为现实。中国经济的快速发展又为他们从事贸易提供了充足的国产商品，外交部、商务部等各种机构通过努力开创的中非合作局面为他们打开了广阔的非洲市场，中非合作论坛为他们进行中非经济合作创造了良好的平台。正是这些条件、环境和平台，使新移民与中国存在着实实在在的各种联系。尽管他们或许有这样或那样的怨言，但在感情上与中国十分密切。这说明了为什么中国政府在国际上的一切活动（尤其是“反独促统”）都得到他们的坚决支持。

这些新移民与中非经济合作的发展紧密相关。换言之，华侨华人与中国对非贸易额的增长紧密相关。中非关系快速发展一个最明显的标志是双方之间的贸易额增长迅速。中非之间的贸易额在 1950 年时只有 1200 万美元，2000 年时为 100 亿美元，2010 年已达 1269 亿美元，2013 年突破了 2000 亿美元。这些数据的一个明显特点是，中国向非洲的出口额持续增长，唯一的例外是 2009 年比 2008 年的出口额略有下降（见表 1 和图 1）。中国向非洲十大出口对象国的出口情况见表 2。

**表 1　中国与非洲的贸易额（2005~2010 年）**

单位：亿美元

| 类别 | 2005 年 | 2006 年 | 2007 年 | 2008 年 | 2009 年 | 2010 年 |
|---|---|---|---|---|---|---|
| 非洲出口 | 186.8 | 266.9 | 372.9 | 508.4 | 477.4 | 599.6 |
| 非洲进口 | 210.6 | 287.8 | 362.8 | 560.0 | 433.3 | 669.5 |
| 合计 | 397.4 | 554.7 | 735.7 | 1068.4 | 910.7 | 1269.1 |

① 任杰:《从南非经济调整中寻觅新商机——专访南部非洲上海工商联谊总会会长姒海》，国际在线，2012 年 10 月 6 日，http://www.nanfei8.com/nanfeishangji/nanfeishangji/2012-10-05/2027.html。

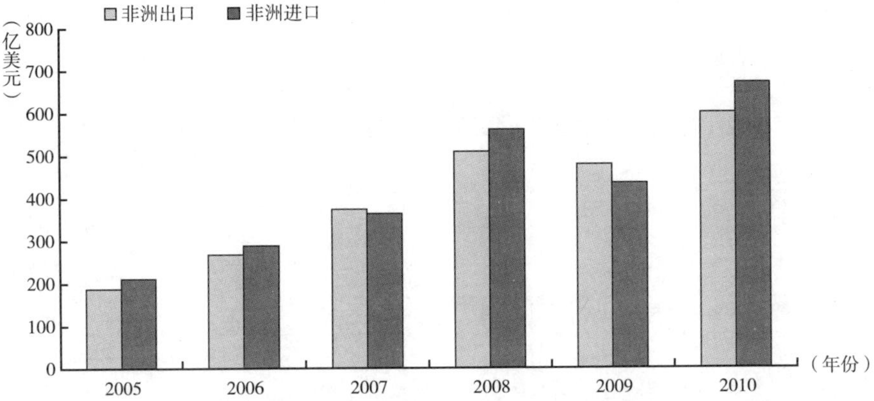


**图 1　中国与非洲的贸易额（2005~2010 年）**

资料来源：根据中国商务部西亚非洲司发布的《中国与非洲国家贸易统计》相关年份数据编制。转引自张宏明主编《中国和世界主要经济体与非洲经贸合作研究》，世界知识出版社，2012，第 382 页。

**表 2　中国向非洲十大对象国出口统计（2005~2010 年）**

单位：亿美元，%

| 2005~2010 年 | | 2010 年 | | |
|---|---|---|---|---|
| 国家 | 累计金额 | 国家 | 金额 | 占比 |
| 南非 | 438.1 | 南非 | 108.3 | 18.1 |
| 尼日利亚 | 278.8 | 尼日利亚 | 66.96 | 11.2 |
| 埃及 | 226.3 | 埃及 | 60.42 | 10.1 |
| 阿尔及利亚 | 179.1 | 利比里亚 | 43.97 | 7.3 |
| 摩洛哥 | 118.8 | 阿尔及利亚 | 40.00 | 6.7 |
| 贝宁 | 109.1 | 摩洛哥 | 24.85 | 4.1 |
| 安哥拉 | 98.2 | 贝宁 | 22.74 | 3.8 |
| 苏丹 | 97.0 | 利比亚 | 20.61 | 3.4 |
| 利比里亚 | 89.0 | 安哥拉 | 20.04 | 3.3 |
| 加纳 | 78.0 | 苏丹 | 19.53 | 3.3 |

资料来源：张宏明主编《中国和世界主要经济体与非洲经贸合作研究》，世界知识出版社，2012，第 379~383 页。

笔者注意到，根据一些研究者所得出的非洲国家华人估计数，几个被认为华人人口较多的国家也正是表 2 中居于前列的国家。例如，南非是目前华人最多的非洲国家（20 万 ~40 万人），其他华人人数较多的国家还有尼日利亚（10 万人）、安哥拉（2 万 ~4 万人）、苏丹（2 万 ~7.4 万人）、阿尔及利亚（2万人）、埃及（6000~10000人）等国。[①] 华侨华人在非人数的变化情况见表3。

**表3 非洲国家（地区）华侨华人人数统计（1968~2017年）**

单位：人

| 国家（地区） | 1968年 | 1975年 | 1984年 | 1990年 | 1996年[①] | 2001年[②] | 2003年 | 2004~2017年[③] |
|---|---|---|---|---|---|---|---|---|
| 阿尔及利亚 | | | | | 200 | 2000 | | 20000 |
| 安哥拉 | 500 | 550 | 250 | 250 | 300 | 500 | | 20000~40000 |
| 贝宁 | 32 | | | | 100 | | | 4000 |
| 博茨瓦纳 | | 25 | 45 | 25 | 300 | 40 | | 3000~10000 |
| 布基纳法索 | | | | | | | 20余 | 1000 |
| 布隆迪 | | | | | | | | 150 |
| 中非 | | | | | | | | 300[④] |
| 吉布提 | | | | | | | | 无具体数字[⑤] |
| 赤道几内亚 | | | | | 388 | | | 300[⑥] |
| 喀麦隆 | 18 | 10 | 10 | 10 | 407 | 50 | | 1000~7000 |
| 佛得角 | | | | | 50 | | | 2000 |
| 乍得 | 20 | | | | | | 14 | 300~500 |
| 科摩罗 | | | | | | | | 无具体数字[⑦] |
| 刚果（布） | 1 | 1 | | | 142 | | | 7000 |
| 刚果（金） | 25 | 160 | 200 | 200 | 200 | 200 | | 500~10000 |
| 科特迪瓦 | 146 | 80 | 180 | 200 | 1300 | 200 | 35 | 10000 |
| 埃及 | 20 | 30 | 110 | 110 | 100 | 110 | 2000 | 6000~10000 |
| 厄立特里亚 | | | | | | | | 无具体数字[⑧] |
| 埃塞俄比亚 | 55 | 60 | 50 | 55 | 55 | 100 | | 3000~5000 |
| 冈比亚 | 15 | | | | 150 | | 11 | 无具体数字[⑨] |
| 加纳 | 100 | 320 | 320 | 320 | 700 | 500 | 40余 | 6000 |
| 加蓬 | 16 | | | | 30 | | | 6000 |
| 几内亚 | | | | | 10 | | | 5000~8000 |
| 几内亚比绍 | | | | | 60 | | | 无具体数字[⑩] |
| 肯尼亚 | 150 | 160 | 145 | 150 | 150 | 190 | | 7000+ |
| 莱索托 | | 30 | 200 | 500 | 450 | 1000 | 6600 | 5000 |

① 有关非洲华侨华人人数的最新估算见表2，还可参见李安山《战后非洲中国移民人口状况的动态分析》，《国际政治研究》2017年第6期。有关估计，可参见Yoon Jung Park, "Chinese Migration in Africa", *Occasional Paper*, No.24, China in Africa Project, SAIIA, January 2009, p.4；李新烽《非洲华侨华人数量研究》，《华侨与华人》2012年第1~2期；李新烽《试论非洲华侨华人数量》，http://iwaas.cass.cn/dtxw/fzdt/2013-02-05/2513.shtml。

**续表**

| 国家（地区） | 1968年 | 1975年 | 1984年 | 1990年 | 1996年① | 2001年② | 2003年 | 2004~2017年③ |
|---|---|---|---|---|---|---|---|---|
| 利比里亚 | 20 | 150 | 120 | 120 | 120 | 120 | | 600 |
| 利比亚 | 260 | 2000 | 356 | 356 | 400 | 500 | | 3000 |
| 卢旺达 | 15 | | | | | | | 无具体数字⑪ |
| 马达加斯加 | 8489 | 11500 | 13600 | 14500 | 27000 | 30000 | 2万余 | 60000 |
| 马拉维 | 38 | 50 | 33 | 50 | 40 | 40 | 70余 | 2000 |
| 马里 | | | | | | | | 3000~4000 |
| 毛里塔里亚 | | | | | | | | 无具体数字⑫ |
| 毛里求斯 | 23300 | 27400 | 30716 | 30700 | 40000 | 40000 | 30000 | 30000+ |
| 摩洛哥 | 15 | 15 | 20 | 20 | 20 | | | 无具体数字⑬ |
| 莫桑比克 | 3500 | 5000 | 650 | 200 | 600 | 700 | | 1500 |
| 纳米比亚 | | | | | | | | 5000（40000） |
| 尼日尔 | 15 | 15 | 15 | 15 | 22 | | | 1000 |
| 尼日利亚 | 1 | 500 | 1500 | 1500 | 5100 | 2000 | | 100000 |
| 塞内加尔 | | | | | 10 | | 500 | 2000 |
| 塞舌尔 | | 300 | 650 | 650 | 2000 | | | 1000⑭ |
| 塞拉利昂 | 10 | 20 | 25 | 20 | 20 | 20 | | 400~500 |
| 南非 | 8000 | 9000 | 8850 | 20000 | 28000 | 30000 | 45000 | 100000~400000 |
| 南苏丹 | | | | | | | | 无具体数字⑮ |
| 圣多美和普林西比 | | | | | 100 | | 8 | 100+⑯ |
| 索马里 | | | | | | | | 无具体数字⑰ |
| 苏丹 | | | | | 45 | 45 | | 20000~74000 |
| 斯威士兰 | | | 80 | 90 | 200 | 90 | 1700 | 300 |
| 坦桑尼亚 | 350 | 450 | 500 | 510 | 510 | 600 | | 3000~20000 |
| 多哥 | | | | | 112 | 50 | | 3000 |
| 突尼斯 | | | | | | | | 2000 |
| 乌干达 | 75 | 80 | 80 | 80 | 80 | 100 | | 5000~10000 |
| 赞比亚 | 70 | | | 30 | 40 | 150 | | 4000~6000（40000） |
| 津巴布韦 | 300 | 660 | 250 | | 500 | 300 | | 5300~10000 |
| 留尼汪 | 3000 | 12000 | 13400 | 13400 | 25000 | 20000 | 20000+ | 25000 |
| 加那利群岛 | | | | | 300 | | | 10000⑱ |

注：① 参见李安山《非洲华侨华人史》，第568~569页。根据台湾华侨协会总会的统计，1998年非洲华侨总数为12.6万人，《侨协杂志》（台湾），1999年总65期，第76页。

② Ohio University Data Base of Overseas Chinese, 2001，https://cicdatabank.library.ohiou.edu/opac/population.php.

③ Yoon Jung Park, "Chinese Migration in Africa", *Occasional Paper*, No. 24, 2009；2009~2017年的资料来源主要是网络和笔者与相关人员的通信，"无具体数字"系从中国驻当地大使馆的报道

中的推论。

④ 时任中国驻中非共和国大使孙海潮于 2012 年 12 月 29 日提供。参见《中国侨民大部分已安全撤离中非共和国》，新华网，2012 年 12 月 30 日，http://news.xinhuanet.com/overseas/2012-12/30/c_124167238.htm。

⑤《吉布提人的中国形象："您好 !china good"》，http://www.anfone.net/mil/ZJBTZGRYDS/2017-3/5069517.html。

⑥《驻赤道几内亚使馆举办 2016 年春节招待会》，中国外交部网站，2016 年 1 月 29 日，http://gq.mofcom.gov.cn/aarticle/jmxw/200505/20050500096374.html。

⑦《驻科摩罗使馆举行 2016 年春节招待会》，中国外交部网站，2016 年 2 月 7 日，http://www.fmprc.gov.cn/web/zwbd_673032/jghd_673046/t1339515.shtml。

⑧ 根据中国驻厄立特里亚大使馆官员提供的信息，2017 年 4 月 6 日。

⑨《驻冈比亚使馆举行 2017 年新春招待会》，中国外交部网站，2017 年 2 月 11 日，http://www.fmprc.gov.cn/web/zwbd_673032/jghd_673046/t1437743.shtml。

⑩《驻几内亚比绍使馆举行 2015 年春节招待会》，中国外交部网站，2015 年 2 月 16 日，http://www.fmprc.gov.cn/web/zwbd_673032/jghd_673046/t1238518.shtml。

⑪ Mary Kay Magistad, "Chinese in Rwanda," *Public Radio International*, October 17, 2011, https://www.pri.org/stories/2011-10-17/chinese-rwanda.

⑫《驻毛里塔尼亚使馆举行 2017 年春节招待会》，中国外交部网站，2017 年 1 月 24 日，http://www.fmprc.gov.cn/web/zwbd_673032/jghd_673046/t1433434.shtml。

⑬《驻摩洛哥大使孙树忠举行 2016 年"欢乐春节"招待会》，中国外交部网站，2016 年 2 月 2 日，http://www.fmprc.gov.cn/web/wjdt_674879/zwbd_674895/t1337231.shtml。

⑭《塞舌尔华人》，2013 年 5 月 17 日，http://www.360doc.com/content/13/0517/15/11567645_286113849.shtml。

⑮《驻南苏丹使馆举行 2017 年春节招待会》，2017 年 1 月 29 日，http://ss.chineseembassy.org/chn/sghd/t1434864.htm。

⑯《圣多美和普林西比华人》，2013 年 5 月 16 日，http://www.360doc.com/content/13/0516/21/11567645_285941245.shtml。

⑰《驻索马里使馆温馨提示》，中国外交部网站，2014 年 11 月 5 日，http://so. chineseembassy.org/chn/lsfw/fsxz/t1428891.htm。

⑱《探访西班牙加那利群岛华人一族：繁荣岛上旅游业》，中国新闻网，2009 年 2 月 11 日，http://www.chinanews.com/hr/ozhrxw/news/2009/02-11/1559044.shtml。

资料来源：台湾侨务委员会（Overseas Chinese Affairs Commission, Taiwan）:《华侨经济年鉴》(1968、1975、1984、1990、2003 年)。2003 年有些为华侨总数，如埃及、莱索托（2004年）、马达加斯加、毛里求斯、南非、留尼汪、塞内加尔、斯威士兰等国，其余为台商数。波斯托尔（Hannah Postel）正在进行的一项专门调查表明，有关非洲的中国移民的估计数字大多数有明显夸大之嫌，从而误导了社会。他列出了南非、安哥拉、马达加斯加、埃塞俄比亚、毛里求斯、阿尔及利亚、坦桑尼亚、留尼汪、刚果共和国、尼日利亚、加纳、赞比亚、莫桑比克、津巴布韦、埃及、苏丹、肯尼亚、乌干达、博茨瓦纳、莱索托等 20 个国家和地区的最新估计数。Dana Sanchez, "20 African Countries With the Most Chinese Migrants," January 10, 2017, http://afkinsider.com/137127/20-african-countries-with-the-most-chinese-migrants/#sthash.okuJ8kMa.dpuf.

社会背景多元是新移民的一个特点。新移民有的受过高等教育（如袁南生所言），有的缺乏文化积淀（如商务部原副部长魏建国所言）；有的原是国企外派员工，在非洲开创出一片天地后自己开业，有的是来非洲继承父业；有的是自己背着挎包来到非洲摸爬滚打，有的在发达国家完成学业后专门到非洲来创业。移民的来源地多元是新移民的另一个特点。以前的老华侨华人的来源地主要是中国沿海地区，新移民的来源地颇为复杂，先是以来自广东和福建的居多，后来来自浙江和江苏的开始增多，再就是东北国企调整后重新创业的新移民。随后，与援外医疗队、援外工程项目和国外承包建筑工程等相联系的海外移民日益增多，边远省区不少人也移民海外以改变自身的命运。虽然福建的新移民在南部非洲占的比重较大，但后来的新移民则来自中国各地。[①] 也有来自于欧洲的中国“再移民”，他们认为非洲创业的条件较法国更好。[②] 新移民的到来为非洲华人的存在开创了很多新局面，为非洲社会本身也带来了诸多新元素。

新移民中的一些优秀分子还开始参与当地社区活动。2016 年 4 月 20 日，南非约翰内斯堡市政府召开区域综合发展会议，针对东部城区的未来发展规划与预算分配，征求社区民众代表的意见。涉及的地区包括唐人街所在的 118 区及周边其他区域。作为 118 区的社区代表，在南非西北大学获得工商管理硕士学位的华商精英赵建玲女士受邀参加了会议，并向市政府提交了市政管理与城区发展建议书。“赵建玲女士在发言中表示，市政府方面应当加大对 118 区的项目建设投入，强化市政管理和市政执法的力度，对区域内非法占用建筑和人口过度拥挤等问题，采取切实有力的措施。针对市政拨款维护社区诊所的项目，赵建玲要求市政府应当在施工建设过程中，尽可能多地雇用区域内劳动力，缓解社区内日益严重的失业人口问题。赵建玲女士的发言，获得了现场市政官员和民众的高度评价，并赢得现场热烈的掌声。”[③]

---

① Terence McNamee et al., “Africa in Their Words: A Study of Chinese Traders in South Africa, Lesotho, Botswana, Zambia and Angola”, The Brenthurst Foundation, Discussion Paper, 2012/13.

② 如有从欧洲移民非洲的青田人，还有从法国移民留尼汪的各类人物。参见汤曼莉《海上传奇：留尼汪华人华侨志》，飞和文化传播有限公司，2013，第 186~190 页。

③《南非约堡召开发展会议　华人代表获邀并提交建议》，中国侨网，2016 年 4 月 25 日，http://www.chinaqw.com/hqhr/2016/04-25/86466.shtml。

相当多的新移民从事经商贸易，营利是其目的，他们中的一部分人往往有急功近利、不守成规的短期行为，以图挣“一桶金”就回国。这些人目的明确、行事果断，但往往不考虑后果，还存在着恶性竞争的现象，少数人甚至制假贩假、违法经营或偷税漏税。由于这种“过客”或“候鸟”心态，他们没有将非洲作为安家落户之地。有的新移民在中国和非洲“两头跑”，缺乏长期定居的打算。还有的人将非洲作为移民欧美的跳板。这三种情况造成了两种后果：一是一些新移民对当地社会、政治和文化活动的参与程度较低，从而与当地民众之间存在一定的隔阂，二是新移民中的脆弱性和不稳定性比较明显。当然，这是所有国家新移民的常态。

## 三　新移民的分类

### 1. 国外学者的观点

对华侨华人的研究，传统上将华人的职业用“三把刀”（菜刀、剪刀和剃刀）来概括，表示他们从事的主要是服务业，即餐馆、裁缝和理发业。在新形势下，华侨华人的职业发生了很大变化。从目前的研究来看，各种研究成果对中国新移民的分类仍然带有某些偏见。马蒙将非洲的中国新移民归纳为短期劳工移民、企业经营者移民（主要是华人经商者）和短期逗留者（指为了移民欧洲或北美的那些将非洲当跳板的华人）。他认为，中国移民非洲与中非合作政策密切相关，短期劳工移民与中国确保原材料供应的政策相关，企业移民则是中国扩大出口市场这一政策的产物。在他看来，中国对非政策着眼于三个目标：获取石油等自然资源、扩大中国出口市场及在各类国际组织中获取外交支持。换言之，中国的目标主要是确保自身的经济增长和扩大自身的政治影响力。①

朴尹正将中国移民分为四类，即除了马蒙所划分的三类之外再加上务农者。她认为，非洲的中国人大部分是现代旅居者或跨国公民。非洲的一

① Emmanuel Ma Mung Kuang, “Chinese Migration and China’s Foreign Policy in Africa”, *Journal of Chinese Overseas,* 4:1(May 2008）, pp.91-109; Emmanuel Ma Mung Kuang, “The New Chinese Migration Flows to Africa” , *Social Science Information*, 47:4 (2008), pp.643-659.

些反华现象源于西方媒体的负面报道、非洲各国反对党的竞选手段、中国人与非洲当地人互相隔绝以及中国人与非洲人之间的竞争。然而，她认为除了少数人外，非洲人还是尊重中国人的。中国移民在塑造新的观念、构建新的认同和改变现实生活等方面发挥着核心作用，这在南非特别明显。①有的学者甚至认为，赴南非的中国新移民绝大多数为教育水平极低且没有技能的农民。②另外还存在着一种分类法，季夫·穆罕默德以布基纳法索华侨华人为例，认为他们的移民特点和目的使华人新移民分为四种类型：长期居留者、外派人员、小本经营者和冒险者。③以上分类有一个共同点，即认为华侨华人只有三类人：企业家、商贩和劳工。④尼日利亚的华人成功人士胡介国总会被作为企业家和商界的典型代表⑤，众多的非洲华侨华人的商贩往往成为学者研究的主要对象⑥，作为商贩的新移民是中国在非洲推进的排头兵⑦，几乎所有关于中国移民的报道和研究都要涉及劳工。

---

① Yoon Jung Park, "Chinese Migration in Africa", The South African Institute of International Affairs, China in Africa Project, Occasional Paper No. 24, 2009. 她的主要研究范围集中在南非。在另一篇文献中，她将南非华侨华人分为三类：富裕的台湾工业家、从北京和上海来的中等管理者阶层、福建来的贫穷劳工以及第三、第四代华人。Yoon Park, "Recent Chinese Migrations to South Africa: New Intersections of Race, Class and Ethnicity", in T. Rahimy ed., *Representation, Expression and Identity: Interdiscplinery Perspectives*, Inter-Disciplinary Press, E-book, 2009, pp.153-168.

② Edwin Lin, "'Big Fish in a Small Pond', Chinese Migrant Shopkeepers in South Africa", *International Migration Review*, 48:1(June 2014), p.182.

③ 季夫·穆罕默德:《中国人在布基纳法索：民间的中非合作》，载李安山主编《中国非洲研究评论 2014》，社会科学文献出版社，2015，第 158~182 页。

④ Giles Mohan, et al., *Chinese Migrants and Africa's Development: New Imperialists or Agents of Change*, London: Zed Books, 2014, pp.48-49.

⑤〔法〕塞尔日·米歇尔、米歇尔·伯雷:《中国的非洲：中国正在征服黑色大陆》，孙中旭、王迪译，中信出版社，2009，第 18~24 页;〔德〕弗朗克·泽林:《中国冲击：看中国如何改变世界》，强朝晖译，社会科学文献出版社，2013，第 52~163 页；李安山编注《非洲华侨华人社会史资料选辑（1800~2005）》，香港社会科学出版社有限公司，2006，第 470~474 页。

⑥ Terence McNamee et al., "Africa in Their Words: A Study of Chinese Traders in South Africa, Lesotho, Botswana, Zambia and Angola" , The Brenthurst Foundation, Discussion Paper, 2012/13; Edwin Lin, "'Big Fish in a Small Pond': Chinese Migrant Shopkeepers in South Africa", *International Migration Review*, 48:1 (June 2014), pp.181-215.

⑦ Ofeibea Quist-Arcton, "Army of Shopowners Paved China's Way in Africa", *NPR*, August 1, 2008, http://www.npr.org/templates/story/story.php?storyId=93143915.

### 2. 脸谱化分类的缺陷

以上分类的最大缺陷在于标准不一，有的从行为方式、行业特点结合中国的政策来划分，有的根据职业特点结合居留时间来划分，还有的根据移民者的动机来判断。不论是何种标准，这种带有脸谱化的分类有明显的缺陷。首先，中国新移民来非洲的动机十分复杂。我们可以对最基本的动机进行归纳：认识海外世界或改变自身处境。新移民所从事的行业领域极其广泛，不仅有农民、工人，还有管理人员和各类知识分子。其次，新移民的职业分布根据离开中国或抵达非洲的时间（如早期带有冒险性的创业者与从欧美国家获得高等教育学位后的定居者有明显区别）不同而大相径庭。再次，新移民所在国的政策、当地居民的需求以及中国与不同非洲国家的关系有所不同。最后，新移民自己移民时间的长短以及创业的成功与否也是他们职业分类的决定性因素，不同国家的不同需求对这些新移民的职业选择也有影响。

在非洲的老一辈华人移民主要经营餐饮业、杂货店及小型加工等行业，华裔中虽然也有人继承祖辈的商贸行业，但相当一部分人分布在各个行业特别是第三产业，如法律、医疗、金融、管理、科研、教育等行业。新移民涉及的领域更加广泛，除零售业、餐饮业和贸易外，还有旅游业、运输业、纺织业、制造业、医药业、农业、加工业甚至采掘业等行业。[①]他们中的职业也是有高有低，可谓五花八门。[②]另外，他们中有的从短暂居留者变为长期移民，也有从欧洲或其他地方来的再移民。值得一提的是，新移民中开始出现工薪阶层和农业移民，还有知识分子。由于有些新移民来到非洲的时间不长，对其分类并不容易。

工薪阶层是非洲华人新移民中的一个新现象。郭飞耀主持着《南非华人报》，一直关注华人的生存问题。据他介绍，工薪阶层生活中的主要花费同国内类似职业一样——供房和供车。“工薪阶层，普通华人在南非一

---

① 何敏波:《非洲中国新移民浅析》，《八桂侨刊》2009 年第 3 期，第 50 页。

② Li Anshan, “China’s Africa Policy and the Chinese Immigrants in Africa”, in C. Tan ed., *Routledge Handbook of the Chinese Diaspora*, London: Routledge, 2013, pp.59-70.

个月能赚6000~8000兰特，但是他们的生活成本比较高。”① 华人的农业移民开始在苏丹、津巴布韦、赞比亚、坦桑尼亚、南非以及西非地区等国出现，他们属于新移民中的另一类创业者。中国农民掌握着较为先进的耕种技术，而中国的耕种土地较少，非洲的机会吸引了一些中国农民来此从事粮食作物、蔬菜瓜果或经济作物的种植。在非洲的中国农民人数不多，耕作的土地面积不大，但他们作为一个群体，已被外界感知到。② 另外中国一些援非农业项目经营不太成功，经过体制改革后继续运作，如马里塞古的甘蔗园和制糖企业、坦桑尼亚的剑麻农场和赞比亚的农场，均由新移民经营管理。有的中国公司在当地租赁了土地，为了方便员工生活，专门招募农民来种植适合中国人食用的蔬菜。

### 3. 自由职业者的存在

传统的华侨华人以从事服务业者居多，新移民中则出现了有技术含量的职业。这些专业人士包括参加过中国对非援助工作（如农业领域援非）的技术人员和援非医疗队的前医务人员，他们后来选择留在非洲或回国后再次来到非洲，从事自己熟悉的工作。③ 台湾地区有些农业技术人员完成援非任务后选择留在非洲定居，此外，台湾地区也派出援非医疗队在非洲服务。④ 随着中国教育国际化水平的提高，一批留学生在国外受到研究生

---

① 《中国人在南非过得怎么样？》，新华网，2010年6月10日，http://news.xinhuanet.com/overseas/2010-06/10/c_12204548.htm。

② 齐顾波、罗江月：《中国与非洲国家农业合作的历史与启示》，《中国农业大学学报（社会科学版）》2011年第4期，第11~17页；Barry Sautman, “Friends and Interests: China’s Distinctive Links with Africa”, Center on China’s Transnational Relation, Working Paper, No.12, The Hong Kong University of Science and Technology, p.30. 笔者在坦桑尼亚、苏丹等地调研时注意到这一现象，中文媒体各大网站也多有关于中国人在非洲务农的报道。

③ 笔者1992年在加纳进行实地考察时曾遇到过前援非医生，他们后来选择在加纳定居。关于前医疗队员的情况，参见Elisabeth Hsu, “Medicine as Business: Chinese Medicine in Tanzania”, in C. Alden, D. Large, R.S.de Oliveira, eds., *China Returns to Africa: A Rising Power and a Continent Embrace*, London: Hurst, 2008, pp.221-235；Elizabeth Hsu, “Zanzibar and Its Chinese Communities”, *Population, Space and Place*, 13 (2007), pp. 113-124。关于技术人员的情况，参见南部非洲上海工商联谊总会编《追梦——上海人在非洲》中的案例。

④ 黄煜晏：《拥抱45℃的天空：爱·关怀·魔术医生的非洲行医手记》，英属维京群岛商高宝国际有限公司台湾分公司，2012；殷小梦：《寻医者：一张白色巨塔往非洲大陆的航海图》，台北：宝瓶文化实业有限公司，2013。

教育后也开始出现在非洲的科研单位或高校，这一点在南非比较突出。[①]南非的华人新移民中不乏出类拔萃之辈，例如南非开普半岛科技大学的孙博华教授，他是该校的校务委员，也是南非科学院（ASSAf）院士、南非皇家学会会员。[②]比勒陀利亚大学电气电子与计算机工程学院夏晓华教授也是著名的南非华人科学家，他是南非工程院院士，同时兼任新能源系统中心主任和南非国家研究基金会（NRF）一级研究员。此外，还有一些著名华人学者在南非的大学和科研机构工作。[③]这些国际学者不仅是新一代华人的佼佼者，为南非带来了知识、技术和荣誉，也经常回国讲学交流，促进中非双方的教育和文化合作。在南非的南华寺和博茨瓦纳的博华寺等寺庙里，还有一些专职的佛教人士。[④]

新移民来非洲的动机各异。[⑤]虽然他们的目的不同，有的想赚钱，有的想冒险，有的想看世界，有的想以此作跳板移民他国，但归纳起来并不复杂：改变自身的生存条件以创造更理想的人生。随着新移民的迁移，新的模式不断产生，主要原因是他们本身就是一群开拓者和创新者，他们身上蕴藏着无穷的力量，同时也具有自我检讨和自身纠错的机制。华人社团

① 王辉耀、苗绿：《国际人才蓝皮书：〈海外华侨华人专业人士报告（2014）〉》，社会科学文献出版社，2014。

② 孙博华于1983年毕业于中国西安公路学院（长安大学），1986年在西安冶金建筑学院获得硕士学位，1989年在兰州大学获得博士学位。1989~1991年，他在清华大学从事博士后研究，师从中国著名力学家、中国科学院学部委员、中国工程院首批院士张维教授。1991年，孙博华以研究员身份留学荷兰，1992年以洪堡学者身份在德国从事研究。《孙博华当选南非科学院院士》，科学网，2010年10月27日，http://news.sciencenet.cn/htmlnews/2010/10/239359.shtm。

③ 如世界科学院院士、南非科学院院士、台湾中山大学西湾讲座教授徐洪坤教授，南非福特海尔大学理学院院长、中国矿业大学兼职教授、地质学家赵金宝教授等均为著名科学家。参见《南非工程院院士夏晓华教授讲座》，http://news.cqu.edu.cn/news/article/article61739.html；《世界科学院院士徐洪坤教授加盟我校》，http://newspaper.hdu.edu.cn/Article Show.asp?ArticleID=8341。

④ 李安山：《试析二战以后非洲华人宗教意识的变迁与融合》，《华侨华人历史研究》2017年第3期。

⑤ Yoon Jung Park, "Chinese Migration in Africa", The South African Institute of International Affairs, China in Africa Project, Occasional Paper No. 24, 2009; Edwin Lin, "'Big Fish in a Small Pond': Chinese Migrant Shopkeepers in South Africa", *International Migration Review*, 48:1 (Spring 2014), pp.195-203.

的一些做法正在开创一片融入本土社会的新面貌。① 这大概是一些存在着冷战思维的西方人感到担忧的主要原因。

责任编辑：康敏

① 例如，津巴布韦华人组织的当地达人秀、南非华人团体的慈善活动、东非华人组织成立的保护动物基金以及南非和乌干达等国华人的自我保护组织等。

# Rethinking Chinese New Immigrants in Africa

*Li Anshan*

**Abstract:** New immigrants refer to Chinese who have emigrated overseas since China's reform and opening up. New immigrants are both a phenomenon and a group. This paper defines the new immigrants in terms of time, agent, purpose and identity. The author expressed his own view on the characteristic and classification of new immigrants by using Chinese in Africa as an example.

**Keywords:** New Immigrants; Chinese in Africa; Huaqiao-Huaren

# 东北亚地区研究

# 夏目漱石的汉学修养

黎跃进 *

【摘 要】夏目漱石是明治时代具有深厚汉学功底的大文豪，小时候家庭环境的影响和汉学教育为他打下了坚实的汉学基础。作为西学一边倒的反拨，汉学在明治中期有过一定程度的复兴，对日本当时的社会产生了较大的影响。汉文化鼎足而立的儒、释、道的许多元素成为夏目漱石精神世界的重要内涵。

【关键词】夏目漱石　汉学修养　精神结构

## 一　基础：夏目漱石的汉学教育

夏目漱石在明治维新前一年（1867 年）出生在江户牛込马场下横町（现在东京都新宿区喜久井町）的一个名主[①]家庭。在维新后的西化大潮中，江户时期以儒学占主导地位的教育体制得以改革，实行新的教育教学

* 黎跃进，天津师范大学文学院教授，主要研究领域为东方文学与文化、中外比较文学研究。

① “名主”是江户时代由绅士担任的街道行政代表，大体上相当于我国当时的乡长、保长之类的职务。

模式。1873 年，东京开始设立新式小学，小学分初等和高等两部，实行 8 年制教育，初小和高小各 4 年 8 级，每级半年，初小 8 级入学一般为 6 岁，高小 1 级毕业为 14 岁。

漱石 7 岁（1874 年）进入浅草寿町的户田小学校学习，1876 年又转学到市谷小学，1878 年 6 月完成初等小学教育，随后进入条件较好、名家子弟就读的神田猿乐町的锦华学校，因学习成绩优秀，跳级完成高等小学的课程学习，于 1879 年 12 月毕业，进入神田一桥东京府立一中学习。

当时的小学教育虽然开设算术、穷理问答、物理训蒙等课程，但根底还是汉学。当时的教科书用的都是汉文训读调的文语体，漱石一直特别喜欢汉学，因而他小学的学业成绩一直非常优秀。小学阶段夏目漱石还经常去大儒学家荻生徂徕创办的图书馆，涉猎了许多与汉学相关的书籍，了解中国文化，对中国文化产生了浓厚的兴趣。他在后来写的《木屑录 · 序》中说："余儿时诵唐宋数千言，喜作为文章。"[①]1878 年 2 月 17 日，漱石在同学岛崎柳坞创办的巡回杂志上发表了他最早的文章《正成论》，文章就是用汉文调写作的。

在晚年写作的回忆性随笔《玻璃门内》（1915 年）中，漱石记述了一段小学时期与朋友阿喜交往的事情："我上小学的时候，有一个名叫阿喜的好朋友……阿喜和我都很喜欢汉学，尽管不甚明了，却经常就某篇文章兴致勃勃地大发议论。他常常不知是从哪儿听来的还是自己查考来的，说出一些深奥的汉籍书名，令我惊讶不已。"漱石还用自己的零花钱，从阿喜手上买下一套名为《南亩莠言》的汉文书籍。[②]由此可见，漱石从小就对汉学有着浓厚的兴趣。

漱石的汉学修养有家学渊源。据日本学者发现的材料[③]，在明治四十三年（1910 年）四月一日发行的《新国民》第 11 卷第 1 号上，在刊载的以《文话》为题的谈话录中，漱石谈到少年时代的学习情况，其中有一段：

① 〔日〕夏目漱石:《木屑录》,《漱石全集》第 15 卷，漱石全集刊行会，1928，第 297 页。
② 〔日〕夏目漱石:《漱石全集》第 13 卷，漱石全集刊行会，1928，第 420 页。
③ 见《漱石研究》（创刊号 1993 年 10 月刊）堀部功夫氏的介绍。

> 如果要追溯我喜欢汉文的原因，那是因为我少年时代就读了许多的汉文，因为喜欢汉文作品，进而自己也写汉文文章。大概还有一个更远的原因吧，我的父亲、兄长，我们家都喜欢汉文，因而受到感化，我也就读了大量的汉文作品。

正是由于对汉学的热爱，夏目漱石于 1881 年 1 月从东京府立一中退学，进入汉学私塾二松学舍，专门学习汉学。在二松学舍的汉学学习虽然时间不长，但漱石的汉学修养却打下了坚实的基础。

二松学舍创办于 1877 年，当时是与福泽谕吉创办的庆应义塾、中村正直创办的同人社齐名的汉学私塾。创建者三岛毅（1830~1919 年），字远叔，号中洲，是明治年代著名的汉学学者、教育家和汉诗汉文作家，维新前曾为藩校有终馆校长，同时开设了家塾虎口溪舍。维新后，三岛毅被任命为法官，任大审院中判事、大审院检事等，1881 年，出任东京大学教授，和岛田重礼、中村正直共同主持新设的汉文科的讲座。他 1887 年退官，以后便专心致力于教育、汉学和诗文，与重野成斋、川田瓮江并称为“明治三大文宗”。1896 年，三岛毅被任命为东宫（即皇太子）的侍讲，受到当时天皇的赏赐。20 世纪初，他多次为天皇进讲，讲述《周易》《诗经》《尚书》《论语》《大学》《中庸》等。三岛毅留下著述 90 余种，其中《中洲文稿》4 册 12 卷，收录论策、碑文、游记、书序、传记等近 400 篇；诗作有《论学三百绝》《中洲诗稿》《霞浦游藻》《论学三绝》等 17 种。三岛毅的作品载道言志，具有浓厚的用世经纶思想，文风平实尚朴，构思严谨，运笔洗练，开明治文坛一代新风。

三岛毅主持的二松学舍针对极端西化的潮流，“以道奉孔孟、技采西洋为主旨”。1883 年的《二松学舍舍规》规定：“本舍旨在培养修己治人、有用于世之人才，故以道德为根柢，是以设经书课。而欲长变通活用之才，须知时运变迁，是以设历史课。且欲发挥抱负于当时，传播于后世，非借文章之力不可为，是以设文诗课。学之，欲取轨范于古今，是以设诸子集、作文课。至于诗，虽非直涉时务，亦是文章之一端，言志讽世，间接之益不少，其课固不可废。于是，经史子集文诗诸课兼备，始得达其目的，是为本舍教育之大旨。”（《二松学舍六十年史要》）为落实这样的教育目标，学舍的学制分三级九科，各级各科的课程开设见表1：

表1　二松学舍课程设置

| | 第三科 | 第二科 | 第一科 |
|---|---|---|---|
| 第三级 | 日本外史、日本政纪、十八史略、国史略、小学 | 靖县遗言、蒙求、文章轨范 | 唐诗选、皇朝史略、古文真宝、复文 |
| 第二级 | 孟子、史记、文章轨范、三体诗、论语 | 论语、唐宋八家文、前后汉书 | 春秋左氏传、孝经、大学 |
| 第一级 | 韩非子、国语、战国策、中庸、庄子 | 诗经、孙子、文选、书经、近思录、荀子 | 周易、礼记、老子、墨子、明律、今义解 |

最初级是第三级第三科，最高级是第一级第一科，学习内容从易到难。有案可稽的是夏目漱石明治十四年（1881年）七月完成了第三级第一科的学习，同年十一月从第二级第三科毕业。他在二松学舍学习的内容就是第三级第一科的“唐诗选”“皇朝史略”“古文真宝”“复文”；第二级第三科的“孟子”“史记”“文章轨范”“三体诗”“论语”。虽然学习时间只一年，没有修完学舍的全部汉学课程，但学舍的汉学氛围、三岛毅的言传身教，加之处于敏感多思的少年求学阶段，使二松学舍的汉学教育对漱石的汉诗文知识和修养形成了深刻的影响，使漱石将童年时的爱好引向心智结构的确立和价值取向的抉择。漱石在此期间一度沉迷汉籍和小说，打算以文学为一生的事业。

由于时代潮流的裹挟，夏目漱石放弃了汉学，转入成立学舍学习英语，之后考入东京大学的英国语言文学专业。尽管如此，汉学在漱石的精神世界扎下了根，在后来的中学、大学学习时，及在松山、熊本中学任教期间，他还大量涉猎汉籍，练习写作汉诗、汉文。在与汉学修养深厚的正冈子规、长尾雨山的交流与切磋中，漱石的汉文、汉诗的创作水平得到提高。在中学时期，漱石写作了30余首汉诗和《观菊花偶寄》《〈七草集〉评》《移居气说》《东海道兴津纪行》《木屑录》等汉文文章。这里以《木屑录》

为例稍作说明。1889年7月暑假期间，漱石去房总地区旅行，《木屑录》就是用汉文写成的此行游记，按不同时间和场景记录此行的见闻感受，其中包括汉诗14首，是漱石最早汇集成册的作品，而且运笔老到洗练，写景状物、运思感兴都能词近意达、生动传神，平实中显奇峻。其中有一段记述日莲（1222~1282年，日本佛教日莲宗创始人）诞生地的诞生寺附近的景观：

> 寺负山面海，潮水沓沱，汇而复洑，所谓鲷浦是也。余在京闻鲷浦之奇熟矣，乃赁舟而发。距岸数町，有一大危礁当舟。涛势蜿蜒延长而来者，遭礁激怒，欲攫去之而不能，乃跃而超之，白沫喷起，与碧涛相映，陆离为彩。礁上有鸟，赤冠苍胫，不知其名，涛来一搏而起，低飞回翔，待涛退，复于礁上，余与诸子呼奇不歇。①

从此文中不难看出夏目漱石的汉学功底。但重要的不是漱石写过200余首汉诗和《木屑录》这样的汉文，而是他通过儿时对汉文的热爱与学习，形成了意识深处的文学观念和审美理想。漱石在《文学论·序》中明确说道："我少时好读汉籍，学时虽短，但于冥冥之中从'左国史汉'里感悟和归纳出了对文学及其含义的初始理解。我曾以为英国文学亦应如此。若果真如此，我将义无反顾地终生从习。"② 他甚至把汉文学与日本传统文学进行比较，同样明确表明："我讨厌和文的那种软弱缠绵、拖沓啰嗦，喜欢像汉文那样强有力的、雄劲的文体……啰哩啰嗦的《源氏物语》、虚张声势的'马琴物''近松物'，还有《雨月物语》之类，我都不喜欢。"③ 这样看来，美国学者唐纳德·金（Donald Keene）说得准确到位："中国古典文学是把他引上文学之路的最初最根本磁场。"④

---

① 〔日〕夏目漱石：《木屑录》，《夏目漱石汉诗文集》，华东师范大学出版社，2009，第80页。

② 〔日〕夏目漱石：《文学论·序》，载《日本古典文论选译》（近代卷），王向远译，中央编译出版社，2012，第655页。

③ 〔日〕夏目漱石：《对我写作有益的书籍》，载《日本古典文论选译》（近代卷），王向远译，中央编译出版社，2012，第655页。

④ 〔美〕唐纳德·金：《日本文学の历史》，德冈孝夫译，中央公论社，1996，第263页。

## 二　背景：明治中期的汉学复兴

夏目漱石汉学修养的习成，不是明治时期的特例。夏目漱石这样对时代敏感的作家，其精神结构的形成，与时代有着密切的关系。他的汉学修养背后，是明治时代汉学的复兴。

明治维新是日本社会文化的一次转折性变革。维新初期，倡导“文明开化、殖兴产业”，西潮汹涌，以儒学为中心的汉学受到冲击，传统的儒学失去了在日本教育、文化体系中的主导地位。但西化热潮的冲刷过后，一些有识之士加以反思，作为日本传统根基的汉学又有所抬头，在明治二三十年代出现汉学复兴的局面。

首先，表现在文教体系的重建。明治初年，确立了以教授西学为主的新型教育体制，把传统的教育方式和注重道德修养的教育内容视为迂腐落后。但是，1879 年，宫中顾问官元田永孚（1818~1891 年）执笔，以天皇名义颁发了《教学大旨》，重新提出以“仁义忠孝”为国民道德才艺的核心，其中写道：

> 圣旨教学之要，在于明仁义忠孝，究知识才艺，以尽人道。此所以我祖训国典之大旨，上下一般之教也。挽近专尚知识才艺，驰文明开化之末，破品行，伤风俗者甚众。然所以如是者，则维新之始，首破陋习，向世界寻知识以广卓见，虽一时取西洋之所长，奏日新之效，然徒以洋风是兢，恐于将来，终不知君臣父子之义亦不可测，此非吾邦教学之本意也。故自今之后，基于祖宗之训典，专以明仁义忠孝。道德之学，以孔子为主，人人尚诚实之品行。然此，各科之学随其才器，益益长进，道德才艺，本末俱备。大中至正之教学，布满天下，则吾邦独立之精神，可无愧于宇内。[①]

① 《教学大旨》见《近代日本思想大系》卷三十《明治思想集》第一卷，筑康书房，1976。

依据《教学大旨》的精神，1880 年《改正教育令》颁布，意在改正十年来的西化教育体制，重新确定讲授儒学道德的“修身科”的中心学科地位。1881 年先后制定了《小学校教则纲领》和《中学校教则大纲》，规定了中、小学里和文与汉文的教学内容。比如，《小学校教则纲领》的第二章第 11 条中规定：学生升入小学的中等科（三、四年级）以后，就要教授其简易的汉文读本；《中学校教则大纲》的第 13 条规定：初中、高中期间，每周学习和文、汉文的时间均为 6~7 小时，为各门学科之最。1886 年 6 月颁布《寻常中学校学科及其程度》，规定学生必须达到一定的汉文阅读和写作能力。

1881 年，作为最高学府的东京大学设置了和汉文学科。当时的校长加藤弘之致函文部省，申述设置和汉文学科的理由：“目今日之势，斯文几若寥星，知不在今之大学科目中设置，毕竟难以永久维持，且自称日本学士者唯通英文，于国文茫乎所以，必不能收文运之精英……”① 此后，东京大学文学部专门设置了研究古典作品的“古典讲习科”，汉学在新的日本最高学府中，有了确定的地位。可以说，汉学在提倡“国民道德”的旗帜下，以儒学为主体传统汉学，在明治中期重新活跃起来。

其次，民间汉学塾一度活跃。汉学塾在江户末期就有，维新后也没有完全消失，但受到西学的排挤。1877 年前后，在官方教育方针的导向下，一批新的汉学塾涌现。著名的汉学塾有三岛毅创办的二松学舍（1877 年开办）、小永井小舟创办的濠西精舍（1878 年开办）、山井清溪创办的养正塾（1879 年开办）、中村敬宇创办的同人社（1879 年开办）、蒲生炯亭创办的有为社（1879 年开办）。还有一批创办更早也在发挥作用的汉学私塾，如安静息轩（1799~1876 年）创办的三计塾（1838~1875 年）、村上佛山（1810~1879 年）创办的水哉园（1835~1884 年）、广濑淡窗（1782~1856 年）创办的咸宜院（1817~1897 年）、恒远醒窗（1803~1861 年）创办的藏春园（？~1884 年）、西宫藤长（1825~1895 年）创办的四如堂（1821~1880 年）、吃甜草庵（1813~1878 年）创办的清溪书院（1847~1879

---

① 转引自李庆《日本汉学史》（第一部），上海人民出版社，2010，第 184 页。

年）等。

这些汉学塾以传授汉学典籍为教学内容，以道德熏陶和修身养性为教育目的。如四如堂在《塾则》中阐明其目标：“一、明了皇典，奉行爱国精神之旨；讲究汉籍，崇尚伦理纲常；通览洋书，知事理器用之制；不以彼我之见害公平之道。二、以孝悌忠信之旨，博涉群籍，成就经世济用之才。三、崇敬长上，慈爱幼小，动作进退礼仪不紊。”为达此目标，课程包括大学、中庸、论语、孟子、孝经、小学、史记、汉书、国史略、日本外史、日本正记、皇朝史略、左传、国语、十八史略、诸子等科目。[①] 夏目漱石就读的二松学舍是最典型和影响最大的汉学塾，三岛毅曾谈到二松学舍的办学宗旨：

> 汉学之目的在于修己治人，成为一世有用之人物。儒生之要务非仅记诵词章，乃在于知仁义道德，故课以经书。又须知古今时势之变迁、制度之沿革，长于变通，故课以历史。若欲施其学于事业，需借重文章之畅达，若因不遇而不能施于事业，则可借文章传其所学，供天下后世之用。故文章无关乎时之遇不遇，乃活用所学之器具也，必学之方可，故课以文章。学之可取轨范于古今，故课以诸子文集。诗非必要，却为文章之一端，用以言志，不可废其课，于是经史子集及诗文、诸课皆备，目的唯期学生为天地有用之人物矣。读书不以寻章摘句为阶，作诗文不流于雕虫篆刻，此甚紧要也，且汉籍汗牛充栋，上举诸课虽仅仅数书，且不能尽。今也洋学大行，其穷理法律技术等精密处，非汉学所能及，故志于有用之学者，亦可兼学洋籍矣。因之所课者乃简易之汉学，以为洋汉兼学者留余地，而望专习汉学者，亦可涉猎群书。此设有课外答问时间之所以然。凡入本舍学习者，了然此大意，然后顺次修课业，是所希望也。

① 刘岳兵主编《明治儒学与近代日本》，上海古籍出版社，2005，第197页。

这些汉学塾推动了明治时期汉学的教育和普及，培养了一批像夏目漱石一样具有深厚汉学修养的学者、诗人和作家。

再次，汉诗、汉文团体兴起。明治中期著名的汉诗诗社有大沼枕山（1818~1891 年）主盟的下谷吟社、鲈松塘（1823~1898 年）主持的七曲吟社、森春涛（1819~1889 年）主持的茉莉吟社（小江湖社）、成岛柳北（1837~1884 年）创立的白鸥吟社、向山黄村（1826~1897 年）建立的晚翠吟社、冈本黄石（1811~1898 年）主持的曲坊吟社、小野湖山川（1814~1910 年）创立的优游吟社、福井学圃（1862~1918 年）主盟的涵咏吟社、大江敬香（1857~1916 年）的爱琴吟社。汉文会则有藤原海南（1826~1888 年）的旧雨社、川田瓮江（1830~1896 年）的回澜社、重野成斋（1827~1910 年）的丽泽社等。这些民间团体具有同人性质，志趣性情相投的诗人文友经常聚会，切磋诗文创作技艺，讨论汉学问题，创办汉诗、汉文刊物，出版诗文创作集。

明治时期影响最大的汉学团体是半官方性质的斯文学会。斯文学会由右大臣岩仓具视（1838~1922 年）、冈本监辅（1839~1904 年）、中村正直（1832~1891 年）、内藤耻叟（1827~1903 年）、重野成斋（1827~1910 年）、川田瓮江（1830~1896 年）等人发起，于 1880 年成立。《斯文学会规则》申明学会的目的在于“伸张风教，兴隆文学”。《斯文学会开设告文》阐述了建会的宗旨：维新之后人们专务西化，许多汉学者也不通时务，尊大自居，徒玩虚文，不图实益，然欲挽狂澜，当务之急就是重视儒学。由川田瓮江在成立大会发表的《斯文会记》说得更加明确：

> 斯文会何为而设也？振起斯文也，以文会友也。夫经纬天地之谓文，道德博闻之谓文，学勤好问之谓文，慈惠爱民之谓文，有仪可像之谓文，辩而不争、察而不激之谓文，贵本之谓文，道艺之谓文，法度之谓文。其书则经史子集，其艺则礼乐射御书数，其德则知仁圣义忠和，其行则孝友睦任恤，其业则修身齐家治国平天下……我邦文字传自汉土，人智由是开，伦理由是明，工艺由是兴，文物制度由是立，则其学之为必用，固不待论。而学者往往胶柱刻剑，不达时务。

> 是以中兴以还，采用洋学，海内靡然，舍鸟迹而讲蟹文。然一利之所在，一弊随生。道德变为功利，敦厚化为轻浮，俭素移为华奢。语政体，则不曰立君而曰共和；语教法，则不曰孔孟而曰耶稣；语伦理，则不悦夫唱妇从，而曰男女同权。呜呼彼不辨国体土俗之异同，唯新之趋。与夫迂儒泥古者，均非圣贤是学之旨也。倾者，设有相议，欲振起斯文……①

很明显，斯文学会的“振起斯文”，就是在西化大潮中振兴儒学的仁义道德。学会得到天皇和宫中官员的支持，栖川宫炽仁亲王担任首任会长，陆军中将谷干城为首任副会长。首批入会会员达1500余人，几乎网罗了朝野所有汉学学者。学会主办学校“斯文黉”，定期举办汉学讲座，由著名汉学家根本通明、三岛毅、鹫津宣光、中村正直、冈千仞等讲解《周易》《诗经》《论语》《孟子》《庄子》《韩非子》《中庸》《孝经》等经典汉籍。学会还出版发行五种杂志：第一种，收录会员诗作的《斯文一斑》（1881年起共13集，不定期刊行）；第二种，学会的演说记录《斯文学会讲义笔记》（1881~1886年共69号，每月刊行1~2次）；第三种，《斯文学会报告书》（1881~1882年共23号，月刊）；第四种，收录论说、文苑、杂记的《斯文学会杂志》（1889~1891年共33号，月刊）；第五种，《斯文学会讲义录》（1903~1906年共50号，双周刊）。这些活动极大地推动了明治二三十年代的汉学复兴，斯文学会被称为日本汉学的“大本营”。

最后，汉诗、汉文、汉学研究报刊出版繁荣。上述的汉诗、汉文民间团体或社会学会，都为展示他们的创作、研究成果，报道他们的活动，形成成员间的凝聚力，创办发行各自的报刊，以拓展社会影响力。这类刊物可参见表2。

---

① 刘岳兵主编《明治儒学与近代日本》，上海古籍出版社，2005，第233页。

**表 2　民间团体或社会学会出版的刊物**

| 刊物名 | 主编 | 创刊时间 | 刊物名 | 主编 | 创刊时间 |
|---|---|---|---|---|---|
| 《新文诗》 | 森春涛 | 1875 年 | 《鸥梦新志》 | 森川竹磎 | 1886 年 1 月 |
| 《东京新志》 | 服部诚一 | 1875 年 | 《新新文诗》 | 森春涛 | 1885 年 3 月 |
| 《明治诗文》 | 佐田白茅 | 1876 年 | 《天下才子不读新书》 | 近藤南洲 | 1887 年 6 月 |
| 《花月新志》 | 成岛柳北 | 1877 年 | 《词林聚芳》 | 奥田天门 | 1886 年 6 月 |
| 《诗歌杂志》 | 炮稻绮道秀 | 1877 年 | 《研练词藻》 | 久保桧古 | 1886 年 10 月 |
| 《桂林一枝》 | 石井南桥 | 1878 年 | 《新诗府》 | 松村琴庄 | 1889 年 2 月 |
| 《昆山片玉》 | 大内青峦 | 1878 年 | 《优游吟社诗》 | 远藤松云 | 1889 年夏季 |
| 《京华新志》 | 贯名清江 | 1879 年 | 《学海》 | 大江敬香 | 1891 年? |
| 《古今诗文详解》 | 吉田次郎 | 1880 年 | 《诗国》 | 服部担风 | 1891 年 4 月 |
| 《斯文一斑》 | 山本邦彦 | 1881 年 7 月 | 《丽泽杂志》 | 斋藤次郎 | 1892 年 2 月 |
| 《观风余话》 | 浅井古溪 | 1882 年 11 月 | 《精美》 | 大江敬香 | 1893 年 4 月 |
| 《熙朝风雅》 | 石川红斋 | 1884 年 2 月 | 《花香月影》 | 大江敬香 | 1898 年 |

此外，当时各主要报纸都设有发表汉诗、汉文的专栏或副刊。东京的《朝野新闻》《日本》《东京日日新闻》《东京横滨每日新闻》《邮件报知新闻》《国会》《时事新闻》《国民新闻》《自由新闻》，大阪的《大阪朝日新闻》，京都的《日出新闻》《京华新报》《日日新闻》等都开辟了刊登汉诗、汉文的专栏，由当时著名的汉诗诗人作家、汉学学者主笔。报纸作为新兴的大众传播媒体，深入社会的各个阶层和角落，自然对汉学的传播和发展起到了积极作用。

明治中期汉学复兴的原因是多方面的：第一，江户时期汉学的坚实基础。江户时期以林罗山（1561~1615 年）为代表的朱子学派，以中江藤树（1608~1648 年）为代表的阳明学派，以伊藤仁斋（1627~1705 年）为代表的古义学派，以狄生徂徕（1666~1728 年）为代表的古文辞学派，各有派系传承又互相补充，形成日本汉学的基础。他们的学术传统和传人经历了西潮冲击，但历史惯性力量还在。第二，对西化浪潮的反弹。维新后功利主义盛行，人们追逐名利、利欲熏心，以修身做人为本的汉学家认为这是传统尽失、道德沦丧，试图借助复兴汉学来扭转世风。田冈岭云（1870~1912 年）曾发表《汉学复兴论》，认为“汉学于我辈之毁灭，我国将会失去发扬东洋文明之缘由，东洋文明既不得发挥，谈何集世界文明之大成！”，呼吁“必须大力振兴汉学……汉学不得复兴，我帝国之前途渺茫”。[①] 第三，维新目标的多元。“日本近代文化运动的起始，是以向国民进行精神启蒙作为宗旨，其目的在于以西方近代文化观念和科学思想，涤除传统儒学和传统国学对国民精神的禁锢，创造与近代化一致的国民精神。”[②] 但维新运动确立了皇权国体，皇室的首要目标是巩固“万世一系”的皇权。传统儒学的忠孝理念和等级秩序对皇权有利，因而得到皇权支持，其被作为纠正西化的工具而得以复兴。

这样，明治中期汉学蔚成风气，汉诗汉文创作和汉学研究都取得一定的成就。以汉诗创作为例，正冈子规（1867~1902 年）在随笔中说：“今日之文坛，若就歌、俳、诗三者比较其进步程度，则诗第一，俳为第二，歌为第三。”明治诗人、评论家大町桂月（1869~1925 年）甚至将明治十年（1877 年）到明治三十年（1897 年）称为“汉诗全盛时代”。学者木下彪也认为日本王朝以来有着千年传统的汉诗，至明治而臻其未曾有过的发达。猪口笃志在《日本汉文学史》中认为绝海、徂徕、山阳、星岩诸家比之明治诗作者也黯然失色，不仅诗，明治汉文也超过从前。

夏目漱石青少年求学的时代，正是日本汉学复兴的时期，因而能有幸受教于三岛毅这样的汉学大家，获得深厚的汉学修养。他和同时代的森鸥外（1862~1922 年）、正冈子规（1867~1902 年）、幸田露伴（1867~1947 年）等一起，成为日本文学史上最后一代具有坚实汉学基础的作家。

## 三　精神结构：漱石接受的中国文化影响

夏目漱石的精神世界非常复杂。人的内在精神结构源于社会环境、教育文化和经历体验的综合影响。漱石处于日本社会文化转型变革时期，以他的学识、经历来看，其精神世界至少由三部分内容组成：日本民族文化传统、汉学和西学。其间一些要素彼此交融渗透，又相互矛盾颉颃，而且

① 田冈岭云：《汉学复兴论》，《帝国文学》1897 年第 2 卷第 1 号。

② 严绍璗：《日本中国学史稿》，学苑出版社，2009，第 101 页。

在不同时期三者的组合模式又有所变化。有论者从漱石思想纵向演变的角度做出描述："纵观夏目漱石思想发展轨迹，有一个从东方儒、道思想，向西方人文主义和近代资产阶级思想，再向东方道家思想的螺旋形转变过程。成熟时期的夏目思想体系，表现为东西方人文主义思想的融合，而道家因素见重。"① 这样的描述基本上符合事实。笔者在这里无意对夏目漱石复杂的精神世界及其演变做深入探讨，只是就明治汉学复兴背景下，在夏目漱石的精神世界里，汉学（中国文化）起到了什么作用，他接受了怎样的中国文化这些问题做些思考。

中国文化是个复杂的整体，一般认为中国传统文化的主体是儒、释、道三足鼎立。三家的人格理想和价值取向构成中国传统文化精神的基本面貌。考察夏目漱石的人生实践和文学创作，可以看到儒、释、道文化都对漱石有着深刻的影响。

### （一）儒家文化的影响

儒家文化对漱石的影响是根本性的，他青少年时代学习、阅读的汉籍主要是儒家经典，他师从的三岛毅也是一位儒学家。儒家内圣外王的人格理想，经世济民的道德观念和建功立业、修齐治平的人生目标成为夏目漱石精神世界的基盘底座，对漱石的人生道路、政治观念和人格追求都有深刻的内在影响。

日本学者小坂晋认为："漱石的思想中存留的儒教经世济民的道德观念根深蒂固……漱石的思想中为天下国家的道德观念与西方的自由思想是相互矛盾的。"② 的确如此，青少年时期的儒学教育，培养了他忠君爱国的思想、立志成为社会"有用之人"的进取精神和仁人志士的人格追求。漱石 12 岁写作的作文《正成论》，歌颂日本南北朝时期的武士楠木正成忠义、智勇、刚毅，为救护天皇以身殉职，文中描述的就是漱石当时心目中仁人志士的品格。如果说文章出自小学八年级的学生，不能排除对当时教育理念的盲目接受，那么实际上这种忠君爱国的观念在他以后的生命历程中，

① 沈迪中:《夏目漱石与陶渊明》,《现代日本经济》1986 年第 6 期。

②〔日〕小坂晋:《漱石的爱与文学》，讲谈社，1974，第 95 页。

也留下了深刻的印痕。正如有论者所言："汉文学中的'修身、治国、平天下'的儒学思想占据了其初期思想的大部分。漱石是明治时期第一批小学生和第一批中学生，受'忠君爱国'的教育影响很大，这和儒学思想是一致的，所以即使这种思想以后有所削弱，但始终贯穿漱石一生，时隐时现，而且可以说，以后漱石对日本文明开化所做的激烈批判根本原因也是基于对'国家'的感情，所谓'哀其不幸，怒其不争'是也。也是因为这个原因，漱石对日本近代国家的批判从来没有涉及根本的天皇制等政体问题，相反，他对明治天皇是有相当感情的，这在《心》等文学作品及他的日记或散文中都表现得十分清楚。因此，在他死后，政府会把他作为'国民作家'来加以宣扬，这是毫不奇怪的。"①

漱石一生有过几次重大的选择：中学时代放弃喜爱的汉学，选择顺应大潮学习英语；大学毕业后，放弃东京高师英语教师的教席，去偏远的松山中学任教；之后又放弃第五高等学校（熊本）教授之职，前往英国留学；留学归来进入东京大学教授英国文学，4 年后又辞去大学教职，加入《朝日新闻》社成为专业作家……这些选择虽然有些是被动的，但背后都有着儒家的国家意识在起作用：以国家大业为重，经世致用。笔者以他留学英国时期的情景来考察漱石忧国忧民的爱国情怀。漱石到了英国后，对日本的未来表现出深深的担忧，在日记中（1901 年 1 月 27 日）他写道："夜。于公寓三楼细细寻索日本之前途。日本惟有认真之一途。日本人惟有把眼睛睁得更大才行。"② 他是怎样"寻索"和担忧的？日记写得简略。在漱石发回国内、记述伦敦情况的《伦敦消息》中有详细的表述：

> 自从来到这里，不知为何，人就变得严肃认真起来了。每当有所见所闻，有关日本的前途问题就会在我的头脑中不断地涌现……脑海里一旦浮现日本社会的百态，心情就会变得很沮丧。我担心日本绅士在德育、体育和美育等方面的缺失，而这些绅士却显得泰然若素、踌躇满志。他们生活浮华、内心空虚，他们目光短浅，看不到满足于日

① 张小玲：《夏目漱石与近代日本的文化身份建构》，北京大学出版社，2009，第 139 页。

② 〔日〕夏目漱石：《漱石全集》第 16 卷，漱石全集刊行会，1928，第 32 页。

本的现状其实就是引领国民陷入堕落的深渊。[①]

在真诚善良、助人为乐的为人品性上，夏目漱石也表现出儒家仁人君子的风范。他成为著名作家后，围绕在他周边的众多门生都感受到他春风化雨般的温暖。一名叫林原耕三的学生因家境贫寒无力筹措学费，打算放弃升学，夏目漱石悄悄捎信给助学机构，请求补助。漱石在信中说，若是未能如愿获得助学资金，他会自掏腰包以成全门生求学之愿。学生林原耕三在漱石去世多年后才获知此事，当时热泪盈眶。在《漱石书简集》中收录了一封漱石回复学生借钱的信函，收信人是当时付不起房租的饭田政良。漱石写道："难得这回我没钱借你……你就同房东说，稿费迟来，请房东多宽限几天。若房东唠叨也无须理会，横竖错不在你，你会收到稿费后立刻偿还。"漱石还竭力排除门生的困境，以幽默的口吻写道："我看了一下手边的钱包，这儿正好有一块钱，给你买点酒喝壮壮胆子，勇敢去跟房东表白。"[②] 从此事中不难感受到漱石为人处事的君子品格。

漱石这种儒家式的忧国忧民情怀和善良敦厚的品性，还表现在"德化社会""士不可以不弘毅，任重而道远"的责任感。无论早期作品的文明批判，还是后期作品的人性剖析，漱石都是以伦理道德为标尺，指陈现实弊端，反思恶性欲望。儒家文化的现实关怀、"穷则独善其身，达则兼济天下"的精神影响了漱石一生，他去世前的第 12 天写下最后一首汉诗，抒发的还是一种忧时忧世的情意和无可奈何的孤独：

真踪寂寞杳难寻，欲抱虚怀步古今。碧水碧山何有我，盖天盖地是无心。

依稀暮色月离草，错落秋声风在林。眼耳双忘身亦失，空中独唱白云吟。[③]

---

① 〔日〕夏目漱石：《漱石全集》第 15 卷，漱石全集刊行会，1928，第 7 页。

② 〔日〕池谷伊佐夫：《神保町书虫：爱书狂的东京古书街朝圣之旅》，桑田草译，生活·读书·新知三联书店，2008，第 128 页。

③ 〔日〕夏目漱石：《漱石全集》第 15 卷，漱石全集刊行会，1928，第 294 页。

## （二）道家文化的影响

在中国传统文化的构成中，以老庄思想为主体的道家文化与儒家文化互为补充又互相依存。漱石学习借鉴的中国文化，当然包括道家文化。道家文化的顺应自然、反对虚饰、为而不争、超越现实、向往心灵自由的思想都对漱石产生了深刻影响。如果说儒家文化深刻影响了漱石的社会政治观、道德伦理观和历史责任意识，道家文化则对他的人生观和审美观产生了影响。换言之，作为社会人的漱石，更多接受儒家文化；作为生命个体的人，他更多接受道家文化。从整体上看，随着岁月的磨砺和人生的体悟，道家文化对漱石的影响日益增强。

在读大学期间，作为“东洋哲学”课程的论文，漱石提交的是《论老子的哲学》（1893 年）。论文包括“总论”、“老子的修身”、“老子的治民”和“老子的道”等四个部分。论文在殖兴产业、自强发展的社会语境和西方的社会进化论、强力意志等哲学思想的视阈中理解老子的学说，难免有些误读的成分，甚至称之为“退步主义”。但漱石对老子思想的许多方面做了比较准确的阐析，如以“道”为其哲学的基础、出世的倾向、无为而无不为的思想、阴柔与虚静的审美观照、从对立事物中把握本质的辩证思维特点、所有事物都是在运动中相对地存在于客观世界等。① 这些观念在他以后的创作和人生实践中都有所体现。

漱石接受道家文化的影响，还有一个重要的中介，就是中国古代诗人陶渊明（365~427 年）。陶渊明的思想受老庄思想的濡染，使他由仕而隐，“他在少年时代曾喜爱儒学思想……他初归田园退隐躬耕时，觉得返回自然，心安理得；他的思想意识，自然地脱去了儒家的功名而进入道家的清静”。② 道家的超脱尘世、随顺自然、乐天听命的人生观在漱石的思想中占据了重要的地位，而陶渊明是漱石最喜爱的中国诗人，漱石和这位古代诗人有着心灵深处的共鸣。据说漱石大学毕业后远离京城，去了爱媛县松山中学，就是受到了陶渊明思想的影响，赴任当天从学校图书馆借走了酷

① 〔日〕夏目漱石：《漱石全集》第 26 卷，岩波书店，1996，第 13~36 页。

② 朱维之：《中国文艺思潮史稿》，南开大学出版社，1988，第 75 页。

爱的《渊明诗集》，陶渊明成为陪伴他的精神密友。在漱石的小说、汉诗中，经常可以依稀看到陶渊明的影子，陶渊明狷介清高的性格、抱朴含真的追求、超凡脱俗的境界都对漱石有着潜移默化的影响，陶渊明的“桃花源”转化成漱石作品里的“白云乡”。

夏目漱石汉诗中频频出现“白云”及“白云乡”的意象，“白云乡”即夏目漱石心中的理想境界。这一思想不仅体现在夏目漱石的汉诗中，在他的小说中也屡屡出现。夏目漱石将中国文学中“桃花源”这样脱俗的世界，命名为“白云乡”，充分表现了对现实世界——夏目漱石笔下的“色相世界”——的厌恶和对清净无为的老庄境界的青睐。在他创作于明治三十一年三月的汉诗《春日静坐》中，就鲜明地表现了他对“白云乡”的憧憬：

> 青春二三月，愁随芳草长。闲花落空庭，素琴横虚堂。蟏蛸挂不动，篆烟绕竹梁。
>
> 独坐无只语，方寸认微光。人间徒多事，此境孰可忘。会得一日静，正知百年忙。
>
> 遐怀寄何处，缅邈白云乡。①

诗人的忧愁在这里全都抛却，摆脱了世俗的烦扰，驰骋于闲静的自由之境。显然，这里的“白云乡”是与当时夏目漱石所面对的世俗世界完全相对的另外一个世界，是作者的想象之境、向往之境，是作者的“寄遐怀”之境。这一理想境界伴随着夏目漱石的一生，也贯穿了夏目漱石汉诗创作的始终。他的诗句“独坐听啼鸟，关门谢世哗。南窗无一事，闲写水仙花”② 以及“总是虚无总是真”③ 等皆充溢着老庄恬淡无为的思想。

如果说对“白云乡”的向往是夏目漱石不自觉的情感选择，那么，到修缮寺大患（1910年）以及明治政府“大逆事件”的血腥镇压之后，他对

① 〔日〕夏目漱石:《漱石全集》第15卷，漱石全集刊行会，1928，第261页。

② 〔日〕夏目漱石:《漱石全集》第15卷，漱石全集刊行会，1928，第271页。

③ 〔日〕夏目漱石:《漱石全集》第15卷，漱石全集刊行会，1928，第290页。

现实世界更加近乎绝望，于是自觉地实现了对老庄哲学的回归，以至最后提出“则天去私”的思想。

“则天去私”是夏目漱石晚年提出的概念。对这一概念的含义，日本和中国的学者有过不少讨论，有伦理道德说、人生境界说、哲学理念说、创作方法说，等等。中国学者何少贤在分析漱石提出这一概念的种种情形后做出概括：“总而言之，‘则天去私’的含义是丰富而深刻的。从伦理道德看，它是无私无欲的；在处理人与人的关系时，主张宽容；在人与世界的关系上，倾向超尘脱俗，万事顺其自然；作为一种文学创作方法，它是无私的。所谓无私包括两个意思：一是不要只写自己，更不要把自己写成完美无缺的人；二是不要有人工雕琢的痕迹，而要做到天真地自然流露。这是返朴归真的艺术境界，也是他一生创作实践的最后总结。”[①] 但从汉学影响夏目漱石的层面看，“则天去私”的思想来自道家文化，与老庄思想有着难以分割的内在联系。不管从哪个层面理解“则天去私”，它最基本的意义是：顺从天道自然，驱除小我私利。无论是道德层面的“无私无欲”，还是人际关系的“宽容无争”，抑或人与世界关系的“超尘脱俗、顺其自然”，再或是文学创作方法的“天真地自然流露”“返朴归真”，都能与老庄思想契合对应、一脉相承。

### （三）佛禅文化的影响

佛教在汉代晚期从印度传入中国，经过几百年的发展，不断吸收中国本土文化，到唐代完成中国化过程，出现了许多融合中国文化的佛教派别，禅宗就是其中之一。公元6世纪，中国化佛教以朝鲜半岛为中介传入日本。日本佛教在发展中又与日本固有文化结合，形成具有日本文化特色的佛教宗派。夏目漱石接受的佛禅观念，不一定直接源于中国，但包含中国佛禅文化的元素。

佛教的出发点是“人生之苦”，最终的目标是摆脱痛苦，从现实痛苦中获得解脱。解脱的途径方法各有不同，形成佛教的不同流别宗派。禅

① 何少贤:《日本现代文学巨匠夏目漱石》，中国文学出版社，1998，第335页。

宗主张自省自度，只要觉悟到内心先天本有的清净本性，当下就可以获得觉悟。禅宗通过“五法门”“四禅定”[①]的修行，以“心”的觉悟达到无欲无念、无喜无忧、澄澈透明的无上境界。禅，就是净虑冥想，彻悟本心，是一种心灵世界深处的探索。夏目漱石反对神佛崇拜，在小说《我是猫》中，通过人物之口议论：“神佛者，人类万般苦痛之余所捏造之泥偶而已……相信渺茫希望，还说心安理得。嗟乎，醉汉！胡乱地危言耸听，蹒跚地走向坟墓。”[②]但他有现实的痛苦与烦恼，希望借助佛禅来获得心灵的和谐宁静，因而夏目漱石对佛禅的接受，不是作为一种信仰，而是当作一种人生的实践行为和理论，主要影响他的苦乐观和生死观。

在“漱石山房”的藏书中，有数量可观的一批佛教禅宗典籍，包括《一休和尚全集》、《白隐和尚全集》、《卖茶翁偈语》、《宝洲禅师语录》、《碧岩集》（二卷 10 册）、《碧岩夹山钞》（10 册）、《碧岩录讲义》（3 册）、《临济惠照禅师录》、《寒山石诗阐提记闻》、《泽蓭和尚全集》、《则庵广录》、《大藏经目录》、《大慧普觉禅师语录》（三卷 12 册）、《大慧普觉禅师书》、《大慧普觉禅师普说及法语》（6 册）、《维摩警惕唱》（释宗演）、《苍龙窟年谱》（释宗演编）、《六组大师法宝坛经》（2 册）、《佛鉴语录》（5 册）、《禅临济宗眼目》、《禅门法语集》、《真宗圣典》、《禅林句集》（2 册）、《禅学辞典》等。没有证据证明漱石对这些典籍都做过认真的研读，但这些典籍中的一些人物、故事、公案经常出现在漱石的作品中，这些佛禅典籍的思想、观念对漱石的精神世界产生了一定的影响。

漱石一生不能说大起大落，但也经历了一些坎坷和精神的痛苦，诸如少年时代的养子经历，爱情婚姻生活的不美满，父母兄长和幼女的死别，留学经历的不悦，两次神经衰弱和胃溃疡的折磨等，更内在的是处于转折时代各种现实矛盾在内心的感受，入世与出世的纠葛，理想与现实的扞格等，这些都集聚了漱石的烦恼与对解脱的向往。在给正冈子规的信（1890 年 8 月 9 日）中，漱石感叹：“烦恼的火焰炽烈，甘露之法雨迟迟难遇；欲

① “五法门”指调息、不净、慈悲、因缘、念佛。“四禅定”是指坐禅修行的四个阶段。

② 〔日〕夏目漱石：《我是猫》，于雷译，译林出版社，1993，第 261 页。

海的波涛险恶，抵达彼岸须待何日？”[①] 这些话语体现了他对此岸烦恼的嫌恶和对彼岸涅槃的憧憬。夏目漱石在书信、日记里曾不止一次流露过“悲观厌世”的思想倾向。在给津田青枫的信（1914 年 3 月 29 日）里，漱石写道：“也许我生来愚蠢的原因吧，在我看来，世上所有的人都令人生厌。”[②] 在这前后他给朋友的信函里，多次提到“弃生择死”的想法，认为“人死后才能达到绝对的境地”。日本学者宫井一郎认为：“他有过于执着的理念和对人格社会（或者说对自由）的热切向往，而这一切在现实中总是难以满足和实现。悲观厌世的情绪，就由于理想与现实格格不入的冲突而产生。”[③] 众所周知，漱石在 1893 年和 1894 年有过两次在圆觉寺参禅的经历，就是试图借助禅师的帮助，摆脱痛苦躁动，获得内在心灵的平静。虽然结果并不理想，但这表明了他对佛禅世界的理解与接受，也为他的创作积累了素材。在小说《门》和散文诗《十夜梦》中，参禅经历转化为作品情节和艺术情境。

责任编辑：张忞煜

---

① 〔日〕夏目漱石：《漱石全集》第 18 卷，漱石全集刊行会，1928，第 19 页。

② 〔日〕夏目漱石：《漱石全集》第 19 卷，漱石全集刊行会，1928，第 312 页。

③ 〔日〕宫井一郎：《漱石的世界》，讲谈社，1967，第 218 页。

# Natsume Soseki's Sinology Self-Cultivation

*Li Yuejin*

**Abstract:** Natsume Soseki was a great writer with profound sinology skills during the Meiji era. The influence of the family environment and the education of sinology in childhood had laid a solid foundation for Natsume Soseki's sinology. In despite of Western learning being dominant, Sinology had a certain degree of renaissance in the mid-Meiji period, which had a major impact on Japan's society at that time. Many elements of Confucianism, Buddhism, and Taoism, which were established by the Han culture, became the important connotation of the spiritual world of Natsume Soseki.

**Keywords:** Natsume Soseki; Sinology; Spiritual Structure

# 中亚研究

# “英俄大博弈”时期的中亚变局
## ——基于亨利·罗林森的人生史考察*

赵 萱 刘炳林 刘玺鸿**

【摘 要】“英俄大博弈”作为19世纪重要的历史事件，受到学者的持续关注。大多数以事件为中心的研究往往过于关注两大帝国势力之间的结构性较量，而忽视了事件之中个体的生命历程。从大博弈参与者的“人生史”出发对19世纪的中亚变局做出回顾，一方面可以丰富现有的资料，另一方面更能够呈现“活生生的历史动态”。本文以英国军官亨利·罗林森的人生史为研究对象，对19世纪的大博弈进行梳理，力图展现罗林森丰富多彩、身份叠合的生命历程，并以此呈现复杂多变、势力纠葛的19世纪中亚格局，进而尝试提出人生史在历史研究以及历史人类学研究中的重要性和可能性。

【关键词】亨利·罗林森 中亚 大博弈 人生史

* 本文为中国文化走出去协同创新中心招标项目“文明视野与历史互鉴——中阿家族的人类学比较研究”（项目号：CCSIC2017-YB01）及中国文化走出去协同创新中心课题“‘一带一路’背景下的跨界民族及边疆治理国际经验比较研究”（项目号：BFSU2011-ZD01）的阶段性成果。

** 赵萱，中央民族大学民族学与社会学学院世界民族学人类学研究中心讲师、博士，研究方向为社会人类学；刘炳林，中央民族大学民族学与社会学学院世界民族学人类学研究中心硕士研究生，研究方向为民族学；刘玺鸿，中央民族大学民族学与社会学学院世界民族学人类学研究中心硕士研究生，研究方向为民族学。

中亚研究中有两个历史时期一直备受关注，一是蒙古帝国的建立，这被一些学者认为是“世界史的诞生”[①]；二是19世纪英俄大博弈时期，它被视为塑造现代中亚地缘政治格局的起点，因而也被看作传统东方学研究范式的终点。这一范式起源于18世纪的欧洲殖民运动，在对中亚的探索中达到高潮，随着20世纪初大博弈的落幕以及现代社会科学体系的最终建立而逐步消失。这种范式影响下的东方学研究者往往既是军官，又是学者，还是政治家，亨利·罗林森（Henry Rawlinson）正是他们之中相当典型的一位。不同身份虽然在个体生命中的不同阶段并非同等重要，却保持着高度的叠合。在此意义下，这批研究者的重要性恰恰在于既代表了一个时代的开端也意味着某个时代的终结，持续影响着人们对中亚政治与历史的观察，进而启发我们去理解19世纪以来转型中的世界。

罗林森的生命几乎覆盖了整个大博弈时期，其复合性的身份（少将、印度委员会委员、皇家地理学会主席、亚述学之父），是对那个时代特质的集中反映；同时，他跌宕起伏的政治生涯则，是对大博弈过程中国内—国外、欧洲—亚洲政治事务之间相互缠绕的鲜明体现。当我们回到19世纪的中亚去“打捞”罗林森的时候，观察到的不仅是一个在完成帝国使命的老派盎格鲁—印度官员（Old School of Anglo-Indian Official）[②]，更反映了一个时代的前行和褪去，从而指向了中亚研究的另一种可能。

值得注意的是，虽然罗林森在19世纪下半叶英国中亚政策的制定中扮演过重要角色，并在英国皇家地理学会中发挥了主要作用（大名鼎鼎的斯坦因正是在其支持下才有机会到印度旁遮普大学任教），一度被誉为“亚述学之父”，但是对罗林森本人及其相关作品的研究在中国学界依旧处于尚待挖掘的状况。一方面，学界缺乏对其生命历程的完整叙述，他的作品和经历鲜被提及，或几乎分散在考古学（楔形文字）、边疆学（印度西北边疆的探险活动）、国际政治（英国的印度政策）等各个学科的只言片

① 参见〔日〕冈田英弘《世界史的开端——蒙古帝国的文明意义》，陈心慧译，北京出版社，2016。

② George Smith ed., *Dictionary of National Biography*, Oxford: Oxford University Press, 2009.

语之中，通常只能作为研究背景，未有直接将其作为对象的研究成果①；另一方面，在英国本土学界，即使已经对之相当熟悉，并有相关研究专著和作品集出版②，但仍停留在对其主要的政治论著《英国和俄国在东方》③和个人传记的推介上，而将其置于19世纪大博弈中，从“人生史”的角度来诠释和刻画整个19世纪的全球变革和地缘格局方面的作品依然鲜见。④正如约翰·罗维·达西（John Lowe Duthie）所评价的：“他（罗林森——引者注）的作品，《英国和俄国在东方》，只是在中亚问题（Central Asia Question）的通史中偶尔提及，这低估了其在英国政策制定中的介入程度和影响力。”⑤

因此，本文力图通过对罗林森本人的“人生史”进行梳理，呈现其在军官、政治家与学者三种身份之间的历时性转化和共时性交叠，同时希望通过作为典型个案的罗林森彰显大博弈时期个体与时代之间的冲突与共生，进而提出人生史研究在区域研究中的可能性。

## 一　远行与战斗：罗林森的军旅生涯

亨利·罗林森于1810年4月19日出生于英国牛津郡的查克灵顿（Chadlington），其父艾布拉姆·罗林森（Abram Rawlinson）是一位远近闻名的赛马饲养员。作为家中的次子（也是幼子），在灵顿（Wrington）

① 根据在中国知网中的检索，笔者尚未发现有关亨利·罗林森的专门研究，即使提及也只是在文献综述中提到其《英国和俄国在东方》作为早期中亚研究的作品，或者提到其对英国在中国边疆探险的资助，以及在亚述学的相关研究中提到其对贝希斯敦铭文的发现。

② 参见 Lesley Adkins, *Empires of the Plain: Henry Rawlinson and the Lost Languages of Babylon*, New York: Harper Perennial, 2004。

③ 参见 Henry Creswicke Rawlinson, *England and Russia in the East: A Series of Papers on the Political and Geographical Condition of Central Asia*, HardPress Publishing, 2013。

④ 参见 M. E. Yapp, “The Revolutions of 1841-1842 in Afghanistan,” *Bulletin of the School of Oriental and African Studies*, University of London 27, no.2 (1964), pp.33-81; Mikhail Volodarsky, “Persia and the Great Powers, 1856-1869,” *Middle Eastern Studies* 19, No. 1 (1983), pp.75-92; John Lowe Duthie, “Pressure Form Within: The ‘Forward’ Group in the India Office During Gladstone’s First Ministry,” *Journal of Asian History* 15, No. 1 (1981), pp.36-72。

⑤ John Lowe Duthie, “Pragmatic Diplomacy or Imperial Encroachment? British Policy Towards Afghanistan, 1874-1879,” *The International History Review* 5, No. 4 (1983), pp.475-495.

和伊灵（Ealing）接受了基本教育之后，年仅 17 岁的罗林森就成为东印度公司的候补军官，从英国来到万里之外的印度开启了自己的军旅生涯。但这仅仅是远行的开始，在此后近 20 年的时间里，他不仅到达过中亚的东南边缘印度，也在中亚的西南边缘波斯任职，还参与了第一次阿富汗战争，可以说罗林森的足迹横跨了整个南部中亚。

年轻的罗林森一开始在印度就有幸跟随马尔科姆（Malcolm）将军进行训练。在这位东方学家和外交家的感染之下，罗林森对东方学产生了兴趣，开始语言学习。① 不到一年的时间，极具语言天赋的罗林森就掌握了印地语和波斯语，19 岁正式成为孟买第一掷弹兵团（1st Bombay Grenadiers）的一名翻译军官。1833 年，作为一名优秀军官和语言学家，罗林森被选派到波斯训练沙哈（Shah）的军队，在麦克尼尔（McNeill）将军手下任职。在此期间，他将波斯边境上的几个部落改造成优秀的步兵团。② 在波斯服役期间，罗林森最引人注目的成就发生在 1837 年底，当时波斯和英国关系出现紧张，麦克尼尔派遣罗林森从德黑兰出发到御营（royal camp）执行紧急任务，在途中他遇上了正前往喀布尔准备挑唆多斯特・穆罕默德・汗（Dost Mohammed Khan）对抗英国的俄国军官维特克维奇（Vitkevich）。罗林森察觉事情不妙，创纪录般地日夜兼程 150 个小时，飞奔了 700 多英里（约 1126 公里），回到德黑兰，报告了维特克维奇可能会前往喀布尔的消息。③ 这可以视为第一次阿富汗战争的导火索。

1838 年，赫拉特解围之后，英国和波斯的关系彻底破裂，罗林森随英军回到了印度。不久，他就被任命为主导第一次阿富汗战争的英方负责人麦克诺顿的四名政治助理之一，同样入选的还有大名鼎鼎的亚历山大・伯恩斯（Alexander Burnes）。1840 年 10 月，罗林森在差点与康诺利前往布哈拉之后，被派遣到阿富汗西部的坎大哈执行任务，也就在这个时候，他对于波斯东部和阿富汗西部之间的边界地区产生了浓厚兴趣，他之后的政治

① Frederic J. Goldsmid, “Obituary: Major-General Sir Henry Creswicke Rawlinson, Bart., G. C. B., etc,” *The Geographical Journal* 5, No.5 (1895), pp.490-497.

② George Smith ed., *Dictionary of National Biography*, Oxford: Oxford University Press, 2009.

③ Karl Ernest Meyer and Shareen Blair Brysac, *Tournament of Shadows*: *The Great Game and the Race for Empire in Central Asia*, New York: Counterpoint, 1999, p.84.

关注点也从来没有离开过这一区域。1841 年底，喀布尔爆发了起义，随后向阿富汗全境蔓延，坎大哈的局势在罗林森强有力的处理手段下（拉拢地方首领，封锁外部起义势力的进入，安抚宗教领袖），没有产生过多的动荡。[①] 在此期间，他身上所具有的"前进派"特质逐渐形成，并主导了其随后的政治见解。1842 年 5 月 3 日，正在坎大哈镇压起义的罗林森在给朋友乌特勒姆（Outram）的一封信中写道："我相信这些问题（阿富汗起义——引者注）都来源于我们对这些地方酋长的态度，并没有什么已经存在的民族或者宗教因素在反对我们，并且我确信在把这些酋帮长期存在的特权完全取消以及碾碎与艾哈迈德·沙（Ahmad Shah）存在关系的杜兰尼（Dooranee）家族之前，无论是英国还是本土政府都没办法控制这一地区。"[②] 正是这样一个在政治上相当激进的罗林森随后在 1842 年 8 月协助诺特（Knott）将军再度攻陷加尼兹，跟随波洛克（Pollock）将军的复仇大军回到喀布尔。由于在阿富汗战争前后的优秀表现，罗林森于 1844 年获得巴斯勋章（Order of the Bath）、一级波斯勇狮勋章（Persian Order of the Lion and Sun）和三级杜兰尼勋章（Durrâni Order）[③]，这为他未来的政治家生涯奠定了坚实的基础。

## 二　洞察与受挫：罗林森的政治家生涯

自 19 世纪 30 年代起，罗林森在中亚地区度过了近 20 年的服役生涯，并在巴格达担任了 10 年有余的领事工作，这些经历使得他不仅积累了丰富的中亚知识，而且培养出对英俄大博弈敏锐的政治嗅觉。相较于伯恩斯、波廷杰（Eldred Pottinger）、康诺利等人在 1841 年前后去世，罗林森这位早期大博弈的参与者有着更长的时间将自己的经验运用至对英国东方政策的思考。1855 年的一场骑马事故之后，选择彻底告别军旅生涯的罗林森在英国和印度找到了经验转化的舞台，只是这个舞台并不是由他来

① M. E. Yapp, "The Revolutions of 1841-1842 in Afghanistan, " *Bulletin of the School of Oriental and African Studies*, University of London 27, No.2 (1964), pp.333-381.

② M. E. Yapp, "The Revolutions of 1841-1842 in Afghanistan," *Bulletin of the School of Oriental and African Studies*, University of London 27, No.2 (1964), pp.333-381.

③ George Smith ed., *Dictionary of National Biography*, Oxford: Oxford University Press, 2009.

搭建，也不可能是为他而搭建，所以罗林森的政治洞察往往伴随着政治受挫。而等到他那些激进的言论不再被视为激进的时候，大博弈的舞台也已经远离了罗林森最为关注和熟悉的坎大哈与赫拉特，转向帕米尔高原。罗林森晚年时，对其的政治认可从某些方面看不过是对英雄迟暮的一种补偿。

罗林森第一次展现自己的政治家才能恰好发生在大博弈的“中场休息”[①]期间。刚刚经历了克里米亚战争失败的俄国，还没能在其东方战线上重整旗鼓，印度起义又将英国搅得心烦意乱、无暇西顾。就在这个大博弈走向缓和的时期，波斯和阿富汗之间爆发了领土争端，并对英国在波斯的政治影响力造成极大冲击。当时有两个事件使得波斯对英国备感不满：一是在1855年与英国结成友好同盟的多斯特·穆罕默德向波斯宣战，准备攻下赫拉特，而英国却倾向于不干涉；二是在锡斯坦（Seistan）的首领已经打算归附波斯的情况下，当时的英国驻波斯大使默里（Murray）却进行阻挠[②]，他提出“合并锡斯坦将会威胁阿富汗领土的完整，并且违背了《巴黎和平协定》”。[③]英国虽然更重视与阿富汗关系的维持，但是并不愿卷入一场新的战争中，同时也不打算将波斯彻底抛弃。正是在这样的情况下，刚从下议院卸任而进入印度委员会（Council of India）不久的罗林森临危受命，于1859年底前往波斯接替莫里的职务。曾在波斯长期服役的罗林森不仅熟悉那里的政治环境，而且也对英国和波斯的关系有着独特的看法。相较于当时的主流观点——“波斯与英国敌对且比阿富汗强大，不得不防”，罗林森则将波斯视为英国对抗俄国进入中亚的盟友，早在成为英国驻波斯大使之前，他就已经关注到波斯对于大博弈的重要性。罗林森曾在一份备忘录中写道：“俄国必定会采取最令人担忧的行动来提升其在东方的影响力。”[④]具体而言，就是一方面从阿姆河包围希瓦，另一方面从里海威

① 〔英〕彼得·霍普柯克：《大博弈：英俄帝国中亚争霸战》，张望、岸青译，中国青年出版社，2015，第310页。

② Mikhail Volodarsky, “Persia and the Great Powers, 1856-1869,” *Middle Eastern Studies* 19, No. 1 (1983), pp.75-92.

③ Mikhail Volodarsky, “Persia and the Great Powers, 1856-1869,” *Middle Eastern Studies* 19, No. 1 (1983), pp.75-92.

④ Rawlinson Memo., April 30, 1859, L/PS/3/53, 145.

胁土库曼地区，同时还会与布哈拉达成协约，从而对赫拉特形成直接的威胁，最终将乌兹别克斯坦和阿富汗囊括到其势力范围内。如何维持和波斯的关系就成为遏制俄国的关键所在，正因为如此，波斯贵族对他的就任一开始就十分欢迎。而当时英国外交大臣斯坦利（Stanley）也对罗林森的波斯之行充满期待，认为这将使英国和波斯的关系“回到一个英国曾经占据重要影响力的位置上”。① 刚进入波斯的罗林森就打破了《图尔克曼恰伊条约》（*Treaty of Turkmenchay*）中的礼仪规定——前来波斯的欧洲使节在递交自己的委任书之前不用拜访沙哈，沙哈应该主动前来拜访——主动拜访了波斯沙哈②，这使罗林森一开始就给沙哈留下了极好的印象。不仅在礼仪上充分示好，罗林森还主动到波斯和土库曼的边境冲突地区考察，协调双方的关系，波斯与英国的关系因此得到了快速修复。③ 从当时在波斯的俄国使节阿尼奇科夫（Anichkov）的报告中，我们可以看到罗林森的到来产生了怎样的影响：“现在沙哈所做的每一件事都是为了让英国相信波斯和俄国的紧密关系将存续不久了”。④ 但这样的“蜜月期”还没过多久，英国国内的政治变动很快就传导到波斯。1859年6月，帕麦斯顿（Palmerston）所领导的辉格党上台执政，英国的中亚政策发生了变化。对于大量卷入东方事务相当不满的帕麦斯顿认为这不仅会产生财政负担，而且也不利于欧洲地区英国和俄国关系的维护。⑤ 在这种情形下，罗林森对波斯的通盘考虑遭遇挑战。

本来罗林森打算借这次波斯任职的机会解决赫拉特领土争端，并且彻底转变英国在中亚的政策。罗林森并不将赫拉特归属问题视为到底选择波斯还是阿富汗的两难困境，而是看作一个通过改善和波斯关系实现双赢

---

① A. P. Thornton, “British Policy in Persia, 1858-1890,” *The English Historical Review*, 273, (1954-1955), p.555.

② Mikhail Volodarsky, “Persia and the Great Powers, 1856-1869,” *Middle Eastern Studies* 19, No. 1 (1983), pp.75-92.

③ Mikhail Volodarsky, “Persia and the Great Powers, 1856-1869,” *Middle Eastern Studies* 19, No. 1 (1983), pp.75-92.

④ AVPR, f, “SPB GI. Arkhiv V-Az,” 1860, d. 8, 1. 148.

⑤ Mikhail Volodarsky, “Persia and the Great Powers, 1856-1869,” *Middle Eastern Studies* 19, No. 1 (1983), pp.75-92.

的机会。在罗林森看来，赫拉特的归属——罗林森主张赫拉特中立——并不是问题的关键，真正重要的是波斯到底对英国持什么样的态度。罗林森提出，波斯对于赫拉特的寸步不让，其实是担心英国会偏袒多斯特·穆罕默德，所以只要英国主动调整对波斯的态度，使波斯相信英国是一个中立的调停者而不是阿富汗的帮手，问题便可迎刃而解。① 至于多斯特·穆罕默德，则完全可以采用同过去一样的政治收买的方式，在白沙瓦和瓦罕的归属问题上向其让步，使他的注意力从赫拉特问题上转移开。② 对于当时甚嚣尘上的大阿富汗（Big Afghanistan）政策③，罗林森觉得这其中不仅有着明显的政治误判，而且还存在政治短视。在罗林森看来，《图尔克曼恰伊条约》之后的波斯已经算不上什么强国，也不再对英国的欧洲政策构成威胁，但反过来却成为印度安全的一个软肋。同时，多斯特本人年岁已高，以赫拉特为条件换取阿富汗的好感很难说能维持多久。反之，与波斯关系的破裂将给俄国以插足的机会，最终"印度西北边境将会处在严峻危险中"。④ 因此，在罗林森看来，最好的选择是维持赫拉特事实上的独立，拉拢波斯，安抚阿富汗，将俄国排除出"游戏"。

但随着英国新政府的上台，波斯事务从印度政府移交给英国外交部，"精明无为者"再次掌控局面，无论是他未来的直接上司拉塞尔（Russell）还是在外交部举足轻重的哈蒙德（Edumnd Hammond），对于罗林森的"前进派"作风都很是反感⑤，修复英国同波斯关系的计划只能夭折。遭受了政治生涯第一次重大挫折的罗林森在仅仅上任六个月后辞职，随后回到英国本土成为下议院议员。⑥

① Mikhail Volodarsky, "Persia and the Great Powers, 1856-1869," *Middle Eastern Studies* 19, No. 1 (1983), pp.75-92.

② John Lowe Duthie, "Pressure Form Within: The 'Forward' Group in the India Office During Gladstone's First Ministry," *Journal of Asian History* 15, No. 1 (1981), pp.36-72.

③ G. J. Alder, "The Key to India? Britain and the Herat Problem, 1830-1863: Part II," *Middle Eastern Studies* 10, No. 3 (1974), pp.287-311.

④ Rawlinson to Russell, April 25, 1860; Rawlinson to Russell, December 12, 1859, PRO 30/22/78.

⑤ Mikhail Volodarsky, "Persia and the Great Powers, 1856-1869." *Middle Eastern Studies* 19, No. 1 (1983): 75-92.

⑥ George Smith ed., *Dictionary of National Biography*, Oxford: Oxford University Press, 2009.

大博弈"中场休息"随之结束，多斯特·穆罕默德在死前将赫拉特收入囊中。俄国在中亚迅速推进，1865年，塔什干陷落，随后突厥斯坦总督区建立；1868年，撒马尔罕陷落，与阿富汗北部毗连的布哈拉汗国也落入俄国手中。此前感觉与俄国相隔万里的印度如今却发现其已如此迫近，这使得英国不得不在中亚政策上做出新的调整。受到威胁的不仅是英国，与希瓦汗国唇齿相依的波斯也感觉到俄国带来的压力。因此，在1868年6月，波斯沙哈向英国主动寻求经济援助，希望重建波斯军队，稳固自己的东北边境。① 而这在回归印度委员会不久的罗林森看来，是一个继1859年受挫之后修复英国同波斯关系千载难逢的机会。在当年《季度评论》（*Quarterly Review*）的一篇长文中，罗林森特别强调了对于阿富汗西部边境的防御问题，主要是坎大哈和更偏西的赫拉特。罗林森直言要在这里"建设第一流的堡垒来保卫边境"，同时也明确指出英国需要决定是否"允许俄国还不受抵抗地向喀布尔开进，并且建立他们自己的势力，以此支持阿富汗对抗英国"。② 赫拉特与坎大哈问题的解决本身就有赖于英国同波斯关系的处理，所以罗林森很快就为波斯沙哈请求援助一事拟定了一份备忘录。在这份备忘录中，罗林森催促英国政府尽快对波斯的要求做出回应，从而可以像1833年那样，仅仅付出极小的代价就可以维持和波斯政府的友好关系③，避免俄国趁机将势力渗透进波斯。随后，罗林森和同样主张在中亚采取积极政策的凯耶（Kaye）、蒙哥马利（Montgomery）提出派遣一个军事使团前往波斯、帮助波斯进行军队重建的建议，获得了时任印度事务大臣（Secretary of State for India）诺斯科特（Northcote）的首肯。但就在使团即将成行的时候，1869年2月，阿盖尔公爵八世（8th Duke of Argyll）乔治·道格拉斯（George Douglas）接替了诺斯科特的工作，情况急转直下。道格拉斯一方面认为波斯并不处在保护印度所需建立的亲英缓

① John Lowe Duthie, "Pressure Form Within: The 'Forward' Group in the India Office During Gladstone's First Ministry," *Journal of Asian History* 15, No. 1 (1981), pp.36-72.

② A. P. Thornton, "Afghanistan in Anglo-Russian Diplomacy, 1869-1873," *Cambridge Historical Journal* 11, No. 2 (1954), pp.204-218.

③ John Lowe Duthie, "Pressure Form Within: The 'Forward' Group in the India Office During Gladstone's First Ministry," *Journal of Asian History* 15, No. 1 (1981), pp.36-72.

冲区（pro-British cordon）范围内，另一方面指出波斯的花销都只能由印度政府自己买单，因而坚决回绝了罗林森等人的提议。①

几乎在同一时期，舍尔·阿里·汗（Sher Ali Khan）再次夺得了阿富汗的统治权，并且在1869年3月与当时的印度总督梅奥（Meyo）在安巴拉会面，结成了友好同盟。②这在罗林森看来是英国失去了与波斯结盟的可能，但可以在与阿富汗关系的改善中堵住赫拉特漏洞的机会。因此，罗林森建议英国应对这位阿富汗的新统治者积极一些，以换取在赫拉特建立监视机构的许可。③罗林森觉得既然没有办法保住波斯，那么至少也要看管好波斯东部与阿富汗接壤的边境。很可惜的是，一方面，由于英国尚未从第一次阿富汗战争的阴影中走出，不想给阿富汗以实质性的承诺；另一方面，阿里·汗也不愿意看到英国军队直接进驻赫拉特。因此，阿里·汗的要求没有得到满足，仅仅从英国手里拿到了一些施舍（hand-out）④，赫拉特派驻机构一事也就化为泡影。此后不久，1869年9月，英俄在海德堡的谈判似乎使得中亚的紧张局势突然得到缓解。英国获得了俄国方面所谓的承诺：以阿姆河左岸为界，承认阿里对巴达克山和瓦罕的统治。⑤在愉快的气氛中，之前对俄国一再戒备的罗林森被印度总督梅奥嘲讽为"胆小怕事"（Timidites）和"严重的俄国恐惧症患者"（ultra-Russophobists），其政治生涯再次遭受重挫。⑥但罗林森依旧在谈判期间坚持向梅奥指出，英国在让阿富汗成为处于英国和俄国干预之外的"中立区"这个问题上已经走得太远了，而且即便是对于梅奥所说的"在印度周边形成一个强大、独立和友好，但在政权上并不被统合

① John Lowe Duthie, "Pressure Form Within: The 'Forward' Group in the India Office During Gladstone's First Ministry," *Journal of Asian History* 15, No. 1 (1981), pp.36-72.

② 〔英〕珀西·塞克斯:《阿富汗史》(第二卷，上册)，张家麟译，商务印书馆，1972，第807~908页。

③ G. Campbell, *The North-West Frontier of India: A Talk Given to the Royal United Services Institution on Wednesday,* 14 April, 1869, London , pp. 237-239.

④ A. P. Thornton, "Afghanistan in Anglo-Russian Diplomacy, 1869-1873," *Cambridge Historical Journal* 11, No. 2 (1954), pp.204-218.

⑤ 朱新光:《英俄角逐中亚与1873年英俄协定》,《西北民族研究》2001年第2期，第126~134页。

⑥ Mayo to Argyll, Simla, 2 June 1870 & 26 May 1871. I. O. L. & R. REEL 313/1, pp.493 & 177.

的国家（though not altogether neutral states）”[①] 这一目的本身也是有害的。从后来的进程上看，1869 年的协议的确也没有起到任何英国人所希望的作用。

结果不到一年，风云突变，俄国即将在 1871 年 3 月或 4 月进攻希瓦的消息再次笼罩印度。英国政府此时试图亡羊补牢，准备派遣使团前往波斯，拉拢沙哈，巩固波斯防线，防止希瓦可能沦陷之后更大的威胁。[②] 罗林森对于波斯的了解和所持的观点似乎又有了用武之地。在这一时期的一份备忘录中，罗林森再次强调了与波斯关系的重要性：“与波斯结盟是非常有价值的，可以增强对印度的防御。”[③] 不仅老调重弹，罗林森还看准了机会对英国几十年来的波斯政策大加批评。在 1871 年的一份评论中，罗林森谈道：波斯的意义应该是保护印度，而不是欧洲外交的延伸。他认为之所以没有达成这样的共识在于波斯事务的主导权被交给了总是畏首畏尾的外交部，所以他主张将波斯事务交还给印度政府。[④] 但其实就算到了这个时候，俄国在外交上持续释放的烟雾弹和英国在东方政策上的摇摆，使得波斯的重要性依旧没有在英国政府中得到充分的认识。道格拉斯虽然同意向波斯派遣使团，但是认为花大力气和波斯结盟并没有什么意义。[⑤]1872 年 12 月，俄国外交部对外宣布进军希瓦，罗林森进一步向英国政府施压，希望英国能迫使俄国从希瓦撤军。在罗林森看来，希瓦“的重要性远远超过撒马尔罕，因为这使得俄国距离英国的前线又近了 1000 英里”[⑥]。一旦希瓦倒下，接下来肯定就是谋夫，随后就是巴尔赫和杜昆兹，于是罗林森再次提出在赫拉特建立监视机构的请求，但是这个计划又一次被否决。道格拉斯略带揶揄地问道：“我们真的打算在赫拉特派驻一个机构？仅仅是为了

---

① Mayo to Frere, Simla, 27 May 1869, pp. 3-4. C. U. L. Add 7490/35, Letter 88.

② John Lowe Duthie, “Pressure Form Within: The ‘Forward’ Group in the India Office During Gladstone’s First Ministry,” *Journal of Asian History* 15, No. 1 (1981), pp.36-72.

③ Rawlinson, H. C., “The Road to Merv,” *Proceedings of the Royal Geographical Society*, 1 N. S. (1879), pp.187-188.

④ Rawlinson Memorandum, “On the Policy of Great Britain towards Persia,” p. 843D.

⑤ John Lowe Duthie, “Pressure Form Within: The ‘Forward’ Group in the India Office During Gladstone’s First Ministry,” *Journal of Asian History* 15, No. 1 (1981), pp.36-72.

⑥ Rawlinson to Northbrook, 8 November 1872. I. O. L. & R. MSS. EUR. C. 144/20, p.86.

观察和报告在这些地区都发生了些什么？”①

1873 年希瓦被占领之后，罗林森的观点虽然还没能成为主流，但是已经在政界和社会造成了更大范围的影响。同年，罗林森向英国政府递交了一份详尽的备忘录，在其中大谈希瓦沦陷所带来的严重后果。罗林森指出，希瓦落入俄国手中，使得俄国可以在阿姆河下游站稳脚跟，一直以来困扰俄国的塔什干后勤供给的问题也会因为希瓦和奥伦堡之间仅仅只有 800 英里（约 1287 公里）距离这一优势而得以解决，随之而来的就是塔什干、撒马尔罕、希瓦和里海沿岸串联在一起，波斯则整个暴露在俄国的枪口之下。希瓦还直接威胁到赫拉特，而后者不仅是西阿富汗、喀布尔和印度的关键所在，也是进入坎大哈和波斯湾的钥匙。②虽然这一判断对之后英国的中亚政策产生了重大影响，但当时依旧还在执政的自由党对从俄国获得不再继续向谋夫前进的承诺仍然抱有幻想，企图通过外交谈判的方式来解决可能在赫拉特的正面冲突。罗林森则通过对谋夫战略地位的分析，提醒英国千万不要轻易相信俄国所做出的承诺，因为谋夫实在太重要以至于俄国很难放弃。而谋夫一旦落入俄国人手中，在罗林森看来就是“将彻底威胁赫拉特和阿富汗”③。但身处圣彼得堡的谈判代表洛夫特斯（Loftus）甚至还在寻求俄国即使控制了谋夫也不入侵印度的承诺，罗林森则认为只有尽快绘制出阿富汗北部和西部的地图，清晰划定俄国和英国的势力边界才能够避免可能的直接冲突。④1874 年，迪斯累利（Disraeli）领导的保守党执政，中亚政策重新变得积极，罗林森也借此机会将《英国和俄国在东方》（*England and Russia in the East*）一书出版⑤，大肆鼓吹俄国威胁论。这

---

① Argyll to Northbrook, 14 February 1873. 1. O. L. & R. MSS. EUR. C. 144/9, p.37.

② A. P. Thornton, “Afghanistan in Anglo-Russian Diplomacy, 1869-1873,” *Cambridge Historical Journal* 11, No. 2 (1954), pp.204-218.

③ Rawlinson Memorandum, “On Proposed Russian Expedition to Merv,” 18 December 1873. I. O. L. & R. L/P & S/3/88, pp.194A- 194F.

④ John Lowe Duthie, “Pragmatic Diplomacy or Imperial Encroachment? British Policy Towards Afghanistan, 1874-1879,” *The International History Review* 5, No. 4 (1983), pp.475-495.

⑤ 该书囊括了罗林森从 1849 年至 1875 年有关中亚政策的文章。在书中，罗林森积极鼓吹反俄思想，强调波斯和阿富汗对于保护印度的重要性，认为英国应该在中亚形成霸权，存在着明显的帝国主义思想。该书 1975 年在丹尼斯·塞诺（Denis Sinor）的推动下收录到著名的“内亚资料与研究”（Source Book and Studies on Inner Asia）的系列中。

部作品甚至被迪斯累利推荐给即将到印度赴任总督的李顿（Lytton）。在由红海前往印度的路上，李顿读到了罗林森对于处理阿富汗问题的意见，深受鼓动。[①] 在书中，罗林森提出阿里·汗并不是一个强有力的统治者，也就很难保证阿富汗的稳定，这也会给英国带来麻烦。罗林森建议英国应该把坎大哈和赫拉特从喀布尔分出来，自己控制。他认为：“没有什么本质或者族群原因使得赫拉特和坎大哈必须要和喀布尔绑定在一起。”[②] 李顿在写给弗雷尔（Frere）的一封信中明确表示，他已经将罗林森这项提议视为最后方案（pis aller）。[③] 从第二次阿富汗战争的爆发来看，正是由于李顿不再信任阿里·汗，因此才试图以英国直接控制赫拉特、坎大哈来解决和俄国的博弈问题，可见这一时期罗林森的政治观点对于英国政策的影响之大。等到谋夫陷落之后，罗林森的政治预测应验，他才完全受到重视，英国也急忙派遣探险队考察和绘制阿富汗北部边境的地图，作为和俄国谈判的依据。随着 1887 年阿富汗西北部边界的确立，英俄在中亚的缓冲地带也完全确立了下来，中亚局势才真正走向缓和。虽然罗林森的政治建议最终变成现实，但是随着大博弈的中心从阿富汗西部转向帕米尔高原，罗林森的老去就不仅是年龄意义上的，其屡受挫折的政治生涯也步入了黄昏。

## 三　探险与破译：罗林森的东方学研究

被称为“亚述学之父”的罗林森是一位相当特殊的学者。与近年来为国内学术界所熟知的拉铁摩尔相似，罗林森没有经历过高等教育，语言也是自学的，而且与大多数东方学家依赖二手文献进行研究不同，罗林森是通过自己的实践来获取一手材料，推进东方学研究。正因为如此，回顾罗林森的东方学研究经历也就有了独特的意义。

---

① John Lowe Duthie, “Pragmatic Diplomacy or Imperial Encroachment? British Policy Towards Afghanistan, 1874-1879,” *The International History Review* 5, No. 4 (1983), pp.475-495.

② Rawlinson, H.C., *England and Russia in the East*, London, 1875, p.355.

③ Lytton to Frere, 26 March 1876, I.O. MSS Eur. E.2 18/51 8/1, pp.45-46.

受到马尔科姆将军的影响，罗林森在印度服役不久后就对东方学产生了兴趣，加上其对于探险的热爱，在波斯服役期间，罗林森便在这个文明古国四处旅行。1835 年，他在今天伊朗西部边境的克尔曼沙汗省（Kermanshah Province）发现了公元前 522 年大流士一世（Darius I the Great）用埃兰、巴比伦和波斯三种文字所铭刻的石碑，即著名的“贝希斯敦铭文”（Rock of Behistun）。① 从这个时候，他开始了对楔形文字进行抄写和解读的工作。1837 年，罗林森就已经开始尝试对碑文上的古波斯语部分进行翻译，并将翻译稿送回英国。在 1838 年皇家亚洲学会的一场会议上，他的研究得到宣读，引发关注。② 鉴于他在波斯的一系列探险和发现，1839 年皇家地理学会（Royal Geographical Society）授予罗林森金质奖章。但 1838 年英国和波斯关系的恶化以及随后爆发的阿富汗战争，使得他已小有成就的楔形文字研究不得不暂时中断。1843 年，罗林森以“东印度公司驻突厥阿拉伯人地区政治特工”（Political Agent for the East India Company in Turkish Arabs）的身份到巴格达任职，楔形文字研究才得以继续展开。1844 年，罗林森正式成为皇家地理学会的会员。1846 年，他基本上已经将自己发现的楔形文字全部拓写了一遍，并陆续送回国内，同时发表了自己的第一篇楔形文字研究报告，影响力持续扩大。③1849 年，在短暂回国之后，罗林森开始大量发表相关报告和专著，还入选了英国皇家地理学会的理事会。1851 年，罗林森以总领事的身份再度回到巴格达，并且还从当时誉满英国的考古学家莱纳德（Layard）手中接管了尼尼微遗址的挖掘工作，可以说已经成为亚述学的重量级人物。④ 也正是在其主导下，皇家亚洲学会（Royal Asiatic Society）在 1857 年成功进行了一场独立翻译、

---

① Philip G Couture, “‘BA’ Portrait: Sir Henry Creswicke Rawlinson，Pioneer Cuneiformist,” *The Biblical Archaeologist* 47, No. 3 (1984), pp.143-145.

② Robert Francis Harper, “The Decipherment of the Assyrio-Babylonian Inscriptions I,” *The Biblical World* 1, No. 4 (1893), pp.294-297.

③ Robert Francis Harper, “A Memoir of Henry C. Rawlinson,” *The American Journal of Semitic Languages and Literatures* 15, No. 1 (1898), pp.62-64.

④ R. D. Barnett, “The Assyrian Sculptures in the Collection of the Royal Geographical Society,” *The Geographical Journal* 125, No. 2 (1959), pp.197-198.

相互对照的实验，从而证明了楔形文字完全可以被破译和解读。[①] 罗林森更是在 1871~1872 年、1874~1875 年两次当选皇家地理学会主席，并且亲自给牛津和剑桥写信推动大学地理学教育。[②] 可以说，1865 年回到英国之后的罗林森不仅参与到中亚政策的决策中，而且还在英国皇家地理学会和亚洲地理学会中发表自己的成果和推动亚洲地理研究，其晚年甚至将目光投射到帕米尔高原。[③] 除此之外，罗林森还推荐年轻的斯坦因（Stein）前往旁遮普大学任教，使其东方之旅得以成行，另外还帮助作为历史学家的哥哥乔治·罗林森翻译希罗多德的《历史》，将自己的语言才能发挥到极致。

回顾罗林森的东方学研究我们可以发现，勇于探险而不安于书桌是其成为“东方学之父”的最大原因。罗林森自己往往也将东方学研究视为一场冒险，他在日记中就以一种极为吸引人的探险者口吻记录了对贝希斯敦铭文发现和抄写的过程：“贝希斯敦石碑是一个处在埃克巴坦那（Ecbatana）和巴比伦之间大道上的引人注目之物……这条道路怪石嶙峋，但就在其尽头突然升高，变为一道悬崖。通过精确的三角测量，达到了 3807 英尺（约 1160 米——引者注，下同），而这一高度要比大流士的纪念碑高了 500 英尺（约 152 米）……我每天经常在没有绳索、楼梯和其他任何保护的情况下测量石碑三四次。后来我发现通过绳索上下很方便，并且走过那些裂口上的木板时一个不小心就会有性命危险。”[④] 这种探险精神也解释了罗林森为什么会被称为“第一个发现长段和重要楔形铭文的人，也是第一个对这些铭文进行翻译的人”。这些“第一”所需要的不仅是才学，更是勇气。[⑤]

---

① W. H. Fox Talbot, E. Hincks, Oppert, and Henry C. Rawlinson, “Comparative Translations,” *Journal of the Royal Asiatic Society of Great Britain and Ireland* 18 (1861), pp.150-219.

② Edmund W. Gilbert, “The RGS and Geographical Education in 1871,” *The Geographical Journal* 137, No. 2 (1971), pp.200-202.

③ Henry C. Rawlinson, “The Dragon Lake of Pámír,” *Proceedings of the Royal Geographical Society and Monthly Record of Geography* 9, No. 2 (1887), pp.69-71.

④ 转引自 Philip G.Couture, “‘BA’ Portrait: Sir Henry Creswicke Rawlinson, Pioneer Cuneiformist,” *The Biblical Archaeologist* 47, No. 3 (1984), pp.143-145。

⑤ Robert Francis Harper, “The Decipherment of the Assyrio-Babylonian Inscriptions. I,” *The Biblical World* 1, No. 4 (1893), pp.294-297.

晚年的罗林森一直为各种光环所环绕，不仅获得了剑桥、牛津等诸多名校的荣誉博士学位，还一直担任皇家地理学会的荣誉副主席。在去世前4年的1891年，罗林森取得男爵封号[①]，这给他漫长而又复杂的生涯画上了一个完美的句号。

## 四 余论：人生史与中亚研究

无论是中亚本身还是以中亚为舞台的大博弈，事实上都是一个复杂区域中曲折的历史进程。如何体现其中的复杂性和曲折性，就不仅是呈现历史细部的问题，而且是中亚的内部多样性和大博弈的历史摆荡特征能否受到关注的问题。[②]从这一角度看，罗林森的经验研究就具有了个案之外的理论意义，构成了中亚研究的一种可能的补充和取向。在笔者看来，针对大博弈人物的“人生史”研究不仅有利于通过个体生命历程的跌宕起伏，展现历史本身的动态性和复杂性，还可以弥补现有中亚认知中存在的断裂问题，进而促进学科之间尤其是人类学和中亚研究的对话，走出民族国家语境的束缚，在当地知识与全球思想之间形成共鸣。

19世纪的中亚内部有着明显的非均质性，甚至中亚本身也都处于罗林森等人的型塑过程中（他们塑造了中亚各个国家的边界，而不是被民族国家的边界所束缚）。阿富汗—波斯—印度三者关系的变动和争论，其实就是中亚内部非均质化的体现。罗林森波斯政策的一再受挫，背后是作为“缓冲区的缓冲区”的波斯在地缘政治上的无奈与反复，而希瓦陷落之后，波斯沙哈的两次访英和随之而来英国中亚政策的变化则是地缘政治关系再度调整的体现。罗林森在中亚所进行的一系列探险和对于边境测绘的一再强调，就是型塑近代中亚的过程本身，无论是现代波斯还是现代阿富汗，都是在这一过程中逐步生成的，也就有了“图绘”[③]的意味。因

① George Smith ed., *Dictionary of National Biography*, Oxford: Oxford University Press, 2009.

② 赵萱:《19世纪末至20世纪初中国近代波斯认知的生成与演变——以清末民国时期国内报刊的记述为例》,《西北民族研究》2017年第4期，第130~140页。

③ 参见〔美〕通猜·威尼差恭《图绘暹罗》，袁剑译，译林出版社，2016。

此，对罗林森整个生命历程的呈现，就不仅关乎一个单独的个体，而是对于整个中亚近代历史变迁的呈现。作为直接参与者的罗林森，可以说就是近代中亚的塑造者，增进了我们对于中亚内部多样性和历史进程复杂性的了解，避免了我们对于中亚通常持有的铁板一块、过于同质化和结构化的认知。

罗林森的“人生史”所折射出的历史复杂性既有历史进程本身的复杂，也有我们当下不同视角再次解读大博弈的诠释上的复杂，即古代文明交流与现代国际政治之间的断裂。前者将中亚转变为一个语言学和考古学研究的对象，对于语言和器物传播的细节关注，不仅造成了克里斯蒂安（David Christian）所说的，因为令人生畏的语言和跨学科要求使得中亚成为研究门槛颇高的领域①，而且还造成了现代议题的普遍缺失。与之相对，国际政治学视野下的中亚虽然有着强烈的当下性，但是在“大国政治”的主导性叙事下，中亚不得不沦为英俄博弈的舞台，二元性的对抗模型完全掩盖了中亚本身的历史主体性。而以人物为中心的中亚历史研究，一方面可以使中亚研究从象牙塔走向大众，增强其影响力（彼得·霍普柯克、约翰·曼都是极好的例子）；另一方面可以避免“结构”对“历史”的扭曲，以人物在帝国和地方之间曲折对话代替国家的单向线性叙述，从而在一定程度上弥合了中亚认知的断裂。

除弥合断裂之外，以“人生史”方式来重新书写中亚还使得人类学研究和区域研究之间相互促进。人类学对于“人生史”研究的重提可以使当前依旧处于“现代民族国家”语境下的中亚在更多的层次上得到讨论，“家—国—天下（世界）”可以通过个体被串联在一起，而个体在空间上的移动则构成了对“社会有机体”的超越。② 罗林森在波斯的探险发现直接影响到英国的亚述学发展，而《英国和俄国在东方》在英国的出版可以引申至阿富汗战争的爆发。因此，围绕着个体的叙事，恰恰呈现了“人生之

① David Christian, “Silk Roads or Steppe Roads? The Silk Roads in World History,” *Journal of World History* 11, No. 1 (2000), pp.1-26.

② 王铭铭:《人生史与人类学》，生活·读书·新知三联书店，2010，第 232~233 页。

外的世界之间……相互交错和包容的关系”[①]。被国族主义强烈主导的中亚观念也得到一定程度的修改和丰富，同时，中亚自身所具有的“跨文明”、“跨生态”的特性[②]，以及其“先天”被赋予的与全球史的亲和力，则为人类学反思“不断复制19世纪西方社会科学为世界提供的国家图式”，在对海外民族志的探索中，为“重新发现中国”提供了极好的舞台。[③]因此，围绕着“人物”所展开的中亚研究就具有知识增量的意义，还有认知变革的作用。

如果真正实现对中亚社会的“深描”，那么“不应将社会整齐划一的个体黏结起来的整体，也不应将文化当作是对这个黏结起来的整体的‘象征表达’，而应将社会当作生活，当作大大小小的人物方式来研究”。[④]从这个角度讲，罗林森并不是唯一值得关注的大博弈参与者，更不是第一个引发国内学界关注的人（围绕荣赫鹏、穆克罗夫特已有了相关研究成果）。笔者相信随着对大博弈中更多人物的历史“打捞”，定会在未来描绘出一幅全新的19世纪的中亚历史画卷。

责任编辑：张忞煜

---

① 王铭铭:《人生史与人类学》，生活·读书·新知三联书店，2010，第336页。

② David Christian, “Silk Roads or Steppe Roads? The Silk Roads in World History,” *Journal of World History* 11, No. 1 (2000), pp.1-26.

③ 王铭铭:《人生史与人类学》，生活·读书·新知三联书店，2010，第336页。

④ 王铭铭:《人生史与人类学》，生活·读书·新知三联书店，2010，第229页。

# Changes in Central Asia during the Anglo-Russian Great Game

## — A Study Based on Henry Rawlinson’s Life History

*Zhao Xuan    Liu Binglin    Liu Xihong*

**Abstract:** As an important historical event in the $19^{th}$ century, the Anglo-Russian Great Game has received constant attention from scholars. Most event-centered studies mainly focus on the structural contest between the two imperial forces, ignoring the individual’s life history. To review the changes in Central Asia in the $19^{th}$ century with the life history of participants in the Great Game can enrich the existing research on the one hand, and on the other hand, present “live history dynamics”. This paper is based on the life history of British military officer Henry Rawlinson in the Great Game of the $19^{th}$ century, trying to present Rawlinson's rich and colorful identity and superimposed life course, and to illustrate complex, changeable and entangled Central Asia in $19^{th}$ century, and then further try to put forward the importance and possibility of the history of life in history and historical anthropology research.

**Keywords:** Henry Rawlinson; Central Asia; Great Game; Life History

# 高加索地区研究

# 阿塞拜疆诗人尼扎米·占贾维的生平、创作与在阿塞拜疆文学中的地位

〔阿塞拜疆〕Isa Habibbeyli 院士 *

**【摘　要】** 本文详细分析了杰出的阿塞拜疆诗人尼扎米·占贾维的终身文学成就。他作品中独特而富有诗意的文学创造与普世性的文学主题，跨越了阿塞拜疆的边界，影响了世界文学。本文重点关注《五卷诗》中的五篇叙述长诗，包括《秘密宝库》、《霍斯鲁与西琳》、《莱伊拉与马季农》、《七美人》和《亚历山大之书》。尼扎米·占贾维的代表作为阿塞拜疆文学带来了口头史诗风格。本文还讨论了尼扎米·占贾维的出身与国籍问题，文中介绍的所有历史事实均表明尼扎米·占贾维是伟大的阿塞拜疆籍诗人。

**【关键词】** 尼扎米·占贾维　《五卷诗》　阿塞拜疆文学

尼扎米·占贾维是阿塞拜疆杰出的诗人、思想家，阿塞拜疆人民将其奉为世界文学的珍宝，他的作品享誉世界。

尼扎米·占贾维的名字在世界文学中占有重要的地位。尼扎米·占贾维（1141~1209 年），是东方文学升起的太阳，他强大且永恒的艺术才

* Isa Habibbeyli，阿塞拜疆科学院副院长、阿塞拜疆科学院文学研究所所长。

华使他成为整个人类历史上的伟大文学天才。和但丁、塞万提斯、莎士比亚、赫曼杰米、阿里希尔·纳瓦依、穆罕默德·菲祖利、巴尔扎克、雨果等文学大师一样，伟大的阿塞拜疆诗人尼扎米·占贾维是世界文学的最高级代表人物之一，是阿塞拜疆人民的骄傲。

尼扎米·占贾维在诗歌艺术的天空中如太阳般耀眼，他的名字响彻世界的每一个角落，无论是东方还是西方世界。尼扎米·占贾维在文学领域被视为伟大的诗人、杰出的艺术家、知识渊博的思想家，从这层意义上讲，尼扎米·占贾维是世界艺术史上的伟人。他在自己的作品中借鉴了许多国家和地区的素材，创造了典范式的情节和生动而富有洞察力的角色形象。他的著名作品《五卷诗》（*Khamsa*）不论在西方还是东方都被视为一部文学百科全书。尼扎米·占贾维在他的文学世界中描绘了发生在不同国度的情节，从希腊到印度，从阿拉伯到俄罗斯，从伊朗到巴尔干半岛。除了他以外，世界上还没有其他人能以如此高超的艺术手法阐明亚历山大大帝覆盖几乎半个地球的征服行动。作为一名文艺工作者，尼扎米·占贾维的声誉可与亚历山大大帝相比拟，他以强有力的笔调震撼了亚历山大用刀剑征服的世界。因此可以说，尼扎米·占贾维可被称为世界文坛的亚历山大大帝，他为阿塞拜疆文学赢得了如同亚历山大大帝般的声誉。亚历山大大帝的功绩之一就是将西方国家的概念引入了东方世界，同样，尼扎米·占贾维的作品被翻译成数十种不同的语言，这使欧洲国家进一步了解了东方世界。因此，尼扎米·占贾维成为阿塞拜疆和东方国度在西方国家乃至整个世界的指引者。

1141 年，尼扎米·占贾维出生于阿塞拜疆古城占贾（Ganja）。历史上的占贾一直是阿塞拜疆的古城，阿塞拜疆人的祖先、乌古斯各部落都曾经在这个城市生活过。尼扎米·占贾维的本名叫伊利亚斯，他以尼扎米·占贾维为笔名，在宗教学校里接受了教育并在这个城市里度过了他一生中的大部分时间。据说他很少离开占贾，名叫汉顿延（Hamdunyan）的村庄是他曾经去过的为数不多的几个地方之一。根据《霍斯洛夫和希林》一诗中的描述，阿塔北·吉兹尔·亚斯兰（Atabey Gizil Arslan）在 1187 年将这个村子赠给了尼扎米，但尼扎米本人并不满意这个礼物，理由是约 4000

平方米的规模和自身“入不敷出”的经济状况难以匹配。

大多数研究人员认为，吉兹尔·亚斯兰是在与尼扎米于占贾城中同行时送给他这个村子的，并且有不少人认为这一历史性的时刻并不是发生在占贾城近郊，而是发生在位于占贾和大不里士之间的某一个地方。尼扎米·占贾维研究专家鲁斯坦·阿利耶夫（Rustam Aliyev）教授认为，尼扎米遇到吉兹尔·亚斯兰的地点靠近巴塔巴特——纳希切万境内一个著名的山中夏季牧场，旁边是赞格祖尔地区的沙基村。另一名研究者阿达尔·法尔扎里（Ajdar Farzali）甚至推测这次会面的行程就是“占贾—伊斯蒂苏—纳希切万”[①]。但无论如何，尼扎米·占贾维和吉兹尔·亚斯兰的历史性会面就发生在阿塞拜疆境内。

另外，应当注意的是，围绕尼扎米·占贾维与同时期的杰出艺术家的会面有很多思考和推测，其中就有东方建筑流派最伟大的代表人物之一阿贾米·阿布巴克尔。我们通常认为，从多方面来看，这两位艺术界伟人的会面是合乎逻辑的，创造了石雕版《五卷诗》的建筑师阿贾米·阿布巴克尔与其同时代人、创造了文字版《五卷诗》的尼扎米·占贾维会面，意味着这两位伟人各自对对方所拥有的创造力和价值的肯定与尊重。生活在同一个国家、同一个时代的两位伟大艺术家，不可能没有一种想要相互了解的冲动。这两个杰出人物与阿塔别克王朝（Atabey Eldiguzids）的密切关系也成为两人会面的先决条件。阿塔别克的首府从占贾迁至纳希切万，使得两人得以在纳希切万境内会面。著名的俄罗斯画家邦达连科（A. Bondarenko）曾在为两人会面而创作的一幅著名画作中描绘了纳希切万神殿。在历史剧《阿塔北》中，阿塞拜疆诗人纳里曼·哈桑扎德赫（Nariman Hasanzadeh）同样描绘了尼扎米与阿贾米在纳希切万会面的情节。

这一切均表明，尼扎米·占贾维的个人经历与阿塞拜疆这一片土地之间的联系，就如同巴尔达、纳希切万、达尔班德、汉顿延村、沙基村与占贾的联系一样。

尼扎米·占贾维的妻子——人称“钦察族美女”的阿法格，来自阿塞

---

① Ajdar Farzali, *The Peak of Nizami*, Baku：Ganjlik, 1994, p.41.

拜疆的历史名城达尔班德，这也证明他是与阿塞拜疆人成婚的。诗人在他的诗作《亚历山大之书》中高度赞扬了达尔班德塔楼：

这里有一座塔，南方的风
也够不到它，即使吹拂得再有力。
它是一块散发着麝香气味的上了釉的石头，
就像天堂一样充满欢乐和美好。①

“钦察族美女”阿法格·卡奴姆是被达尔班德的统领穆扎法尔·伊本·穆罕默德·阿尔斯兰·伊本·哈拉夫·苏丹送给尼扎米·占贾维的。他们生了一个儿子，叫穆罕默德。尼扎米·占贾维曾在自己的多部作品中提到他的儿子穆罕默德，他称赞儿子是“我眼中的光”、“我语言的朗诵”、“我生活中的第一枝花”、“我舌尖萦绕的滋味”、“我最亲爱的灵魂”和“我的第一份快乐”。穆罕默德也想成为一个和父亲一样的诗人，他甚至也写过一些诗，但尼扎米·占贾维建议儿子成为一名医生：

不要期待一个诗歌天才的出现，
因为，它已被尼扎米终结。
纵然艺术有许多等级，
在生活中寻求一种有效的科学技术。
先知把宗教和医学
简单称为科学中的科学。
应当成为一名拥有耶稣美德的医生，而不是
成为杀人的医生。
生命和死亡都将服从你，此后
你的生命中将伴随着幸福和名誉。②

① Nizami Ganjavi, *Isgandarnameh (Sharafnameh)*, Baku：Lider, 2004, pp. 237-238.

② Nizami Ganjavi, *Leili and Majnun*, Baku：Lider, 2004, p.51.

尽管如此，尼扎米·占贾维的儿子——穆罕默德的许多诗作仍留存到现在。

尼扎米·占贾维在他的许多作品中都表达了对儿子穆罕默德的道德训诫，它们都是阿塞拜疆文学史上有价值的道德诗歌体裁。几个世纪以来，这些谆谆教诲为阿塞拜疆和全人类下一代的培养做出了重要贡献。

尼扎米·占贾维凭借他的著名作品《五卷诗》赢得了世界声誉。首先，应当注意的是，尼扎米·占贾维在东方文学，特别是突厥—穆斯林文学史上首次创造了五卷诗体载。自此以后，东方文学中开始出现“五卷诗”，其他国家的诗人也开始创作类似的诗歌。阿卜杜拉赫曼·贾米（波斯—塔吉克文学）、阿丽希尔·纳瓦伊（察合台语文学）、阿米尔·霍斯罗夫·达赫拉维（印度文学）和其他人都模仿尼扎米·占贾维创作“五卷诗”，将这一体裁传承了下去。

尼扎米·占贾维所作《五卷诗》中的第一篇《秘密宝库》写于 1174 年。他在青年时期创作了这一长篇叙事诗，这是他的一篇巨作，诗歌中将他自己对生命和文学的理解比作他的秘密宝库。尼扎米·占贾维在诗中列举了 20 个故事，描绘了他所处时代的重大事件，并着重描绘了文学艺术的最高理想。尼扎米·占贾维在他所有作品中都在思考这些关键问题：人道主义与平等、公正的统治者和人民、勤劳的人和道德的完善、资质与个性，这些关键词在他的《秘密宝库》中第一次出现。诗中描绘的制砖老人形象，不仅在阿塞拜疆文学史上，而且从广义上看，在东方文学中也是一个创新。就这一点而言，《秘密宝库》这一长篇叙事诗是尼扎米·占贾维作品中的文学范例，这首诗展现了尼扎米·占贾维作品中宏大的主题和思想。

尼扎米·占贾维的另一部长篇叙事诗《霍斯鲁与西琳》（1180 年）被认为是东方文学史上用韵文写就的最优秀的作品之一。尼扎米虽然借用国王的生活来构建这首诗的主题，但与此同时，不同于同时代的人，他创造了一部大爱的叙事诗。《霍斯鲁与西琳》在阿塞拜疆文学史上占据着重要地位，是爱情的典范，尼扎米·占贾维在诗中赞扬了爱的力量，它是世界的意义所在，是人性的最光辉所在：

除了爱，其他词使我的灵魂感到陌生，
爱是我生命中飞向朋友的翅膀。
爱是高空的祭坛。
哦，如果没有爱，这个世界还有何意义？！
成为爱的奴隶，这是正确的道路。
看吧，在聪明人看来，爱是最伟大的。[①]

《霍斯鲁与西琳》一诗讨论了很多在神圣的爱情背景下的社会本质，国家、社会、人民之间的关系通过典型的事件和容易被记住的意象展现出来。关于法尔哈德对西琳的爱，尼扎米·占贾维展现了足以激励人类的爱的力量。根据帕尔维兹和希林的经历，诗人证明了爱的潜力可以改变一个统治者，并且尼扎米的作品还创造了法尔哈德这样一个勤勉肯干的石匠形象。因此，在文学作品中我们通常看到这样的表述："世界文学史上，描述爱的叙事诗作品（这里指《霍斯鲁与西琳》——引者注，下同）中，诗人证明了纯洁的爱的力量可以教化人格、感化心灵并提升人的道德情操。"[②]

《莱伊拉与马季农》一诗写于 1188 年，该诗通过瑰丽的想象丰富了人类的道德世界。尼扎米·占贾维在这首作品中通过描绘两个年轻人之间神圣的爱情，高度赞扬了爱情的力量，《莱伊拉与马季农》既是莱伊拉的挽歌，也是马季农的史诗。尼扎米·占贾维将这一题材引入阿塞拜疆文学体系中，并使它在整个东方世界发扬光大，在那一时期出现了众多新作品。

尼扎米·占贾维在他的诗作《七美人》（1196 年）中展现了他关于世界文化和各民族文化的渊博学识。在诗中，巴赫拉姆·沙赫与来自七个国家的七位公主的谈话为读者展现了尼扎米·占贾维的学识和见地。这部作品是一部用韵文写就的优秀作品，它展现了理想的人和完美的生活态度。[③]

通常认为，写于 1197~1200 年的《伊斯甘达尔纳米赫》一诗是尼扎

① Nizami Ganjavi, *Khosrov and Shirin*, Baku：Lider, 2004, p.50.
② Hamid Arasli, *Azerbaijani Literature: History and Problems*, Baku：Ganjlik, 1998, p.205.
③ *The History of Azerbaijani Literature, Volume* II, Baku：Elm, 2007, p.542.

米·占贾维文学艺术的伟大结晶,《亚历山大之书》是尼扎米·占贾维文学创作的巅峰。诗人在作品中再现了古希腊的学术和文化传统，并在这一文学主题中融入了阿塞拜疆自己的思想，将它推上了文学舞台。常有人说,“在这首作品（这里指的是《亚历山大之书》）中，尼扎米·占贾维展现出了他作为学者和思想家的一面，他在诗中提出了所有曾经困扰他并令他思考终生的问题，这也是这首诗成为一份独一无二的材料的原因，它可以帮助我们更好地理解尼扎米的思想、广博的智慧以及与他那伟大心灵相伴而生的作为人类的爱”。①

《亚历山大之书》是阿塞拜疆文学体系中首部两部曲体载的文学作品。作品的第一章“沙拉夫之书”（*Sherefname*）反映了在亚历山大大帝大军出征的背景下，诗人呼唤公正的统治者和理想社会的信念。第二章“命运之书”（*Iqbalname*）中描述了诗人与拥有杰出思想的国家元首亚历山大的谈话，这一章节中诗人指出了希腊人在管理国家时的角色和作用，诗中再现了亚历山大大帝与柏拉图、亚里士多德、苏格拉底等同时代著名学者的对话，这证明了智慧与完美在构建理想社会中的重要性。

尼扎米·占贾维的作品中，抒情诗占据着极其特殊的地位，最突出的是抒情诗中的小段叙事情节。他赞成采用柔和、隽永的抒情风格而不是采用陌生、刺激的情节。尼扎米·占贾维的抒情诗传递了人类最高尚的思想，清晰可记，令人印象深刻。他的诗中充满着深刻的抒情、对生命和人类诗意化的丰富理解，著名的诗作《没有你》便深切地表现了这样一种复杂的情感。以“心爱的人儿正踏着夜色悄悄向我们走来”开头的“加扎勒”（一种诗歌载体）给人中篇小说一般的观感：

心爱的人儿正踏着夜色悄悄向我们走来，
她那美丽的脸庞尤胜过天边的月亮。
她精致的面庞闪着泪光，就像云遮住了月亮，
她出现时就像被敌人钳制着，她的灵魂悲痛万分。

① E.Bertels, *The Great Azerbaijani Poet Nizami Ganjavi*, Baku：AzFAN Publishing House, 1940, p.122.

我看见她，悄悄地一遍又一遍看着她。
她就像是猎人牧场上的猎物。
我们在一起入眠。
好像美丽的春天已来到了我命运的花园。
她问："时间已逝去，你想做什么，我的爱人？"
我向她索取了一吻……趁着这个机会。
她哭着离开，她的眼泪浸湿了我的面庞，
我的舌尖仿佛燃起了火，好像空难即刻来临。
"噢，尼扎米"，她说。突然我醒过来，发现找不到她，
原来这位美丽的人儿只是出现在我们的梦乡。[①]

多弗拉特·沙赫·萨马尔甘地的著名作品《塔兹基拉图什·舒阿拉》中曾提到，尼扎米写过《诗歌集》。

1209年，尼扎米·占贾维在占贾城中去世并被埋葬在那里，当地为他建造了巨大的陵墓。

尼扎米属于整个世界，这个想法是毫无疑问的，不论是东方还是西方国家，都将尼扎米看作在作品中表达普世理想的文学伟人。然而，部分人认为，尼扎米代表着波斯—塔吉克或波斯文学，或是伊斯兰国家的代表人物。引起他们误解的原因之一是语言。由于在尼扎米生活的12~13世纪，用波斯语进行创作十分普遍，不仅阿塞拜疆，许多东方国家也都采用波斯语写作。在东方国家，多个世纪以来，甚至是在尼扎米生活的时代，波斯语一直作为诗歌用语，阿拉伯语作为科技用语，而突厥语作为军事用语。一些东方古国的诗人和学者都用阿拉伯语和波斯语，而不是用自己民族的语言写作。在当时，这一做法有其必要性。首先，将阿拉伯语和波斯语分别用于学术和文学领域，文艺工作者们可以有机会向整个东方世界推广其作品。其次，以这两种语言创作也可以使他们更快为西方国家所熟知。最后，借助这两门语言，"尼扎米们"有机会学习东方各国的历史、文学和文化，从广博的社会历史

① Nizami Ganjavi, *The Lyrics*, Baku: Azernashr, 1947, p.54.

环境中汲取作品所需的养分——主题、情节和人物素材。因此，阿塞拜疆文学所涵盖的范围十分广泛。从这层意义上讲，当我们说到尼扎米·占贾维为何是东方世界最伟大的文人之一时，至少有以下几方面原因：第一，他作为伊斯兰的伟大诗人，在东方国家享有声誉，东方国家的国民在他的作品中得到了艺术性的呈现；第二，他运用东方国家通行的语言写作；第三，他的作品在东方世界得到了广泛的关注，在突厥—穆斯林世界，几乎每一个国家和民族都可以在他的作品中找寻到自己的影子。

另外，尼扎米·占贾维是阿塞拜疆人民的艺术家，这一点是毋庸置疑的。他是东方文学乃至世界文学的杰出艺术家，更是阿塞拜疆之子，一位拥有丰富历史学造诣的伟大诗人和思想家。

在尼扎米的作品中，“阿塞拜疆”这个主题一直占据着特殊的地位。当赞美巴尔达古城时，他对祖国的爱尤其引人关注。当游历巴尔达时，他对当地的美景赞不绝口：

多么靓丽和俊美的巴尔达城啊，
它的四季是喷涌而出的。
七月的罂粟花漫山遍野，
春天的微风轻吻着冬天。
绿树成荫仿佛令人置身于天堂，
它的枝桠在春季雀跃，
柳树装点着田野，
白色的花园像是一个真实的天堂。
每一株柏树都是鸟儿的温床，
鹧鸪鸟在歌唱，它们在发出摩擦声，
花园在安静中休憩，
它的土壤得到照顾与浇灌。
一年四季罗勒长青，
一切美好奢侈都伴随着围绕着。
鸟儿飞向这片丰饶的田野觅食，

你甚至还可寻到“鸟奶”。
如果土壤被金色的水面覆盖，就像
藏红花长在漫山遍野。
如果你走在绿野之间，
你会看到快乐，只有快乐。①

在《霍斯鲁与西琳》中描写卡帕兹山以及在《亚历山大之书》中描写达尔班德塔楼时，尼扎米·占贾维对祖国深沉的爱都得到了非常艺术化的表现。

尼扎米·占贾维对巴尔达及其领导努沙巴怀有相似的情绪。他在描绘努沙巴时丰富了这一公正的领导者形象，巴尔达的领导努沙巴是尼扎米理想中的领导的集成体。诗人带着敬意来描写这位女性领导，努沙巴试图以一段充满智慧、诙谐幽默的谈话使亚历山大大帝感到吃惊，诗人如此创造这一艺术形象：

这只母羚羊，没有伴侣，
但比起孔雀更加美丽。
活跃、心灵纯洁、坚韧不拔，
有着仙女般的身姿，温和恬静。
没有一个男人去拜访她，即便就在近旁。
她可以和女性一起工作，
没有一个男人可以命令她。
她的仆人都被安置在一个地方，
在祖国最近的地方。
感受到她的愤怒与怨恨，
没人可以缓步于她的领地，
若她决定前往，
这些人将为了她而牺牲自己。

① Nizami Ganjavi, *Isgandarnameh (Sharafnameh)*, Baku：Lider, 2004, pp.201-202.

她用自己的智慧和远见难住了亚历山大大帝，从努沙巴这一统治者形象来看，尼扎米成功地塑造了一位天才的领导。

希尔万沙赫·阿赫西坦建议尼扎米用波斯语写作《莱伊拉与马季农》，这同样是证明尼扎米阿塞拜疆人身份的依据之一。尼扎米对于希尔万沙赫在信中的提议颇为不满："突厥语并不适用于沙赫王朝，土耳其语会贬低我们自己"，这直接表明了诗人的阿塞拜疆身份。以下选自《莱伊拉与马季农》的片段只有在一位阿塞拜疆诗人笔下才能出现：

> 我中了奴隶的圈套，
> 血液涌上了我的脑袋，我的嘴唇在颤抖。
> 我既不会逃离家庭，也不会窥伺财产，
> 我的生活已经被毁了，我变得苍白无力，
> 面对指令我保持着无声的抗议。①

众所周知，尼扎米直到儿子穆罕默德请求了之后，才接受了希尔沙万赫的建议。

研究者们发现，诗人在其用波斯语撰写的作品中提及了父母的突厥族来源，诗人的父亲尤瑟夫·扎基和母亲赖莎·卡努是突厥族人，尼扎米在其作品中提到的波斯语"Raiseye-gord"就形容了勇敢、严肃和自豪的赖莎，而父亲尤瑟夫是占贾城中的一名工匠，诗人在《老石匠的故事》中塑造的角色应该是以其父亲为原型的。

众所周知，尼扎米在他的作品中多次使用突厥语词汇，例如"torke-delsetan""torke tənnaz""törke siyah çeşm"等。

尼扎米与同时代人的关系可以证明他一直在阿塞拜疆生活。研究表明，尼扎米对他的同时代作家卡伽尼·希瓦尼（1120~1199 年）的作品十分欣赏，并将后者视为懂得自己内心的诗人。另外，尼扎米曾为其同时代的作家阿夫扎拉迪·卡伽尼的葬礼致哀，这也证明了尼扎米一直生活在阿

① Nizami Ganjavi, *Leili and Majnun*, Baku：Lider, 2004, pp.202-203.

塞拜疆。根据描述，尼扎米为阿夫扎拉迪·卡伽尼的逝世感到深深的哀伤，并为其献上了一首追悼诗词，其中言道：

> 我曾说卡伽尼或许将为我致哀，
> 唉，而现在我正站在卡伽尼的葬礼上。①

尼扎米位于占贾古城的墓地也是证明其阿塞拜疆人身份的证据之一。墓地所在地目前是一座巨大的陵墓，众所周知，19 世纪这里是安葬尼扎米的地方。俄罗斯作家亚历山大·格里博耶多夫和阿塞拜疆诗人塞伊德·阿兹姆·希瓦尼在 19 世纪曾造访此地，并在作品中写下了自己的感受，这也证明了尼扎米的阿塞拜疆身份。另外，亚历山大·格里博耶多夫认为有必要为尼扎米的墓地重新进行修缮。塞伊德·阿兹姆·希瓦尼从沙马基前往第比利斯的途中造访了尼扎米位于占贾古城的墓地，对诗人的墓地所遭受的破坏感到遗憾，他曾写道：

> 噢，尼扎米，噢，你的指令已被打破，
> 你在占贾留下的财富也被破坏。
> 世上是否还有人像你我一样，
> 作品，家，学校和词汇被如此对待。②

尼扎米，这位伟大的阿塞拜疆诗人的作品与全世界许多不同的国家和不同的族群都息息相关。有人曾这样评价道："尼扎米这个名字是没有国界和地理边界的……他的《五卷诗》为全人类而写就。"

尼扎米丰富而深刻的文学活动成为了东方文化复兴的一个具有重要意义的现象，他不朽的杰作是世界文学珍宝的一部分。尼扎米是一位伟大的思想家，一位伟大的作家，一直为阿塞拜疆人民所尊敬和赞颂。

---

① *The Moments from the Lives of Azerbaijani Writers*, compiled by Kamran Mammadli, Baku: Ganjlik, 1979, p.14.

② Firudin bey Kocharli, *Azerbaijani Literature, Volume* II, Baku: Avrasiyapress, 2005, p.36.

尼扎米的《五卷诗》手稿在中世纪和19世纪曾广为流传。诗人曾将《五卷诗》所有作品的手稿进行复制，赠给东方国家的首领，随后在宫廷和上流社会引起了广泛的讨论。因此，尼扎米不仅在东方世界为人所熟知，更是名扬海外，如今其作品被收藏于世界各大著名博物馆和图书馆，其作品手稿也在阿塞拜疆广为流传。20世纪80年代，塞伊德·阿兹姆·希瓦尼曾将其中一份珍贵的手稿“康姆塞伊·尼扎米”作为礼物赠予当时还是沙马基学校学生的米尔扎·阿拉克巴尔·萨比尔。塞伊德·阿兹姆·希瓦尼在赠送手稿中这样题注：①

> 我的眼之光明萨比尔！我非常喜欢你对我的加扎尔的中肯的评价。我目前没有别的打算，想将这本书（“康姆塞伊·尼扎米”手稿）作为礼物送给你。请将它作为你的老师给你的纪念品收下，祝愿你在诗歌写作上有所进益。

这表明尼扎米的作品对每个阿塞拜疆人来说一直以来都是宝贵的礼物，现在也是如此。

很显然，尼扎米首先是一位诗人和思想家，阿塞拜疆人民将其称为世界级作家，他的作品被翻译成多种文字。尼扎米应当是世界文学史上拥有最多外国读者的作家之一，几乎所有国家都有研究尼扎米作品的学者，对尼扎米文学作品的研究已经成为世界东方文学研究的特定领域之一。关于尼扎米研究的书籍和尼扎米作品的译著可以填满一整个巨型图书馆，当然关于尼扎米遗产最多的研究还是在其祖国阿塞拜疆，阿塞拜疆是“尼扎米学”的中心。不管尼扎米用什么语言写诗，他的作品都是阿塞拜疆人民精神文明的文学表达，尼扎米是世界文学中的阿塞拜疆代表与大使。阿塞拜疆人民为尼扎米这样一位作家感到骄傲。

这位伟大的诗人主张学术、才能与勤奋，道德的完善，作品中的人文主义思想。尼扎米认为：

---

① Seyid Huseyn, “Mirza Alakbar Sabir Tahirzadeh”. See M. A. Sabir, *All His Works* (Introduction). Baku, Azernashr, 1934, p.18.

太多睿智沉寂，
最终它们来卖陶器。

尼扎米认为，合理的劳动分配、责任心、努力工作是为人的重点。他写道：

即便劳作犹如荆棘一样会让你流血，
不要停止去尝试，习惯工作。
在你的工作中让自己成为一个诚实的人，
不要轻视其他人，不要像乞丐一样不劳而获！

尼扎米坚定地认为：

学术中有所有力量，
没有学术无法胜利！

简单来说，尼扎米的作品教给我们关于生命和文学最有用的知识，以及传给下一代的训诫和格言。

谁是尼扎米·占贾维？

最佳答案是：尼扎米酋长！

根据古代及中世纪的哲学思潮，酋长不仅是土地拥有者，还是一族的首领和精神领袖。然而，对尼扎米来说，“酋长”一词代表的是智慧的所有者，他占据着道德的高地，用他自己的话来说就是“灵魂的大王”。

尼扎米酋长是一位伟大的思想家。多夫拉特沙赫·萨马尔甘迪将其称为非常睿智、有教养、博学但又低调和谦逊的人。当谈到诗人的作品时，他将尼扎米称为“卡拉巴特的夜莺”，卡拉巴特是“能人辈出的地方”。在古代和中世纪的诗人中，很难再找到像尼扎米这样坚信智慧的力量的人：

一个人可以依靠他的智慧，
智慧是每个人都拥有的财富。
那些智力不成熟的人，
只会成为像恐龙一样的生物。

尼扎米的前辈阿布尔加西姆·菲尔多西酋长擅长描写战争与和平，他的徒弟菲祖利是世界知名的诗人，而尼扎米是战争文学、功绩和灵魂之间智慧的集大成者。

有些人将尼扎米称为“五青年”诗人，这一词汇来源于他的《五卷诗》，它意味着五部巨作——《五卷诗》中的各篇章——将一直留传下去并启迪后代，永远不会退出历史舞台。尼扎米本人也像他的作品《五卷诗》一样年轻，他是智慧与知识的掌舵人。

在学术与文学视域，荷马被称为“盲人游吟诗人”，莎士比亚被称为“悲剧大师”，普希金是“俄罗斯诗歌的太阳”，还有另外一些文学家可与日月共同争辉。然而，如果象征性地来表述，尼扎米作为一个不可思议的伟大人物，是他们的导师：

无论是谁，只要不把学习作为羞耻的事，
就会从水中发现珍珠，从石缝中发现红宝石。

几乎尼扎米作品中的每句话都像是一句格言，《五卷诗》就是由名言警句构成的完整作品，例如：

钢笔需要写下文字，
所以这离不开思想与智慧。
谎言要接近真相，
总比真相接近谎言要好。

尼扎米·占贾维是不朽的传奇，同样也是我们的同时代人，这是伟大艺术得以永恒流传不可否认的事实。以下诗句预言了诗人的不朽声誉，一直延续到现在以及将来：

> 我说过：如果任何人想要见我，
> 我的形象将会在我的诗中为他展现。
> 当尼扎米的诗歌被诵读时，
> 每句诗每个词中都是他的身影。
> 如果你在一百年后问：他在哪儿？
> 他的每首诗都会告诉你：他在这儿，这儿！

尼扎米·占贾维是一位赢得不朽声誉的杰出文学家。他的名字在他的故乡——阿塞拜疆永恒流传。这里有不少以尼扎米·占贾维的名字命名的学校、博物馆和街道。在阿塞拜疆政府的支持和倡议下，尼扎米·占贾维的纪念碑在莫斯科、北京、罗马等地陆续出现。在阿塞拜疆，人们隆重庆祝尼扎米·占贾维诞辰 800 周年、840 周年和 850 周年的纪念日。

尼扎米·占贾维的不朽作品始终保持着活力和现实意义。尼扎米一直以来都是人文主义、公平、平等的先驱者。人类将一直延续尼扎米·占贾维的伟大理想。

伟大的阿塞拜疆诗人尼扎米·占贾维赢得了不朽的声誉，不论是现在还是将来，他都是伟大的诗人和思想家。

责任编辑：穆宏燕

# Azerbaijani Poet Nizami Ganjavi's Life, Literary Creations and Position in Azerbaijani Literature

*Isa Habibbeyli*

**Abstract:** This article presents the detailed analysis of the outstanding Azerbaijani poet Nizami Ganjavi's lifetime works. His works, with its unique poetic innovations and universal themes has transcended borders and influenced world literature. The article focuses on analyzing Khamsa which consists of five long narrative poems including "The Treasury of Mysteries", "Khosrov and Shirin", "Leyli and Majnun", "The Book of Alexander" and "The Seven Beauties". With his works Nizami Ganjavi brought colloquial epic style into Azerbaijani literature. The second main problem which we argue is about the origin and nationality of Nizami Ganjavi, all the historical facts that we present in this article clearly states that Nizami Ganjavi was a great Azerbaijani poet.

**Keywords:** Nizami Ganjavi; Khamsa; Azerbaijani Literature

# 丝绸之路经济带建设在格鲁吉亚的推进：成果、进展与前景展望

石　靖*

【摘　要】自“一带一路”倡议提出以来，中国与丝绸之路经济带沿线国家的合作进入了活跃发展的新时期。格鲁吉亚位于南高加索地区中心，战略地位十分重要。该国重视并积极参与中方“一带一路”建设，并以此为契机，为双边关系发展与各领域合作注入了新的强劲动力。通过梳理和分析格鲁吉亚官方对共建丝绸之路经济带的态度与反馈，以及近年来双方政治、经济、人文等领域合作的积极成果，本文认为：第一，以丝绸之路经济带建设为核心的双边合作已成为两国关系发展的助推器；第二，格鲁吉亚国内政治、经济、周边外交政策是影响丝绸之路经济带在南高加索地区推进的重要因素；第三，格鲁吉亚的发展潜力、良好的营商环境、务实的内外政策，都有利于“一带一路”倡议在该国的推进。中国企业应立足当地需求并发掘潜力，利用当前中格双方的政策和环境优势，继续推进“一带一路”在当地的发展。

* 石靖，清华大学国际关系学系博士研究生，现为格鲁吉亚战略与国际研究基金会（Georgian Foundation for Strategic and International Studies）访问学者，主要从事高加索地区研究，研究方向为格鲁吉亚政治、外交以及俄罗斯—格鲁吉亚关系等。

【关键词】 南高加索　格鲁吉亚　一带一路　经贸合作　丝绸之路经济带

## 导　言

格鲁吉亚位于欧亚分界线高加索山脉南麓，西邻黑海，东部通过阿塞拜疆连接里海，南部分别与土耳其和亚美尼亚接壤，指向伊斯兰世界。具有战略意义的地理位置使高加索地区成为众多周边势力碰撞的地带，这些冲突也记载在格鲁吉亚数千年的发展历史中。格鲁吉亚的领土面积为 6.97 万平方公里，人口共 372.96 万人（截至 2018 年初）。[①] 但在这些统计指标之外，地理位置的战略意义却是该国不变的优势所在。重获独立之后，包括格鲁吉亚在内的本地区国家重视利用南高加索天然的地理位置优势，通过与域外国家合作，开发过境通道，旨在恢复和发展古代丝绸之路在当代的影响。

自 2013 年中国国家主席习近平提出"一带一路"倡议以来，位于丝绸之路经济带沿线的格鲁吉亚态度积极，中格两国在共建丝绸之路经济带框架下的合作成果显著，并进一步推动了双边关系的发展。格鲁吉亚方面对参与共建丝绸之路经济带的反应如何？两国合作呈现怎样的特点？"一带一路"倡议给中国与格鲁吉亚的双边关系带来了哪些具体变化？本文拟通过回顾梳理双方近年来在共建丝绸之路经济带框架下的合作进展与成果，结合格鲁吉亚当前的内外形势，评估和展望"一带一路"建设在当地的推进前景。

① 资料来源于格鲁吉亚政府网站，http://gov.ge/index.php?lang_id=ENG&sec_id=193 和格鲁吉亚国家统计局网站，http://www.geostat.ge/index.php?action=page&p_id=152&lang=eng。

# 一 格鲁吉亚与丝绸之路经济带建设

## （一）格鲁吉亚对丝绸之路经济带的态度

作为新时代中国外交的重要内容，“一带一路”倡议提出五年来，得到了国际社会的高度关注和广泛认可。经过数年的发展，“一带一路”建设已经超出了其概念原有的地理范畴，吸引了世界范围内更多国家、地区和组织的关注和参与，加强了中国与有关国家的紧密联系，以经贸为主的各领域合作不断丰富。2015 年 3 月，国务院授权三部委联合发布的《推动共建丝绸之路经济带和 21 世纪海上丝绸之路的愿景与行动》指出，丝绸之路经济带重点要使中国经中亚、俄罗斯至欧洲等联通欧亚大陆的路线走向畅通[①]，从而将南高加索地区的格鲁吉亚纳入共建丝绸之路经济带的范围。

中国与格鲁吉亚于 1992 年 6 月 9 日建交，26 年来两国友好合作关系发展顺利，各领域合作逐步扩大。[②] 近年来，两国官方交往较之前更为密切，经贸领域的合作内容更加务实。2015 年，格鲁吉亚总理加里巴什维利访问中国并参加大连夏季达沃斯世界经济论坛，对以丝绸之路经济带建设为主要内容的两国合作与中方进行了磋商。2016 年，中国国务院副总理张高丽访问格鲁吉亚，此访是两国建交以来中方最高级别官员对该国的访问，体现出两国政治关系不断深化的现实。2017 年 5 月，格鲁吉亚第一副总理库姆西什维利来华参加“一带一路”国际合作高峰论坛，表示将为推进“一带一路”建设贡献该国的智慧和力量。[③] 伴随着共建“一带一路”背景下的高层互动，中格两国共同决定启动双边自贸协定谈判，除去前期的可行性研究，自贸协定谈判从启动到最终签署《谅解备忘录》只用了 10 个月的时间。

① 《推动共建丝绸之路经济带和 21 世纪海上丝绸之路的愿景与行动》，《人民日报》2015 年 3 月 29 日。

② 《中国同格鲁吉亚关系》，中华人民共和国外交部网站，http://www.fmprc.gov.cn/web/gjhdq_676201/gj_676203/yz_676205/1206_676476/sbgx_676480/。

③ 《格鲁吉亚将为“一带一路”建设贡献力量——访格鲁吉亚副总理库姆西什维利》，新华网，2017 年 5 月 13 日，http://news.xinhuanet.com/world/2017-05/13/c_1120966613.htm。

作为古今丝绸之路的沿线国家，格鲁吉亚政府对中方提出的“一带一路”倡议反应积极，希望加强和巩固与中国在该倡议下的务实合作。从时任总理加里巴什维利时期为两国共建丝绸之路经济带做的一系列前期工作，到现任政府继续坚持推进与中国的相关合作，格方持续稳定的积极态度使得这一合作方向以政府纲领的形式得到确认。根据2016年11月发布的《自由、快速发展、繁荣政府纲领（2016~2020）》①，格鲁吉亚政府重视通过丝绸之路合作连接欧亚的重要意义，认为与东方国家在经贸、交通以及能源领域的合作对格益处甚大。之前的格政府发展规划，围绕丝绸之路经济带建设也强调了其自身的特殊桥梁作用，认为丝绸之路经济带有利于促进欧盟与亚洲的经贸联系。②

当前，格鲁吉亚奉行积极的对华政策，中格双边关系发展势头良好，政治互信不断增强，经贸、人文等领域合作成果显著。特别是2013年中方提出建设丝绸之路经济带倡议之后，丝绸之路合作的新契机促成了两国高层更为频繁的交流和互访，两国间贸易保持稳定的发展势头。格鲁吉亚方面积极评价近年来中格两国各领域合作取得的进展，认可丝绸之路经济带倡议对格鲁吉亚发展的重要意义。格鲁吉亚总统乔治·马尔格韦拉什维利在接受中国中央电视台北美分台的采访时曾表示，格鲁吉亚完全支持并会积极参与丝绸之路经济带建设，对这一经济带路线穿越格鲁吉亚表示欢迎。关于中国认可格鲁吉亚在丝绸之路经济带中的重要地位，马尔格韦拉什维利总统给予积极的评价。③此外，马尔格韦拉什维利总统还多次在不同场合强调格鲁吉亚连接欧亚的重要地缘角色，表示将利用地理位置的优势同时扩展和东西方的关系。④2015年以来，格政府领导人多次强调与中

① “Freedom, Rapid Development, Prosperity- Government Platform（2016-2020）”, November 2016.

② “Government Programme ‘For Strong, Democratic and Unified Georgia’”, December 2015, p.38.

③ “Georgia in World Media, CCTV America: An interview with Georgian President Giorgi Margvelashvili”, Official site of the President of Georgia, October 5 2015, https://www.president.gov.ge/en-US/pressamsakhuri/interviuebi/CCTV-AMERICA”.aspx.

④ “2016 Annual Report of the President of Georgia”, Official site of the President of Georgia, February 3, 2016, https://www.president.gov.ge/en-US/prezidenti/cliuri-mokhseneba/2016-clis-saparlamento-mokhseneba.aspx.

国在丝绸之路经济带框架下签署合作协议的重要意义，被视为近年来该国与东方国家合作取得的最重要成果的这一协议被格方寄予厚望。

2015 年 10 月 15 日，由中国和格鲁吉亚共同主办的“丝绸之路国际论坛”在格鲁吉亚首都第比利斯举行，这是中国在境外举办的首个以丝绸之路经济带为主题的国际论坛。2017 年 11 月 28~29 日，由格鲁吉亚政府主办的第比利斯“一带一路”论坛吸引了多个国家和国际组织的参与，与会者共商“一带一路”的合作。本次论坛秉承两年前的论坛传统，组织有关“一带一路”合作的小组讨论，促进多方对话并为格鲁吉亚谋求投资机遇。需要指出的是，第比利斯“一带一路”论坛是除中国政府主办的“一带一路”国际合作高峰论坛外，全球首个以某国中央政府名义举办、以“一带一路”为主题的国际性论坛，足见格鲁吉亚对“一带一路”建设的积极态度。

### （二）中格“一带一路”建设的进展与成果

2015 年来，在共建“一带一路”的背景下，格鲁吉亚与中国在各领域的合作不断丰富，并推动了两国友好合作关系朝着更高层次迈进。一方面，中国重视包括格鲁吉亚在内的广大“一带一路”沿线国家，在双边关系尤其是经贸合作方面取得的前所未有的突破；另一方面，格方也希望充分利用自身连接欧亚的区位优势，通过参与丝绸之路经济带建设来开发和释放自身的发展潜力，推动双边合作水平不断提升。总体来看，两国丝绸之路经济带建设的合作呈现出以下几个特点。

第一，经贸领域合作卓有成效，双边经贸关系迈上新台阶。格鲁吉亚政府对丝绸之路经济带建设表现出了浓厚的兴趣，希望通过积极参与这一项目分享经济发展的红利。丝绸之路经济带合作框架下，中格双方取得的首要重量级成果非自由贸易协定莫属。经过高效的前期可行性研究和多轮谈判，中格两国于 2016 年 10 月在第比利斯签署了关于结束协定实质性谈判的谅解备忘录，并于 2017 年 5 月正式签署双边自由贸易协定。经贸合作是目前中格关系的重要组成部分，而在这一方向上共同努力推动自由贸易协定的签署，表明两国具备进一步推动经贸领域合作的共识。

根据格鲁吉亚国家统计局公布的 2017 年外贸数据，中国是格第三大贸易伙伴，双边贸易额为9.395亿美元，其中格对华出口额为2.072亿美元，进口额为7.323亿美元。[①] 2014~2016年，格鲁吉亚对外贸易情况整体保持平稳，维持在94亿~114亿美元，而其中格鲁吉亚与中国贸易总量持续增长，中国作为格鲁吉亚主要贸易伙伴的地位得到巩固（见表1）。2015年，在全球经济增长乏力的背景下，中格双边贸易量虽有所下降，但事实上两国在经贸合作领域的联系相当紧密，并且向好趋势明显，中国逐步超越乌克兰和阿塞拜疆跻身格主要外贸伙伴前三位，中格贸易总量占格对外贸易总量的比重不断提升。考虑到中格贸易目前存在的不平衡性，格鲁吉亚也积极利用中国市场寻求扩大出口的可能性。值得一提的是，近两年格鲁吉亚与中国的双边贸易稳步发展，逐步缩小了与中国在本地区的最大贸易伙伴阿塞拜疆的对华贸易额差距。

**表1　2014~2017年格鲁吉亚与中国双边贸易情况**

单位：亿美元，%

| 年份 | 格鲁吉亚自中国进口 | 格鲁吉亚对中国出口 | 双边贸易总额 | 对华贸易占格外贸比重 | 中国在格贸易伙伴中的排名 |
|---|---|---|---|---|---|
| 2014 | 7.335 | 0.904 | 8.239 | 7.2 | 4 |
| 2015 | 5.874 | 1.258 | 7.132 | 7.2 | 4 |
| 2016 | 5.478 | 1.679 | 7.157 | 7.6 | 3 |
| 2017 | 7.323 | 2.072 | 9.395 | 8.8 | 3 |

资料来源：格鲁吉亚国家统计局网站。2014~2016年格鲁吉亚对外贸易统计数据采用格鲁吉亚国家统计局每年7月发布的修正统计数据；表中2017年数据来源为2018年1月22日格鲁吉亚国家统计局发布的《2017年度格鲁吉亚货物贸易情况报告》（初步数据）。

中格自由贸易协定已于2018年1月1日正式生效，在自贸协定相关优惠政策的促进下，格将对来自中国96.5%的产品实施零关税，覆盖格自中国进口总额的99.6%，使中国的农副、日化等多类出口产品受益。[②] 目

① "External Trade of Georgia 2017", National Statistics Office of Georgia, January 22, 2018, http://www.geostat.ge/index.php?action=wnews&lang=eng&npid=596.

② 《中格自贸协定生效 出口企业可享优惠关税待遇》，中国自由贸易服务网，2018年1月3日，http://fta.mofcom.gov.cn/article/chinageorgia/chinageorgiagfguandian/201801/36782_1.html.

前，大量从中国进口的各类产品已经出现在格大型连锁超市的货架上，这一中格丝绸之路合作的成果已开始发挥作用并给格鲁吉亚民众的生活带来变化。此外，在格鲁吉亚落地多年的中国企业结合当地发展需要寻求合作机遇，在格全国各地开展基础设施建设、能源以及服务等多领域合作，立足当地潜力巨大的发展需求，在两国共建丝绸之路经济带的背景下，“走出去”的中国企业将迎来更多的机遇。

第二，政治互动不断加强，推动两国关系积极发展。自 2013 年“一带一路”倡议提出以来，中国与格鲁吉亚的官方交往更加密切，助推两国关系进入了活跃的互动阶段。2016 年 6 月，国务院副总理张高丽应邀访问格鲁吉亚，并分别会见了格鲁吉亚总统马尔格韦拉什维利以及总理克维里卡什维利。中方表示：“高度重视对格关系，愿与格方携手努力，巩固传统友谊，深挖合作潜力，推动中格友好合作关系不断向前发展。”格总统认为，中方提出的共建丝绸之路经济带的倡议对该国意义重大，愿意加强同中方在相关领域的合作。[①] 除中格建交以来最高级别的中国访问团组到访格鲁吉亚外，中格两国部级以上官员的互访之频繁也在两国关系历史上前所未有，而其中重要的议题便是“一带一路”框架下的务实合作。正是由于“一带一路”框架下不断密切的两国关系，双方经贸合作潜力的挖掘以及其他各领域的合作得到了政策的有力支持和保障。从某种程度上讲，中方的“一带一路”倡议引领了中格关系在新时期的走向，为双边合作注入了强大动力。

第三，人文交流方兴未艾，促进中格民心相通。“国之交在于民相亲”，促进民心相通是“一带一路”倡议在实现互联互通方面的重要内容之一。2013 年以来，中国与格鲁吉亚两国除了在政治和经贸领域取得突出成绩外，科教人文方面也获得了积极的进展。依托中格合办的孔子学院，中国文化在格鲁吉亚被积极有力地传播。自 2010 年末落户第比利斯自由大学以来，以汉语教学和推广中国文化为主要内容的孔子学院增进了格鲁吉亚民众对中国的认识。目前，除兰州大学与自由大学合办的孔子学院

① 《张高丽访问格鲁吉亚》，中华人民共和国外交部网站，2016 年 6 月 3 日，http://www.fmprc.gov.cn/web/gjhdq_676201/gj_676203/yz_676205/1206_676476/xgxw_676482/t1371387.shtml.

外，中方还在第比利斯开放大学新开设了孔子课堂，希望进一步贴近格鲁吉亚民众，增进汉语和中国文化的吸引力。另外，随着“一带一路”倡议的推进和落实，中国国内以外语和国别研究专业见长的高校也增加了对这一地区的关注。北京外国语大学积极推进新建高加索地区各国语种方面的工作，填补了国内该地区语言教学的空白。近年来，人文领域的合作进展逐渐成为两国关系中新的亮点，并以其特有的方式促进了两国的联通。

## 二　当前格鲁吉亚内外形势与丝绸之路经济带建设

### （一）格鲁吉亚政经形势与丝绸之路经济带建设

格鲁吉亚自独立之后开始探寻适合自身国情的发展道路，特别是“玫瑰革命”之后西向的发展愿景逐渐明晰，时任政府凭借外界的支持，在一定程度上改善了自独立之后国家几近停滞的发展形势。俄格冲突使格鲁吉亚分离问题的解决变得更加困难，但也坚定了该国政府欧洲—大西洋一体化的主要发展方向，并赢得了大部分国民的认同。[①] 从萨卡什维利执政时期过渡到当前“格鲁吉亚梦想”党领导下的新阶段，格鲁吉亚争取早日融入西方的对外政策主要方向没有改变。在考察中格关系以及丝绸之路经济带建设相关问题时，有必要对格鲁吉亚的政治现状加以梳理，以便了解格方诉求并判断双边合作的契合度。

2012 年 10 月，富商伊万尼什维利带领其新组建的政党——“格鲁吉亚梦想—民主格鲁吉亚”在格议会选举中获胜，开启了格鲁吉亚在后苏联时代政治转型的新阶段。2013 年的总统选举中，马尔格韦拉什维利在首轮获得超过半数的支持而获胜，总体延续了亲西方的外交政策。近年来，格鲁吉亚在“西向”政策的基础上按照西方标准对国家的旧体制进行了全面的改造，但入欧进程并非一帆风顺，格国内也出现了不同的声音。格鲁吉

① “Georgian Public Opinion: Attitudes towards European Integration”, Eurasia Partnership Foundation, 2009; “Survey Report: Knowledge and Attitudes towards the EU in Georgia: Changes and Trends, 2017 Survey Report”, Europe Foundation, 2017; NDI-Commissioned Public Opinion Survey, July 27, 2017, http://www.civil.ge/eng/article.php?id=30300 .

亚总统曾呼吁国内亲西方的政治力量团结一致，强化国家亲西方政策的主导地位。[①] 在2017年的国情咨文中，马尔格韦拉什维利强调格鲁吉亚的对外政策目标是：确保更多友好国家参与格的欧洲—大西洋一体化进程，并有效利用多种合作模式实现格的战略利益。他认为，格鲁吉亚不能满足于目前在欧洲一体化方面的成绩，而应朝着格方回归欧洲的最终目标继续迈进。[②] 然而，以上表述并不意味着格方轻视"一带一路"倡议在格鲁吉亚发展进程中的作用，实际上他在国情咨文中也强调了继续扩大欧亚运输通道是格外交政策的重要内容，而这与丝绸之路经济带倡议实现沿线国家互联互通的目标完全吻合。

鉴于格鲁吉亚政体为"半总统—半议会制"形式，而新修订的宪法法案确定将在未来完全过渡为议会制政体，因而总理的权力尤其是处理国际事务方面的话语权会进一步增强。具体来说，时任格总理加里巴什维利表现出的对外政策理念趋于平衡，他主张将亲西方的政策和实惠的经济利益相结合，因此在对华关系方面表现得更加积极灵活。2015年9月，时任总理加里巴什维利率团来华出席2015年夏季达沃斯论坛。在双边会谈以及论坛活动中，格方表示，中国是格鲁吉亚外交的重要方向，格方愿全力支持并积极参与丝绸之路经济带建设，促进双方合作更好地服务于两国发展。中国是格鲁吉亚最重要的贸易和投资伙伴之一，中方提出的"一带一路"倡议将为两国在基础设施和物流领域的合作注入新的动力。格鲁吉亚将充分利用自身地理位置的优势，发挥好欧亚过境国的作用。[③] 之后，接

① Маргвелашвили: прозападным политикам Грузии нужно действовать сообща, May 12 2015, http://www.vestikavkaza.ru/news/Margvelashvili-prozapadnym-politikam-Gruzii-nuzhno-deystvovat-soobshcha.html.

② "2017 Annual Report of the President of Georgia", Official site of the President of Georgia, April 7 2017，https://www.president.gov.ge/en-US/pressamsakhuri/siakhleebi/saqartvelos-prezidentis-2017-clis-yovelcliuri-sapa.aspx.

③《李克强会见格鲁吉亚总理加里巴什维利》，中华人民共和国外交部网站，2015年9月10日，http://www.fmprc.gov.cn/web/gjhdq_676201/gj_676203/yz_676205/1206_676476/xgxw_676482/t1295596.shtml;《王毅会见格鲁吉亚副总理兼外长克维里卡什维利》，中华人民共和国外交部网站，2015年9月10日，http://www.fmprc.gov.cn/web/gjhdq_676201/gj_676203/yz_676205/1206_676476/xgxw_676482/t1295458.shtml；"Meeting with the Chinese Prime Minister", Official site of the President of Georgia, September 10，2015，https://government.gov.ge/index.php?lang_id=ENG&sec_id=412&info_id=51367.

任的克维里卡什维利总理领导的格鲁吉亚政府继续奉行对华友好政策，强调格鲁吉亚在“一带一路”建设中的区位优势，主张以此推动两国关系迈上新台阶。克维里卡什维利总理认为，在“一带一路”建设方面，格中双方已经取得了诸多成就，而同时也可预见在这一方向上的更多机遇。[①] 格方一系列积极表态和行动落实表明其西向政策同与中国的友好合作关系并不矛盾，对东西方的平衡经济依赖符合格鲁吉亚的战略利益。

经贸领域合作是中格关系的重点，目前中国是格鲁吉亚第三大贸易伙伴，也是格鲁吉亚的主要投资来源国。除了格方的政策支持之外，格鲁吉亚的经济状况和以此为基础的实际需求是中格开展合作的先决条件。独立之初，格鲁吉亚因内战困扰和生产资料匮乏，经历了一段异常困难的发展时期。21 世纪以来，格鲁吉亚重回正常发展的轨道，国家面貌发生了很大改观。鉴于格的基础设施相对陈旧，改造提升需求较大，中资企业十多年前便开始进入格鲁吉亚市场，并取得了一系列的早期成果。目前，中铁二十三局承建的格铁路现代化工程，中国水利水电建设集团在格的多个公路标段建设，新疆华凌公司的工业园项目等均进展顺利。可以预见，丝绸之路经济带建设背景下的中格经贸领域合作会继续释放发展活力。

### （二）格鲁吉亚的周边外交与丝绸之路经济带建设

自 20 世纪 90 年代格鲁吉亚独立之后，周边国家在格的对外政策中占有十分重要的位置。基于本国国情以及和周边国家的特殊历史联系，对于格鲁吉亚在政治、经济以及安全等领域的构想和实践，邻国都是其不可忽视的重要影响因素。其中，俄罗斯在格鲁吉亚对外政策中举足轻重，即便目前双方没有外交关系，格鲁吉亚依然保持着对俄罗斯的关注并希望推动双边关系取得进展。近年来，除 2008 年的冲突对格俄关系负面影响较大外，格鲁吉亚与本地区其他国家的关系保持着稳定发展的态势。基于共

① “Prime Minister at the Reception of the People’s Republic of China”, Official site of the President of Georgia, September 29, 2017, http://gov.ge/index.php?lang_id=ENG&sec_id=463&info_id=62550.

同的发展需要，格鲁吉亚与邻国亚美尼亚保持紧密的友好关系，而过境运输、跨境民族等问题使两国互相依赖。相比之下，格鲁吉亚与东、西邻国阿塞拜疆和土耳其的关系则更具战略意义，格希望在政治、经贸、安全等领域获得实际利益。除发展与邻国的双边关系外，积极参与地区合作也是格鲁吉亚外交的重要内容之一。截至目前，格鲁吉亚已经多年作为“古阿姆”集团和“黑海经济合作组织”的成员国参与相关工作。另外，在欧洲—大西洋一体化愿景下，格鲁吉亚业已与欧盟签署了联系国协定，而近年来孕育发展的“阿塞拜疆—格鲁吉亚—土耳其”三边合作机制也成为格开展外交和务实合作的重要平台。

格鲁吉亚参与的地区合作机制及其成果与丝绸之路经济带建设存在关联。其中，历时数年建设、贯通本地区并在当前背景下更加强调连接欧亚意义的“巴库—第比利斯—卡尔斯”铁路（BTK）于 2017 年 10 月正式开通。作为阿塞拜疆、格鲁吉亚和土耳其三方合作机制重要的阶段性成果，BTK 项目凭借较海运省时的优势以及作为传统欧亚大陆桥线路的替代性方案被建设方寄予厚望，他们希望这条新的欧亚通路能够在当前背景下不断提升竞争力。事实上，在该项目酝酿初期，其定位只是建设从里海直通欧洲的运输通路，此外的设想还包括南北方向上联通俄土两国以及作为对货物运输中转地伊朗的替代。[①] 但十年来地区和国际形势发生了诸多变化，对这一项目的定位也产生了影响：南北方向上因俄格冲突，经过阿布哈兹的线路无法运转而一直被搁置，东西方向上因丝绸之路的复兴而极大地抬高了这条线路的战略意义。特别是对于格鲁吉亚来说，BTK 项目为其开辟了除阿布哈兹线路外连接欧亚的新通道，就经济层面而言是极为有利的。[②] 结合格的欧洲愿景以及与中国的经济合作需求，这条连接东西的铁路线亦可被称作新的战略基石。

综上，格鲁吉亚与周边国家总体保持着良好的关系，并在近年来通过

① “Baku-Tbilisi-Kars Railway”, Official site of Georgian Railway, http://www.railway.ge/?web=0&action=page&p_id=290&lang=eng.

② Evaldas Klimas, Mahir Humbatov, “Baku-Tbilisi-Kars Railroad, the Iron Ground for the Silk Road: Future Opportunities and Prospects” , *Vilnius*, 2016, p.22.

积极参与地区合作机制巩固了与周边国家的互利合作。从目前来看，格鲁吉亚已通过多边合作机制为本国发展赢得机遇，这也在客观上为当前联通东西方国家的丝绸之路经济带建设创造了良好条件。

## 三　丝绸之路经济带在格鲁吉亚推进的前景展望

### （一）发展潜力和良好的营商环境是格鲁吉亚的优势所在

根据最新的全球竞争力报告，格鲁吉亚在所统计的137个经济体中排名第67，在南高加索地区排名第2。报告统计的包括基础设施、宏观经济环境以及金融市场发展在内的12个具体指标，格鲁吉亚有一半以上超过了欧亚地区国家的平均水平。① 目前，格国民经济多个产业仍存在缺口，在建设区域过境通道的背景下，该国基础设施的发展需求不断提升，可谓本地区发展潜力较大的国家。

根据格鲁吉亚国家统计局的数据，中国已连续多年跻身格主要贸易伙伴排名榜前列，而在直接投资方面中国的位次也逐年提升，这彰显出两国的经贸联系愈发紧密。取得这样的成绩，与格鲁吉亚优越的投资环境直接相关。根据世界银行发布的《2018年营商环境报告》，格鲁吉亚在各经济体中排名第9位，是南高加索三国开展商业活动环境最好的。具体来说，格鲁吉亚在开办企业、登记财产、保护少数投资者以及执行合同等方面均在所统计的190个经济体中排名前10，不仅领先于本地区其他国家，更超过了欧洲、中亚地区的平均水平。② 地处欧亚“十字路口”的格鲁吉亚经济自由化程度高，行政许可事项少，货币自由兑换，进出口商品均免关税，无配额限制，享有欧美“超最惠国”待遇。这些对外来投资的便利条件正是得益于近年来格政府制定的《经济工作规划》以及据此采取的积极改革举措。

① “Global Competitiveness Index 2017-2018”, World Economic Forum, http://reports.weforum.org/global-competitiveness-index-2017-2018/countryeconomy-profiles/#economy=GEO.

② “Doing Business 2018-Reforming to Create Jobs”, World Bank Group flagship Publication, 15th Edition, http://www.doingbusiness.org/reports/global-reports/doing-business-2018.

2012~2015 年，格鲁吉亚政府已经四次制定并发布了题为《为了强大、民主、统一的格鲁吉亚》的政府工作规划[①]，承诺在不同领域开展大规模的改革。四个版本的工作规划分别在涉及经济发展的部分对贸易和投资的努力方向和改革措施进行了阐述，提出将推出一系列有效措施，保证自由贸易和具有竞争活力的市场的发展。政府将借助与其他国际组织的合作，促进投资环境的进一步优化，保证其公开性和透明度。2014 年 2 月出台的格经济社会发展战略《格鲁吉亚 2020》，再次强调了优化投资和商业环境的目标及具体实施措施。[②] 近年来，格鲁吉亚政府通过推进和落实一系列改革举措，使格的贸易投资环境不断改善。但同样应该注意到的是，开放透明的环境以及西方化的标准，势必提升对中国企业的要求。在格鲁吉亚市场应对与西方同行业企业的竞争、提升工程业务水准是中国企业需要努力的方向。

现阶段，中资企业在格鲁吉亚的经营业务开展得较为顺利。新疆华凌集团作为优秀的民企代表，凭借其多年来在格的落地项目被当地社会所熟知。该集团瞄准格巨大的投资潜力，通过“华凌国际经济特区”以及“华凌自由工业园”的兴建，已发展成为在格最大的中资企业。此外，中国国家电网公司投资建设并运营的卡杜里水电站开启了中格在能源领域的合作，目前中国企业在修建新的阶梯水电站以及燃气电站项目上与格方保持着沟通接触。总体来看，格鲁吉亚较为开放透明的营商环境是中国企业极为看重并能使双方实现互利共赢的重要保证。格鲁吉亚政府重视中国企业对格经济社会发展的积极推动作用，通过给予相关项目优惠政策保证其投资顺利落实，促成了近年来中格合作的丰硕成果。可以预见的是，格鲁吉亚的发展潜力和良好的营商环境将在共建“一带一路”中释放更大的效能。

---

① “Government Programme：‘For Strong, Democratic and Unified Georgia’ ”, Four Editions: November 19, 2012; July 26, 2014; May 7, 2015; December 27, 2015.

② “Social-Economic Development Strategy of Georgia ‘GEORGIA 2020’ ”, February 2014.

### （二）格的务实政策有利于丝绸之路经济带建设的推进

“一带一路”倡议提出五年来，包括格鲁吉亚在内的丝绸之路经济带沿线国家积极响应中国倡议，促进了中国与世界的深入交融，同时一系列对接项目的落实使各方切实尝到了合作的甜头。外方对于中国倡议的欢迎和积极参与，首先是基于自身发展的考量，希望借“联通”的契机为自身赢得更多发展的机遇。需要指出的是，如此“搭便车”的心理并不与“一带一路”是共商共建共享之路的原则定位相矛盾，因为开放式合作平台的核心便是基于广泛参与实现互利共赢。但从“搭车式依赖”转向更为务实紧密的合作，真正实现平等互利、克服“主导—被动”模式下的弊端，将对合作方和整个“一带一路”建设产生积极的影响。

在政治和经济都倾向西方的大背景下，格鲁吉亚近年来展现出更加实用的执政理念，强调自身“过境国”的作用和在丝绸之路上的特殊地位，既坚持自身的发展愿景，又积极把握任何有利于国家发展的机遇。一方面，格政府积极谋求参与欧洲—大西洋一体化进程；另一方面，格政府从国家战略出发，改善和维持与邻国友好关系并放眼域外主要贸易伙伴，外交政策开始体现多元的特点。特别是随着丝绸之路经济带建设不断推向深入，格鲁吉亚更加关注中国的这一倡议，表示愿意积极参与中方提出的丝绸之路经济带建设。格高层在多个场合对与中国发展互利合作持欢迎态度，对双边自贸协定的效果表示期待，这体现出格发展对外合作不仅局限在本地区，还希望通过丝绸之路联通东西方更加广阔的区域。

有分析认为，借丝绸之路经济带倡议加强与中国的经贸联系是格鲁吉亚的权宜之计：在谋求加入北约和欧盟暂时未果之时，第比利斯产生了对西方一定的不满之情。与此同时，格鲁吉亚国内出现了更多希望同俄罗斯改善关系的声音，与政府宣传的欧洲—大西洋一体化目标相左。但在目前的情况下，格政府不会改变既定的“西向政策”。[①] 从国家战略层面来说，

① Carolin Funke, “Georgia and China Strengthen Economic Ties”, *The CACI Analyst*, October 6, 2015, https://www.cacianalyst.org/publications/analytical-articles/item/13286-georgia-and-china-strengthen-economic-ties.html.

格鲁吉亚的领导层寄希望于“与欧盟的全面深度自由贸易区”，以助推格参与欧洲—大西洋一体化进程。虽然这一机制对提升双边贸易总量有促进作用，但是在落实的具体过程中，协定的过高要求对格鲁吉亚对欧盟出口造成困难，未能有效扭转格鲁吉亚在双边贸易中逆差扩大的状况。在现阶段加强与中国的经贸联系，可有效弥补格政治倾向的单一性对经贸领域的影响，使其呈现更加平衡稳健的态势。

近年来，中国在格外贸领域发挥着越来越重要的作用，而且总体呈现出积极向好的发展趋势，进一步提升贸易合作的水平前景广阔。截至目前，格方表现出积极的合作态度，中格双方在丝绸之路经济带框架下的经贸合作进展顺利。对格鲁吉亚而言，在坚持谋求融入欧洲的同时，通过共建丝绸之路经济带拓展多元化的经贸合作，借此提升本国基础设施水平，是发展获益的良好机遇和明智务实的战略选项。而对中国来说，依托格鲁吉亚良好的贸易投资环境，借丝绸之路经济带建设实现中国企业的“走出去”，对有效开展产能合作、培植我国优秀企业都将意义重大。

## 结　语

“一带一路”倡议提出五年来，格鲁吉亚与中国在该框架下的合作进展顺利，内容不断丰富，两国关系与双边务实合作互相促进。凭借两国政府的政策支持以及企业的共同努力，中格经贸合作持续向好发展，来自中国企业的投资为当地发展注入了强大动力。欧洲一体化愿景下的格鲁吉亚营商环境具有开放、透明等优点，是“一带一路”沿线以及南高加索地区较为突出的市场。对于中国企业来说，了解当地巨大的发展需求和潜力所在，利用优越的营商环境，在开放市场中提升自身竞争力是参与丝绸之路经济带建设需要进一步努力的方向。

作为丝绸之路经济带上的重要一环，中国对格鲁吉亚的了解以及和这一地区国家所开展的合作还相对有限，经贸合作的巨大潜力还有待开发。格鲁吉亚独特的地理位置以及巨大的发展需求，都将是未来合作中可以进一步释放能量的重要因素。在共建丝绸之路经济带的框架下，中国应当给予格鲁吉亚以及南高加索地区更多的关注，探寻相互之间发展需求的契合点，推进丝绸之路经济带建设与各国发展战略以及本地区一体化机制对接，进一步巩固和发展中国与本地区国家的各领域合作，扩大中国在这一地区的存在和影响。

责任编辑：傅聪聪

# The Development of the Silk Road Economic Belt in Georgia: Achievements, Progress and Prospects

*Shi Jing*

**Abstract:** Since the Belt and Road Initiative (BRI) was introduced, the cooperation between China and relevant countries has progressed to the new stage of dynamic development. Georgia, located in the center of the South Caucasus, plays a crucially strategic role. Georgia values and actively participates in the Chinese initiative, which has given great impetus to China-Georgia relations and cooperation. Through summarizing and analyzing Georgia's official attitude toward the Silk Road Economic Belt as well as achievements resulting from pragmatic cooperation in political, economic and humanitarian fields with China, this article argues that the Silk Road Economic Belt cooperation has become a notable part in China-Georgia relations; Georgia's internal political and economic circumstances as well as the foreign policy toward neighboring countries have a great impact on the development of the Silk Road Economic Belt cooperation in the South Caucasus. Furthermore, the country's potential for development, favorable environment for business and pragmatic policies are beneficial to the development of BRI. Chinese enterprises should promote the Chinese initiative by serving local needs and utilizing favorable policies and circumstances.

**Keywords:** South Caucasus; Georgia; Belt and Road Initiative; Economic and Trade Cooperation; Silk Road Economic Belt

# 南亚研究

# 《梨俱吠陀》中的“罪与罚”——论吠陀梵语*énas*的含义*

潘 涛**

【摘 要】本文是对吠陀梵语 *énas* 一词详细的语文学和语言学研究，研究语料为 *énas* 在《梨俱吠陀》中的全部出处。基于欧美吠陀研究的学术成果，本文给出所有包含 *énas* 及其派生词诗句的中文翻译，并附上简短的注释，用以解释分析疑难词汇。不同于现有权威西文《梨俱吠陀》翻译中所采用的含有多重语义的词语，例如德语“Sünde”、法语“péché”和英语“sin”，本文给出各个出处中更加具体的词义，其中最常见的两种含义为：①一种违反规则的行为，恶劣的行为；②由于恶行导致的不幸和悲惨境地。另外，其第三种可能性是“对于不幸和恶事应当承担的责任”。

【关键词】罪 罪行 《梨俱吠陀》 吠陀梵语

---

* 本文获得国家社会科学基金重大项目“吠陀文献的译释及研究”（批准号：17ZDA235）和上海市教育委员会创新计划“《梨俱吠陀》全本译注及考释”（批准号：2017-01-07-00-07-E00001）资助。

** 潘涛，德国慕尼黑大学印欧比较语言学系博士候选人。

## 一　概述

吠陀梵语 *énas* 一词在整部《梨俱吠陀》中共出现 37 处，分布在 36 句诗句中，有的以基本词单独出现，有的出现在复合词中，或通过词缀构成新的词语。在每一书（Maṇḍala）中出现的频率具体如下：第一书（共 191 组诗句）中 5 次、第二书（共 43 组）中 2 次、第三书（共 62 组）中 2 次、第四书（共 58 组）中 2 次、第五书（共 87 组）中 2 次、第六书（共 75 组）中 3 次、第七书（共 104 组）中 9 次、第八书（共 103 组）中 4 次、第十书（共 191 组）中 7 次。值得注意的是，在第九书［“苏摩”（Soma）书］中 *énas* 没有出现，而与 *énas* 一词密切关联的 *ā́gas* 一词也没有在第九书中出现。此外在第七书，即“安住”（Vasiṣṭha）书中，*énas* 出现竟高达 9 处，可见在“安住”（Vasiṣṭha）书中 *énas* 是一个重要的主题。*énas* 出现形式具体情况如下：基本词出现 29 次，复合词和添加词缀形式出现了 8 次（*ádbhutainas* 2 次、*anenás* 3 次、*víenas* 1 次、*énasvant* 2 次）。

*énas* 一词在《圣彼得堡梵语—德语字典》中的解释为[①]：①（遭遇的）罪行、恶行，（来自他人的）灾难、厄运；②罪，罪孽；③缺陷。在《梨俱吠陀字典》中该词的解释是[②]：起初的意思为“暴力行为”（来自动词 in，inv 的第七个意思），因此意为“罪行，困境”。①罪行，罪，罪孽；②尤其常与动词 kṛ 连用，表示犯罪；③困境，厄运，由于他人的暴行导致。在《梵语—英语字典》中的解释为[③]：mischief, crime, sin, offence, fault; evil, unhappiness, misfortune, calamity; censure, blame。在《汉译对照梵和大辞典》中的解释为[④]：罪，犯罪；灾，不运。在《古代印度雅利安语词源

---

① Böhtlingk, Otto und Roth, Rudolph, *Sanskrit-Wörterbuch*. hrsg. von der Kaiserlichen Akademie der Wissenschaften. Bände 1-7. St. Petersburg: Kaiserliche Akademie der Wissenschaften, 1855-1875, pp.1-1097.

② Graßmann, Hermann, *Wörterbuch zum Rig-Veda*, Leipzig: Brockhaus, 1873-1875, p.300.

③ Monier-Williams, Monier, *A Sanskrit-English Dictionary: Etymologically and Philologically Arranged with Special Reference to Cognate Indo-European Languages*, Oxford: Clarendon Press, 1899, p.232.

④ 荻原云来：《汉译对照梵和大辞典》，讲谈社，1986, 第 299 页。

学词典》中的解释为[1]：罪行，恶行，厄运。盖尔德纳（Geldner）的《梨俱吠陀》德文翻译中，*énas* 一词一般被译作“罪”（Sünde），但是德语 Sünde 本身有多重语义，而且也是一种抽象的概念，如果只是单纯用“罪”（Sünde）来翻译 *énas* 会使得《梨俱吠陀》诗句的翻译损失不少具体的含义。此外，考察德语 Sünde，英语 sin 等系列词语的词源，也可以知道这一类词语的语义在本质上是和梵语 *énas* 不同的。现代德语 Sünde，古德语 *sunta*，现代英语 sin，古英语 *syn*，古诺斯语 *synð*, *synd* 等都是来自原始印欧语词根 *$h_1$es-“是”的现在时分词 *$h_1$sent-/$h_1$sont-[2]，参考拉丁语 *sōns*“有罪的；罪人”，所以这类词事实上经历了从“存在的，真实的，真相”，通过“确定的罪责，正确的实情”到“（基督教意义上的）违背神的规定，罪恶”的语义演变[3]。此外英译本[4]中也会用 guilt 来翻译 *énas*，但是正如德语的 Sünde 一样，英语的 guilt 也有多重含义，比如“罪行”（a failure of duty; offence）、“犯罪的责任”（responsibility for an action or event）、“实施罪行的事实”（the fact of having committed some specified offence）等，详见《牛津英语字典》（*Oxford English Dictionary*）[5]。

伯德维茨（Bodewitz）在一篇论文[6]中尝试详细分析 *énas* 和 *ā́gas* 两个词语义上的差别。他对前人如哈尔托格（Hartog）和勒费维（Lefever）的

① “Frevel, Untat, Unglück”, Mayrhofer, Manfred, *Etymologische Wörterbuch des Altindoarischen* (EWAia), Heidelberg: Carl Winter Universitätsverlag, 1986-2001, p.268.

② 关于 *-nt-* 分词的元音情况，可参考 Wodtko, Dagmar, Britta Irslinger, Carolin Schneider, *Nomina im indogermanischen Lexikon*, Heidelberg, Winter, 2008, pp.235-237。

③ 参考权威的德语词源字典，例如 Pfeifer, Wolfgang, Wilhelm Braun, *Etymologisches Wörterbuch des Deutschen* / 3 : Q - Z, Berlin, Akad.-Verl., 1989, pp.1763-1764。作为手册型的德语词源字典，目前知名度更高的克鲁格 (Kluge) 所编写的《德语词源学字典》[*Etymologisches Wörterbuch der deutschen Sprache*，多次再版，最新版为德古意特 (de Gruyter) 出版社的第 25 版] 并不可靠，专业的印欧语言学家都不建议使用克鲁格 (Kluge) 的词源字典。此外还可参考《牛津英语字典》中“sin”的词条。

④ 参考 Jamison, Stephanie, Joel P. Brereton, *The Rigveda : The Earliest Religious Poetry of India*, Oxford: Oxford University Press, 2014, p.121 及其他。

⑤ OED Online, Oxford University Press, http://www.oed.com.emedien.ub.uni-muenchen.de/view/Entry/82364?rskey=dHrhhm&result=1&isAdvanced=false.

⑥ Bodewitz, Hendrik Wilhelm, “The Vedic concepts ā́gas and énas”, *Indo-Iranian Journal* 49 (2006), pp.225-271.

研究做了分析，认为他们的基督教和一神论的倾向在阐释吠陀文献时是不恰当的。他并不认为 *énas* 和 *ā́gas* 两个词的含义相同，事实上相比于 *énas*，*ā́gas* 几乎只用来表示“实施的罪行”，此外他还强调要区分“所犯的恶行和其产生的恶劣结果”与“并非源于所犯恶行而降临的恶事”①。

紧随伯德维茨的研究，皮尼亚（Pignal）对 *énas* 和 *ā́gas* 做了更进一步的语义和语文学分析，并指出了伯德维茨观点中的不准确之处。皮尼亚认为，选取一个合适的道德评价体系至关重要，因此他提出了两种可能性：基于我们当前文化中的道德评价体系和基于吠陀文本的价值判断②。基于伯德维茨的观点，皮尼亚更加明确地阐释了除了“恶行”（德语 Untat，英语 misdeed）之外的另一种含义：“这一定义表明，*énas* 一词描述一种行为者处于的状态，在某些情况下它指代行为者所犯恶行的后果……”③ 关于“*éno anyákṛtam*”这一表述，皮尼亚提出的翻译建议也是令人信服的，即“在几乎同样的语境下出现了 *anyákṛtam énaḥ* 和 *anyájātam énaḥ* 两种表述，基于对此的比较，可知 *kṛtám* 在此处并非‘完成，实施’，而是‘产生’的意思，指代一种过去产生且延续至当前行为的事物，*énas* 形容一种影响背负者的状态”④。对于皮尼亚的观点，后期吠陀文本中 *énas* 的出处，例如《阿闼婆吠陀》（*Atharvaveda*）、《夜柔吠陀》（*Yajurveda*）和《梵书》（*Brāhmaṇa*），印证了他对《梨俱吠陀》中的语义分析。

本文尝试在所有 *énas* 出现的诗句中，分析 *énas* 一词具体确切的含义，并基于权威字典以及伯德维茨和皮尼亚阐释理论中的翻译建议，给出相应诗句的中文翻译。根据 *énas* 一词的详细使用情况和上下文，才能对它的细微语义差别进行准确的辨识。

---

① Bodewitz, Hendrik Wilhelm, “The Vedic concepts āgas and énas”, *Indo-Iranian Journal* 49 (2006), p.228.

② Bodewitz, Hendrik Wilhelm, “The Vedic concepts āgas and énas”, *Indo-Iranian Journal* 49 (2006), p.228; Pignal, Paul Michel, “*ā́gas*- et *énas*-, deux expressions védiques du péché?”, *Bulletin d'Études Indiennes* 24-25 (2006-2007), p.208.

③ Pignal, Paul Michel, “*ā́gas*- et *énas*-, deux expressions védiques du péché?”, *Bulletin d'Études Indiennes* 24-25 (2006-2007), p.218.

④ Pignal, Paul Michel, “*ā́gas*- et *énas*-, deux expressions védiques du péché?”, *Bulletin d'Études Indiennes* 24-25 (2006-2007), p.219.

## 二 *énas* 在《梨俱吠陀》中的出处和分析[①]

在这一章节里，笔者将按照每一书的顺序对所有 *énas* 以及 *énas* 派生词的出处进行分析，每一小部分的结构分别为：①诗句的吠陀梵语原文；②诗句的德语翻译；③诗句的中文翻译；④对重要语汇的注释；⑤对 *énas* 的翻译分析。②和③的翻译会更多地考虑梵语原文的语序和词语的准确含义，因此往往会在中文句法上显得不自然。在④和⑤中会对现有的重要翻译进行分析，尤其是盖尔德纳的经典德文翻译以及新近后藤敏文、维策（Witzel）以及堂山英次郎等人所作的德文学术翻译，关于两卷翻译中各位译者的具体分工详见德文翻译中注释（例如包括第一和第二书的第一卷的翻译分工见此书第 483 页，包含第三至第五书的第二卷分工则见于此书的题名页）。文中也会适当地分析杰米森（Jamison）和布莱瑞顿（Brereton）所作的三卷英译本[②]中的译文，但是考虑到此翻译并非严格的学术翻译，且绝大部分来自盖尔德纳的德文翻译，所以并不详细展开，读者可以参考皮诺（Pinault）在 *Bulletin d'Études Indiennes* 第 31 期（2015）上的长篇书评。注释中所引用吠陀梵语词根的形式基于玛亚侯法（Mayrhofer）所编写的《古代印度雅利安语词源学词典》中的体例，词根右上角的“$^{I}$”表示这是“*seṭ*”词根，即原始印欧语词根以喉音（Laryngal）结尾。

*1.24.9ab śatáṃ te rājan bhiṣájaḥ sahásram urvī́ gabhīrā́ sumatíṣ ṭe astu* |

*1.24.9cd bā́dhasva dūré nírṛtim parācaíḥ kṛtáṃ cid énaḥ prá mumugdhi asmát* ||

德语翻译：Hundert Heilmittel hast du, o König, tausend! Umfassend, tiefgründig möge dein Wohlwollen sein. Halte weit in der Ferne das Verderben

---

① 此处采用根据诗律还原后的文本，参见 Metrically Restored Text，http://www.utexas.edu/cola/centers/lrc/RV/。

② Jamison, Stephanie, Joel P. Brereton, *The Rigveda: The Earliest Religious Poetry of India*, Oxford: Oxford University Press, 2014。此书有一个在线的注释可以参考：“Rigveda Translation: Commentary”，http://rigvedacommentary.alc.ucla.edu。

fest, weit weg! Sogar das *kṛtáṃ cid énas* löse von uns!

中文翻译：你拥有百种千种药，啊王！愿你的恩惠广阔和深远。将毁坏远远地驱逐到远方！甚至将产生的厄运也从我们这里消除。

注释：对于“*nírṛti*”一词的含义，应该结合此句第 1 个音步（Pāda a）的内容进行分析，它表示由于疾病而产生的毁坏、灭亡等，来自前缀 *niṣ-* 加上原始印欧语词根 $*h_2er$- “连接”，后者也出现在例如吠陀梵语 *ṛta-* “法则，真理”和古希腊语 ἀραρίσκω “连接，匹配，合适”中[①]。此处可以参考《梨俱吠陀》第六书第 74 组第 2 句（6.74.2）*sómārudrā ví vṛhataṃ víṣūcīm ámīvā yā́ no gáyam āvivéśa | āré bādhethāṃ nírṛtim parācaír asmé bhadrā́ sauśravasā́ni santu ||* “苏摩和鲁达罗，将入侵我们住处向各处扩散的疾病撕碎驱散！将毁坏远远地驱逐到远方！让值得称颂的财富属于我们！”诗句有关消除疾病，其中第 3 个音步（Pāda c）与此处的第 3 个音步非常相似，此外在《梨俱吠陀》6.74.2 第 1 个音步中，也出现了这一疾病的特征，即“向各方扩展，扩散性的，传染性的”（*víṣūcīm*），梵语 *viṣūcī-* 和 *viṣūcikā-* 在后期文本中表示“霍乱”。

翻译分析：*kṛtáṃ cid énas* 在此处表示产生或引起的厄运，或者影响行为者的困境（源于行为者或他人所作的恶行）。根据后藤敏文和维策的德译本[②]，此处维策将 *kṛtáṃ cid énas* 译为“所作的恶”（das getane Übel），避免了包含基督教色彩的“罪”（Sünde）一词。但是“所作的恶”这一表述并不确切，因为此处 *énas* 并非“所作的恶行”，而是“所产生的恶劣的境况”。

*1.24.14ab áva te hélo varuṇa námobhir áva yajñébhir īmahe havírbhiḥ |*

*1.24.14cd kṣáyann asmábhyam asura pracetā rā́jann énāṃsi śiśrathaḥ kṛtā́ni ||*

---

① 参考《古代印度雅利安语词源学词典》第一卷第 45 页和《印度日耳曼语动词词典》第 269~270 页 (Kümmel, Martin, Helmut Rix, *Lexikon der indogermanischen Verben. Die Wurzeln und ihre Primärstammbildungen*, Wiesbaden: Dr.Ludwig Reichert Verlag, 2001, pp.269-270)。

② Witzel, Michael, Toshifumi Gotō, *Rig-Veda. Das heilige Wissen. Erster bis zweiter Liederkreis*, unter Mitarbeit von Eijirō Dōyama 堂 山 英 次 郎 und Mislav Ježić, Frankfurt am Main und Leipzig: Verlag der Weltreligionen, 2007, p.45.

德语翻译：Wir bitten dir den Zorn ab, Varuṇa, mit Verbeugungen, mit Opfern, mit Anrufungen!

Herrschend zu unserem Wohl, du Asura, du Einsichtsvoller, du König, lass locker die *kṛtā́ni énāṃsi*!

中文翻译：啊波楼那，通过敬礼，通过祭祀，通过呼唤，我们请求你平息愤怒！啊贤明的阿修罗，为了我们而统治着，啊王，请将所生的厄运困境放宽松些吧！

注释：*īmahe* 为第一人称复数形式，来自词根 *YĀ*“请求，恳求”。在萨亚那（Sāyaṇa）的注释中，*asmabhyam* 的意思为“为了我们”（*asmadarthaṃ*），因此盖尔德纳翻译中的“erlass uns”似乎并不贴切。*śiśrathas* 为指令式（德语 Injunktiv，英语 injunctive），来自词根 *ŚRATH*[I]“变宽松”的重叠不定过去时（Aorist），此处意思为“使变宽松，释放”，参见后藤敏文《古代印度雅利安语形态学和其印度伊朗语背景》（*Old Indo-Aryan Morphology and Its Indo-Iranian Background*, pp.111-112）。

翻译分析：*kṛtā́ni énāṃsi* 表示产生的厄运或者影响行为者的困境，因为此处动词的意思是“解除，放松”，所以 *kṛtā́ni énāṃsi* 不能理解为“所作的恶行”。

*1.125.7ab mā́ pṛṇánto dúritam éna ā́ran mā́ jāriṣuḥ sūráyaḥ suvratā́saḥ |*

*1.125.7cd anyás téṣām paridhír astu káś cid ápṛṇantam abhí sáṃ yantu śókāḥ ||*

德语翻译：Die Spender sollen nicht in *dúrita* und *énas* fallen, nicht sollen die pflichtgetreuen Patronealtersschwach werden. Irgendein anderer soll ihre Schutzwehr sein. Die Schmerzen sollen den Geizigen treffen.

中文翻译：施与者不应当陷入困难和困境中，忠于职守的祭祀主不应当变衰弱。某一个他人应该成为他们的守护。痛苦应该降临到吝啬之人上。

注释：*pṛṇánto* 为动词词根 *PAR*[I]“装满”的现在时分词，具有“大方地给予，慷慨”的意思。*ā́ran*，来自前缀 *ā* 加动词词根 *AR*“运动”，表示

“陷入（不幸）之中”，第三人称复数形式，来自不定过去时的指令式[①]。*dúrita*，根据《梵语语法》附录[②]，这个词应当是一个名词，虽然它的重音落在开头的前缀上，形容词 *dúrita-* 表示“困难地行走的”，所以由此构成的名词表示“困境，困难”，这也是《圣彼得堡梵语—德语字典》对此处给出的释义。

翻译分析：此处 *énas* 表示影响行为者的困境和厄运。这一解释是基于上述对 *dúrita* 的分析，维策在其翻译中将 *dúritam* 译为“unwegsam”，作为 *énas* 一词的修饰语。但是此处正如诗句 5.3.7 处一样，是一种“连接词的省略”（Asyndeton），此外 *dúrita* 作为 *énas* 的修饰语并无其他例证[③]。

*1.129.5abc　ní ṣū́ nama*[④] *átimatiṃ káyasya cit téjiṣṭhābhir aráṇibhir ná ūtíbhir ugrā́bhir ugra ūtíbhiḥ* |

*1.129.5de　néṣi ṇo yáthā purā́ anenā́ḥ śūra mányase* |

*1.129.5fg　víśvāni pūrór ápa parṣi váhnir āsā́ váhnir no ácha* ||

德语翻译：Beuge fein den Hochmut eines jeden mit den schärfsten Hilfen, wie die Reibhölzer, mit gewaltigen Hilfen, du Gewaltiger! Führ uns, so wie du *anenā́ḥ* früher meinst, o Held! Alle（*énāṃsi*）bring von Pūru weg als Führer! Als Wortführer（komm）zu uns!

中文翻译：通过锐利的协助让每一个的高傲屈服，就像钻取火的木头一样（锐利），通过强有力的协助，啊强有力的！就像完美无缺的你过去认为的一样，带领我们啊，啊勇健者！作为引导者将所有的困苦厄运都带离普鲁（Pūru）！作为词语引导者来到我们这里吧！

---

① Hoffmann, Karl, *Der Injunktiv im Veda: eine synchronische Funktionsuntersuchung*, Heidelberg: Winter, 1967, p.58.

② Wackernagel, Jacob, Albert Debrunner, *Altindische Grammatik*, Nachträge zu Band II 1, Göttingen: Vandenhoeck & Ruprecht, 1957, p.66.

③ *énas* 和动词词根 *AY*“走”连用的情况在《梨俱吠陀》中只出现了一次，即诗句 8.67.17 中的 *pratiyántaṃ cid énasaḥ*，但是即便是该处，动词也是以主动形式出现。关于诗句 8.67.17 参见下文的详细分析。

④ 在诗律还原后的文本中为 *namā*，但是这一读法与词语独立念诵 (*padapātha*) 和诗律都矛盾，参见 Kuiper, Franciscus Bernardus Jacobus，*Shortening of final vowels in the Rigveda*, Amsterdam: Noord-Hollandsche uitgevers mij, 1955, pp. 284-320。

注释：*néṣi*，第二人称单数 *s*- 不定过去时的命令式，来自词根 *NAY*[I]“引导，带领”，参见纳腾（Narten）对此的分析[①]。*parṣi*，同前，也是第二人称单数 *s*- 不定过去时的命令式，来自词根 *PAR*“越过，跨过”。关于吠陀梵语中 *-si* 命令式的来源，即来自 *s*- 不定过去时的虚拟式经过“重复音脱落”（haplology）的过程，参考后藤敏文在《古代印度雅利安语形态学和其印度伊朗语背景》（*Old Indo-Aryan Morphology and Its Indo-Iranian Background*）第 114 至第 115 页及彼处所列参考文献。

翻译分析：*anenā́ḥ*，此处的 *anenā́ḥ* 一词作为因陀罗的称号，可以一般性地译为“完美无缺，无瑕疵的”（德语 fehlerlos, 英语 faultless）。后藤敏文在此处给出的翻译是“没有恶行的”（frevellos），但是“没有恶行的”这一说法对于因陀罗神似乎并不贴切。萨亚那（Sāyaṇa）注释中补充的 *énāṃsi* 一词意思应当是“困境，厄运”。后藤敏文在此处补充了“财富”（Güter）一词，并认为此处也可能是关于普鲁（Pūru）分支种族的再迁移[②]。

*1.189.1ab ágne náya supáthā rāyé asmā́n víśvāni deva vayúnāni vidvā́n |*

*1.189.1cd yuyodhí asmáj juhurāṇám éno bhū́yiṣṭhāṃ te námaüktiṃ vidhema ||*

德语翻译：Agni, führ uns auf gutem Wege zu Reichtum, der du alle rechten Wege kennst. O Gott!

Wehre von uns *juhurāṇáménas* ab! Wir wollen dir die größte Verehrungsrede zuteilen.

中文翻译：啊阿格尼（Agni），带领我们在美好的道路上获得财富，知晓所有正确道路的人，啊神！将恶劣的困境带离我们！我们想将最伟大的致敬词分配给你！

注释：*juhurāṇám*，因斯勒（Insler）认为，这个词来自词根 *HAR*[I]“愤

① Narten, Johanna, *Die Sigmatischen Aoriste im Veda*, Wiesbaden: Otto Harrassowitz, 1964, p.163.

② Witzel, Michael, Toshifumi Gotō, *Rig-Veda. Das heilige Wissen. Erster bis zweiter Liederkreis*, unter Mitarbeit von Eijirō Dōyama 堂 山 英 次 郎 und Mislav Ježić, Frankfurt am Main und Leipzig: Verlag der Weltreligionen, 2007, p.689.

怒，生气，对某人恶劣”[①]。

翻译分析：*énas*，因斯勒将 *énas* 译为“冒犯”（offense），但是此处这个意思并不恰当。根据《牛津英语字典》的解释[②]，“offense”一词通常是指破坏法律规则等行为，恶行，但是此处由于与此搭配的动词是 *YAV*“避开，放置在远处”，“将恶行远离我们”这一说法并不恰当，*énas* 一词在此处更可能表示“厄运，困境”。基于这样的理解，*juhurāṇám* 一词的意思也应当重新考虑。迪·乔皮那（di Giovine）认为 *juhurāṇá* 是“及物—使役性”的（transitivo-fattitivo）[③]，但是此处作为修饰“厄运，困境”一词的 *juhurāṇám* 更可能是“（对人）恶劣的”意思。

*2.12.10ab yáḥ śáśvato máhi éno dádhānān ámanyamānāñ cháruvā jaghā́na |*

*2.12.10cd yáḥ śárdhate nā́nudádāti śṛdhyā́ṃ yó dásyor hantā́ sá janāsa índraḥ ||*

德语翻译：Der einen nach dem anderen die, welche das große *énas* an sich nehmen,（weil sie Indra）nicht verehren, mit seinen Geschossen erschlagen hat, der dem Vermessenen seine Vermessenheit nicht vergibt, der den Dasyu erschlägt, der, ihr Leute, ist Indra.

中文翻译：那用他的箭接二连三地击杀将困苦悲惨置于自身的众生的，（因为他们）不尊重（因陀罗），那不原谅示威抗拒者的放肆的，那击杀达斯尤（Dasyu）的，啊众人，就是因陀罗。

注释：*máhi*，单数宾格中性，修饰 *énas*。*ámanyamānān*，根据萨亚那的注释，意思为“未认清自我，或者不尊重因陀罗”（*ātmānam ajānata indram apūjayato vā*），盖尔德纳将此处译为“过去他们疏忽了”（ehe sie

---

① Insler, Stanley, “Vedic *juhuras, juhūrthās, juhuranta and juhurāṇá-*” , *Journal of American Oriental Society*, 88 (1968), 2, pp.219-223.

② OED Online, Oxford University Press, http://www.oed.com.emedien.ub.uni-muenchen.de/view/Entry/130599?rskey=ycGjkv&result=1&isAdvanced=false.

③ di Giovine, Paolo, *Studio sul Perfetto Indoeuropeo, Parte I*, (Biblioteca di Ricerche Linguistiche e Filologiche 26) Roma: Università di Roma « La Sapienza», 1990, p.234.

sich dessen versehen）[①]。*śárdhate*，现在时分词单数与格（Dativ），来自词根*ŚARDH*“示威，抗拒，放肆”，但是耶日驰（Ježić）却将此动词译作“嘲笑”（Verhöhnenden）[②]，当是误译，参见《梨俱吠陀字典》[③]和《古代印度雅利安语词源学词典》[④]中的释义。

翻译分析：耶日驰将*éno dádhānān*译作“犯下恶行”（Frevel begehen），但是此处*dádhānān*是一个中动态（Ātmanepada）分词，意思应该是“接受，置于自身”，此外参见皮尼亚对此句的解释：“很明显*énas*先于因陀罗的制裁以及由此产生的困苦不幸。*énas*并不表示与之并行的悲惨，而是表示殃及行为者的一种抽象概念，以困苦不幸的形式展现。”[⑤]因此，此处的*énas*可以理解为“困苦，悲惨”。

*2.28.7ab má̄ no vadhaír varuṇa yé ta iṣṭā́v énaḥ kr̥ṇvántam asura bhrīṇánti |*

*2.28.7cd má̄ jyótiṣaḥ pravasathā́ni ganma ví ṣū́ mŕ̥dhaḥ śiśratho jīváse naḥ ||*

德语翻译：（Triff）uns nicht, o Varuṇa, mit deinen Waffen, die bei deiner Suche nach dem *énaḥ kr̥ṇvántam*, duAsura,（diesen）versehren. Nicht möchten wir vom Lichte Abschied nehmen. Erspare uns fein die Verachtungen, so daß（wir）leben.

中文翻译：不要用你的武器（击中）我们，啊波楼那，这些武器是你在追踪犯下恶行的人时伤害（他）的，啊阿修罗！我们不想远离光芒，为了让我们生存，请消除我们的不敬。

---

① Geldner, Karl Friedrich, *Der Rig-Veda I*, Cambridge, Massachusetts: Harvard University Press, 1951, p.291.

② Witzel, Michael, Toshifumi Gotō, *Rig-Veda. Das heilige Wissen. Erster bis zweiter Liederkreis*, unter Mitarbeit von Eijirō Dōyama 堂山英次郎 und Mislav Ježić, Frankfurt am Main und Leipzig: Verlag der Weltreligionen, 2007, p.369.

③ Graßmann, Hermann, *Wörterbuch zum Rig-Veda*, Leipzig: Brockhaus, 1873-1875, p.1383.

④ Mayrhofer, Manfred, *Etymologische Wörterbuch des Altindoarischen II*, Heidelberg: Carl Winter Universitätsverlag, 1996, p.619.

⑤ Pignal, Paul Michel, “*ā́gas-* et *énas-*, deux expressions védiques du péché?”, *Bulletin d'Études Indiennes* 24-25 (2006-2007), p. 219.

注释：*bhrīṇánti*，位于第2音步的结尾处（Kadenz，格律为－u－u̲），因此在van Nooten 和 Holland根据诗律还原的文本中形式改为*bhriṇánti*。*ganma*，词根不定过去时的指令式，来自词根*GAM*“运动，走”。*śiśrathas*，重叠不定过去时的指令式，来自词根*ŚRATH*[1]“变宽松”，参见上述对诗句1.24.14的注释。*mŕ̥dhaḥ*，阴性名词*mŕ̥dh*-“不敬，不敬者”复数宾格。

翻译分析：*énas*此处为具体的恶行，*énaḥ kr̥ṇvántam*表示“犯下恶行的人”（单数宾格）。

*3.7.10ab prk̥ṣáprayajo draviṇaḥ suvā́caḥ suketáva uṣáso revád ūṣuḥ |*

*3.7.10cd utó cid agne mahinā́ pr̥thivyā́ḥ kr̥táṃ cid énaḥ sám mahé daśasya ||*

德语翻译：Die an raschen Opferern reichen, die wohl redenden, o Schatz（spender）, die schön scheinenden Morgenröten, haben reichlich aufgeleuchtet, und auch du, Agni, soweit die Erde reicht.

（Obwohl）*kr̥táṃ cid énaḥ*, hilfreich sein zu großem（Glücke）!

中文翻译：拥有丰富迅疾祭祀者的，啊财富（馈赠者），善言的，拥有美丽光芒的朝霞，灿烂地照耀着。啊阿格尼，大地所到之处，（虽然）曾经犯下恶行，请给予帮助，从而获得巨大的（好运）!

注释：*draviṇaḥ*，*dráviṇas*“奔跑的”的单数呼格，意思同*dráviṇa*，指“运动的财富”，是动物的别称。根据《圣彼得堡梵语—德语字典》，此处*draviṇas*为阿格尼的称号，因此可能是*draviṇodas*“带来财富的”的简称。*ūṣuḥ*，第三人称复数完成时，来自动词*VAS*“发光，闪耀”。*sám+daśasya*，命令式，据雷努（Renou）的研究，意思为“宽恕”（condonare）①。*mahé*，单数与格，作为副词或者所修饰的名词省略。

翻译分析：此处*kr̥táṃ cid énas*表示“一种已经犯下的不确定的恶行”，整体是一个让步从句，表示“（虽然）曾经犯下恶行”。

*3.33.13ab úd va ūrmíḥ śámyā hantu ā́po yóktrāṇi muñcata |*

*3.33.13cd mā́duṣkr̥tau víenasā aghniyaú śū́nam ā́ratām ||*

---

① Renou, Louis, *Études Védiques et Pāṇinéennes XII,* Paris: Institut de Civilisation Indienne de l'Université de Paris, 1964, p.118.

德语翻译：Eure Welle soll die Jochzapfen emporheben, ihr Gewässer, gebet die Stränge frei! Nicht sollen die *víenasā* Rinder, die nichts Übles tun, in Verlust geraten!

中文翻译：你们的波浪应当将轭栓子举起来，啊水域，松开缰绳！对恶事没有责任的两头牛，它们没有犯下恶行，不应当陷入丧失中！

翻译分析：这句诗对于确定 *énas* 细微的语义差别非常重要。此处有三个重要且存在密切关系的词，分别是 *áduṣkṛtau, víenasā* 和 *śū́nam*。事实上在绝大多数 *énas* 出现的诗句里，它的意思主要有两个，一个是“恶行”，另一个是“悲惨的境地，困境”，但是在这一句中，位于复合词 *víenas* 中的 *énas* 并不是这两种含义，因为 *áduṣkṛtau* 的意思是“没有做出恶事的两个”，而 *śū́nam*“空，丧失”表示一种不幸的状态。雷努将 *víenasā* 翻译为“qui sont sans faute”①，盖尔德纳②和维策③的翻译都是“die schuldlosen”，此处法语的“faute”和德语的“Schuld”不应该理解为具体的恶行，而是“对不幸或恶事应该负的责任”，因此 *víenasā* 的意思是“对恶事没有责任的两个”。

*4.12.4ab yác cid dhí te puruṣatrā́ yaviṣṭha ácittibhiś cakṛmā́ kác cid ā́gaḥ |*

*4.12.4cd kṛdhī́ ṣú asmā́m̐ áditer ánāgān ví énāṃsi śiśratho víṣvag agne ||*

德语翻译：Denn wenn wir auch, wie es unter Menschen vorkommt, aus Unkenntnis irgendein *ā́gas*dir getan haben, du Jüngster, so mach uns fein vor Aditi *ánāgān*; löse nach verschiedenen Seiten die *énāṃsi*, o Agni!

中文翻译：因为如果即便是我们，就像在人类中发生的，由于无知对你已经犯下某桩恶行，啊最年轻的，让我们在阿底提（Aditi）面前不要对

---

① Renou, Louis, *Études Védiques et Pāṇinéennes XVII,* Paris: Institut de Civilisation Indienne de l'Université de Paris, 1969, p.76.

② Geldner, Karl Friedrich, *Der Rig-Veda I*, Cambridge, Massachusetts: Harvard University Press, 1951, p.374.

③ Witzel, Michael, 后藤敏文, Salvatore Scarlata, *Rig-Veda : das heilige Wissen ; dritter bis fünfter Liederkreis*, Berlin: Verlag der Weltreligionen, 2013, p.65.

此恶行负责；将困境和不幸消减至各方，啊阿格尼！

注释：*puruṣatrā́*，根据《圣彼得堡梵语—德语字典》，此处更正确的词形应该是 *puruṣátā*“以人类的方式”①，奥登贝格（Oldenberg）在《梨俱吠陀注疏》中指出 *puruṣatrā́*“在人类之中”也是可以表达“以人类的方式”这样的意思②。*śiśrathas*，参见上述对诗句 1.24.14 的注释。

翻译分析：第 2 音步中的 *ā́gas* 一词表示具体的恶行，正如盖尔德纳译文中的“错事”（Unrecht）③，因为与此搭配的动词是 *cakṛmā́*“我们已经犯下”。另外，修饰它的 *kác cid*“某一桩”表示“过去行为的不确定性”（indétermination de l’ action passée）④。盖尔德纳将第 3 音步中的 *ánāgān* 翻译为“无罪的”（frei von Schuld），但是此处“罪”这个词是需要准确解释的，这个复合词中的 *ā́gas* 表示“对厄运和不幸的责任”。此处 *énāṃsi* 一词表示“多种困境和悲惨的处境”，这样的解读也和与之搭配的动词 *ŚRATH*[I]“变宽松”相匹配。

*4.12.5ab  mahā́ś cid agna énaso abhī́ka ūrvā́d devā́nām utá mártiyānām |*

*4.12.5cd  mā́ te sákhāyaḥ sádam íd riṣāma yáchā tokā́ya tánayāya śáṃ yóḥ ||*

德语翻译：（Bewahre）uns in der Begegnung（mit dir）auch vor großem *énas*, Agni, vor dem Ūrva der Götterund Sterblichen! Als deine Freunde sollten wir niemals Schaden erleiden. Gewähre Glück und Heil dem leiblichen Samen!

中文翻译：在与你相遇时，即便在巨大的困境前（保护）我们，在众神和凡人的监禁前！作为你的朋友，我们从不应该受到伤害。为后代和种族的延续带来幸运和安康！

注释：*ūrva*，根据玛亚侯法在《古代印度雅利安语词源学词典》中的分

---

① Böhtlingk, Otto und Roth, Rudolph, *Sanskrit-Wörterbuch. hrsg. von der Kaiserlichen Akademie der Wissenschaften. Bände 1-7*, St. Petersburg: Kaiserliche Akademie der Wissenschaften, 1855-1875, pp.4-796.

② Oldenberg, Hermann, *Ṛgveda: Textkritische und exegetische Noten, Erstes bis sechstes Buch*, Berlin: Weidmannsche Buchhandlung, 1909, p.276.

③ Geldner, Karl Friedrich, *Der Rig-Veda I*, Cambridge, Massachusetts: Harvard University Press, 1951, p.432.

④ Pignal, Paul Michel, “*ā́gas*- et *énas*-, deux expressions védiques du péché?”, *Bulletin d’Études Indiennes* 24-25 (2006-2007), p.212.

析，这个词的意思是“容器，封闭之处”（Behälter, Verschluss），因为它可能和立陶宛语*ur̃vas*“洞穴”同源，《圣彼得堡梵语—德语字典》给出的解释是“监禁，囚禁”（Gefängnis, Gefangenschaft）。盖尔德纳在对此句的注释中指出这个词可能的含义：“*ūrvá*表示在波剌（Vala，被因陀罗战胜的恶魔）中被围住的牧群，或者波剌群山堡垒本身及被其禁闭的牧群。在神话中，*ūrvá*一词通常表示大规模地掠夺牛群和恶魔行径。”[①]*riṣāma*，第一人称复数，主题元音不定过去时的虚拟式，来自动词*REṢ*“承担伤害”。

翻译分析：*énas*，参考此处*ūrvá*的意思“监禁，囚禁”，可知*énas*一词表示一种“困境和不幸的境地”。

*5.3.7ab yó na ā́go abhí éno bhárāti ádhī́d aghám aghásaṃse dadhāta |*

*5.3.7cd jahī́ cikitvo abhíśastim etā́m ágne yó no marcáyati dvayéna ||*

德语翻译：Wer auf uns *ā́gas* und *énas* bringen möchte, auf diesen Verleumder leget das Übel!

Schlag nieder, du kundiger Agni, die Beschuldigung des, der uns durch Doppelzüngigkeit schädigt!

中文翻译：谁将对恶行和困境的责任带到我们身上，你们将厄运放置在这个诽谤者上。啊明智的阿格尼，他通过颠倒黑白伤害我们，击毁此人的控告！

注释：*bhárāti*，第三人称单数现在时虚拟式，来自词根*BHAR*“运送，带来”。*jahī́*，第二人称单数命令式，来自词根*HAN*“击杀”，尾音的长音是由于诗律的缘故（*metri causa*）。对于词形的问题，参考《梵语手册》中的解释：“吠陀梵语*jahí*（= 阿维斯塔语*ǰaiδi*）来自原始雅利安语**ǰha-dhi*，而不是直接来自原始印欧语**g^{uh}n̥-dhí*（进而演变为原始雅利安语**ghadhí*到不存在的吠陀梵语**gahí*），因为早在原始雅利安语时期，来自强语干形式**ǰhán-mi*和**ǰhán-tu*的*ǰh*已经取代了**ghadhí*中

① Geldner, Karl Friedrich, *Der Rig-Veda I*, Cambridge, Massachusetts: Harvard University Press, 1951, p.432.

的 ‘*gh*’ ”[①]。*dadhāta*，是词根*DHĀ*“放置”的第二人称复数现在时的命令式，但是这个形式并不寻常，可能确实需要进行修正[②]，路德维希（Ludwig）认为应该读作 *dadhātu* 和 *aghá́śaṃso*。*marcáyati*，*-aya-* 词缀构成的形式，来自词根 *MARC* “伤害”，杰米森（Jamison）认为词根的意思是 “harm, be harmed”，因为存在一个不及物动词形式 *mṛkṣīṣṭa*[③]。

翻译分析：此处 *ā́gas* 和 *énas* 表示“对于恶行和困境的责任”。

*5.87.7ab té rudrā́saḥ súmakhā agnáyo yathā tuvidyumnā́ avantu evayā́marut* |

*5.87.7cde dīrghám pṛthú paprathe sádma pā́rthivaṃ yéṣām ájmeṣu ā́ maháḥ śárdhāṃsi ádbhutainasām* ||

德语翻译：Die Rudrasöhne, die guten Kämpfer, wie Agni mit starken Himmelsherrlichkeiten, sollen helfen,（Vishnu ist der,）mit dem die Marut gern kommen. Der irdische Sitz hat sich lang und breit ausgedehnt, wenn bei ihren Aufzügen, *ádbhutainasām*, die Heerscharen des großen（Viṣṇu）dabei sind.

中文翻译：鲁达罗（Rudra）的儿子，优秀的战士，像阿格尼（Agni）一样具有强大的辉煌，应该提供帮助！急速赶来的玛鲁特（Marut）。地上的位置广阔漫长地延展开来，如果在他们那些没做出恶行的人的前行道路上，伟大的（毗湿奴）的军队到来了。

注释：*súmakhā*，盖尔德纳将它翻译为“慷慨的”（die freigebigen），不过他还加了一个注释：“如果和其他出现 *súmakhāḥ* 的句子比较，就发现‘富足，慷慨’的意思并不恰当”[④]。*makhá*，在一些句子里意思可能为“战士，斗士”，例如 1.119.3b（此处参考雷努的解读：“此处，*makhá* 很清楚地表示‘斗

---

① Thumb, Albert, *Handbuch des Sanskrit : mit Texten und Glossar ; eine Einführung in das sprachwissenschaftliche Studium des Altindischen / 1,2 : Grammatik ; 2, Formenlehre*, Heidelberg: Winter, 1959, p.253.

② Oldenberg, Hermann, *Ṛgveda: Textkritische und exegetische Noten, Erstes bis sechstes Buch*, Berlin: Weidmannsche Buchhandlung, 1909, p.314.

③ Jamison, Stephanie, *Function and Form in the -áya-formations of the RigVeda and AtharvaVeda*, Göttingen, Vandenhoeck & Ruprecht, 1983, p.86.

④ Geldner, Karl Friedrich, *Der Rig-Veda II*, Cambridge, Massachusetts: Harvard University Press, 1951, p.91.

士’，在大多数时候也可以假设双重含义‘慷慨的’”[①]）；在有些地方意思是“慷慨的”，例如 10.11.6c（雷努的解读：“*makhá* 意思为‘慷慨的’”[②]），详见玛亚侯法字典中的解释和参考文献[③]。*evayā́marut*，在《圣彼得堡梵语—德语字典》中，*evayā́* 一词的意思是“在道路上行走的，快速或一般地行走，形容毗湿奴”，而复合词 *evayā́marut* 意思为“旋转的风”。盖尔德纳对这个词的注解是：“*evayā́marut* 一般是形容词复合词，意思为‘向他或和他玛鲁特（Marut）自动地或乐意地前往’。”[④]*paprathe*，第三人称单数完成时，来自词根 *PRATH*“扩展，延展”。根据奥登贝格（Oldenberg）的解读，第 3 音步属于 *yéṣām* 引导的关系从句，因此 *paprathe* 应该为 *paprathé*，他给出的翻译是：“在他们前行的道路和伟大的（毗湿奴的道路上），大地的席座宽广地向远方延伸”[⑤]，但是曲莫（Kümmel）并不赞成这一解读[⑥]。

翻译分析：*ádbhutainasām*，这个词可以译作“身上并没有恶行的人，并没有犯下恶行的人”，参考诗句 8.67.7 的注释。玛亚侯法认为，雷努将 *énas* 解释为“冲动，冲劲”（élan）是有问题的，但是雷努提出了另一种可能性：“如果考察 *énas*‘过失’（faute）这个词，有时会说‘无法承受这些过失的’（有点像 *durdhártavo nidáḥ*‘无法阻止的谩骂’），或者根据 *ádbhuta* 这个词一般的含义，说‘由于无法发现的过失’。”[⑦]

*6.51.7ab  mā́ va éno anyákṛtam bhujema mā́ tát karma vasavo yác cáyadhve |*

---

① Renou, Louis, *Études Védiques et Pāṇinéennes XVI*, Paris: Institut de Civilisation Indienne de l’Université de Paris, 1967, p.20.

② Renou, Louis, *Études Védiques et Pāṇinéennes XIV*, Paris: Institut de Civilisation Indienne de l’Université de Paris, 1965, p.71.

③ Mayrhofer, Manfred, *Etymologische Wörterbuch des Altindoarischen II*, Heidelberg: Carl Winter Universitätsverlag, 1996, p.288.

④ Geldner, Karl Friedrich, *Der Rig-Veda II*, Cambridge, Massachusetts: Harvard University Press, 1951, p.90.

⑤ Oldenberg, Hermann, *Ṛgveda: Textkritische und exegetische Noten, Erstes bis sechstes Buch*, Berlin: Weidmannsche Buchhandlung, 1909, p.369.

⑥ Kümmel, Martin Joachim, *Das Perfekt im Indoiranischen: eine Untersuchung der Form und Funktion einer ererbten Kategorie des Verbums und ihrer Weiterentwicklung in den indoiranischen Sprachen*, Wiesbaden: Reichert, 2000, p.320.

⑦ Renou, Louis, *Études Védiques et Pāṇinéennes X*, Paris: Institut de Civilisation Indienne de l’Université de Paris, 1962, p.98.

*6.51.7cd víśvasya hí kṣáyatha viśvadevāḥ svayáṃ ripús tanúvaṃ rīriṣīṣṭa* ||

德语翻译：Nicht möchten wir *éno anyákṛtam* wider euch büßen, nicht wollen wir das tun, was ihr straft, ihr Guten, denn ihr herrschet über alles, ihr Allgötter. Der Betrüger soll auf seinen eigenen Körper Schaden nehmen.

中文翻译：我们不想遭受由他人引起的困境，我们也不想做你们惩罚的事情，啊你们。因为你们统治着万物，啊全部的神。欺骗者应当在他自己的身上承受伤害。

注释：*cáyadhve*，第二人称复数现在时直陈式，来自动词 *CAY*“惩罚”，这个动词在《梨俱吠陀》中几乎全部是中动态，关于这个词根，参考后藤敏文对梵语第一类动词的研究[①]。*rīriṣīṣṭa*，第三人称单数，重叠不定过去时的叹愿式（Prekativ），来自词根 *REṢ*“承受伤害”。

翻译分析：*énas*，根据邦威尼斯特（Benveniste）的研究，在搭配 *énas* 时，动词 *BHOJ* 应该翻译成“遭受，受苦”（subir, expier），并举了古阿维斯塔语中的例子 *aēnaŋhō būj-*“为罪行抵偿”[②]。因此，此处 *éno anyákṛtam* 意思为“由他人导致或引起的困境和不幸”。

*6.51.8ab náma íd ugráṃ náma ā́ vivāse námo dādhāra pṛthivī́m utá dyā́m* |

*6.51.8cd námo devébhyo náma īśa eṣāṃ kṛtáṃ cid éno námasā́ vivāse* ||

德语翻译：Die Anbetung ist mächtig, die Anbetung will ich gewinnen. Die Anbetung befestigt Erde und Himmel. Anbetung gebührt den Göttern, die Anbetung hat über sie Macht.（Obwohl）ein *énas* einmal getan wurde, versuche ich durch Anbetung zu gewinnen.

中文翻译：崇敬是强大的，我迫切地想赢得崇敬。崇敬加固大地和天空，崇敬属于众神，崇敬统治着他们。（虽然）曾经犯下一桩恶行，我迫切地想通过崇敬去赢得。

---

① Gotō, Toshifumi, *Die "I. Präsensklasse" im Vedischen : Untersuchung der vollstufigen thematischen Wurzelpräsentia*, Wien, Verlag der Österreichischen Akademie der Wissenschaften, 1987, pp.132-133. 该书 1996 年版只是增加了一个勘误表，主体内容没有变化。

② Benveniste, Émile, *Titres et Noms Propres en Iranien Ancien*, Paris: Libraire C, Klincksieck, 1966, p.114.

注释：*vivāse*，第一人称单数希求式（Desiderativ），来自词根 *VAN*“赢得”。*dādhāra*，第一人称单数完成时，来自词根 *DHAR*“加固，固定”，关于这个动词的完成时以及重叠音节中的长音问题，参考曲莫的详细研究①：“重叠元音的长音在印度伊朗语时期已经如此，参考古阿维斯塔语 *dādrē*，产生的元音可能是突出词形的现在时特征，受到例如 *vāvṛdh-*（来自词根 *vardh*‘增长’）的影响。”然而，雷努认为这一长音是受到加强式的影响②。

翻译分析：*énas* 在此处是一种“一般性的，未明确的恶行或错误行为”，雷努在其翻译中做了补充：“这桩曾经犯下的罪孽，我要通过崇敬从而能够（摧毁它）。”③

*6.74.3ab sómārudrā yuvám etā́ni asmé víśvā tanū́ṣu bheṣajā́ni dhattam |*

*6.74.3cd áva syatam muñcátaṃ yán no ásti tanū́ṣu baddháṃ kṛtám éno asmát ||*

德语翻译：Soma und Rudra! Bringet ihr unseren Leibern all diese Arzneien! Bindet ab, löset von uns *kṛtám éno*, das an unseren Körpern gebunden ist.

中文翻译：啊苏摩和鲁达罗，你们将全部的药物带给我们身体吧！从我们这里解开，消除产生的困境吧，它绑缚在我们的身体上。

注释：*syatam*，第二人称双数现在时命令式，来自词根 *SĀ*“连接”。

翻译分析：*énas*，此处 *énas* 表示“导致的困境和不幸”，因为它是附着身体上的或降临到身上的，且可以被祛除。

*7.18.18ab śáśvanto hí śátravo rāradhúṣ ṭe bhedásya cic chárdhato vinda rándhim |*

*7.18.18cd mártām̐éna stuvató yáḥ kṛṇóti tigmáṃ tásmin ní jahi vájram indra ||*

德语翻译：Einer nach dem anderen sollen ja die Feinde dir（schon immer）

① Kümmel, Martin Joachim, *Das Perfekt im Indoiranischen: eine Untersuchung der Form und Funktion einer ererbten Kategorie des Verbums und ihrer Weiterentwicklung in den indoiranischen Sprachen*, Wiesbaden: Reichert, 2000, p.264.

② Renou, Louis, *Grammaire de la Langue Védique*, Lyon: IAC,1952, p.275.

③ Renou, Louis, *Études Védiques et Pāṇinéennes V*, Paris: Institut de Civilisation Indienne de l'Université de Paris, 1959, p.36.

unterliegen. Finde du auch des überheblichen Bheda Unterwerfung! Wer an den lobsingenden Sterblichen*énas* begeht, auf den schleudere deine scharfe Keule, Indra!

中文翻译：敌人应当接二连三地向你屈服，让傲慢的贝达（Bheda）也向你屈服吧！谁如果对赞颂的凡人犯下恶行，就向他投掷你尖锐的金刚杵，啊因陀罗！

注释：*rāradhús*，对于这个词最直接和最简单的一种解释就是来自动词 *RANDH*“败于，屈服于”的完成时，第三人称单数形式，重叠音节的长音或许是受诗律的影响（*metri causa*），因为 *rāradhús* 处于音步的结尾（－u－u̲）。对这一词形，迪・乔皮那有详细的分析[①]：“① *rāradhús* 是词根 *radh-/randh-* 在印度文本中唯一出现的完成时形式（除去印度语法学文本）；②相比于其他的词干（使役式，不同形式的不定过去时）这是一个孤立的构词形式；③在 *rāradhús* 出现的诗中它之前有一系列的完成时形式。”基于这三点，可知 *rāradhús* 是一种在特定上下文中的新构词形（Augenblicksbildung）。尤其值得注意的是出现在第 2 音步的命令式 *vinda*“你找到！”和 *rándhim*“屈服”的搭配，意思是“贝达（Bheda）也应当屈服于因陀罗”，假设 *rāradhús* 的确是完成时的意思，即“所有的敌人都已经接二连三地屈服于因陀罗了”，那么第 2 音步的命令式就与之自相矛盾了，因为既然所有敌人都已经战败屈服的话，就不需要再说让贝达（Bheda）也屈服了。另外，在这一组诗句中从第 5 到第 20 句诗都有现在时的指令式形式[②]，因此 *rāradhús* 可以看作来自现在时派生词干的指令式形式[③]。事实上曲莫对于“指令式”解读的反对[④]只是基于加强式

① di Giovine, Paolo, *Studio sul Perfetto Indoeuropeo, Parte I*, (Biblioteca di Ricerche Linguistiche e Filologiche 26) Roma: Università di Roma «La Sapienza», 1990, p.325. 除此之外，还有第 324 页至第 328 页的其他重要分析。

② Hoffmann, Karl, *Der Injunktiv im Veda: eine synchronische Funktionsuntersuchung*, Heidelberg: Winter, 1967, pp.168-169.

③ di Giovine, Paolo, *Studio sul Perfetto Indoeuropeo, Parte I*, (Biblioteca di Ricerche Linguistiche e Filologiche 26) Roma: Università di Roma «La Sapienza», 1990, p.327.

④ Kümmel, Martin Joachim, *Das Perfekt im Indoiranischen: eine Untersuchung der Form und Funktion einer ererbten Kategorie des Verbums und ihrer Weiterentwicklung in den indoiranischen Sprachen*, Wiesbaden: Reichert, 2000, p.415 注释 751。

（Intensiv）一般的重音位置在重叠音节上，他并没有对上下文进行内容分析。

翻译分析：此处的 *énas* 表示“具体的恶行”，因为与之搭配的是现在时动词 *kṛṇóti*“作出，犯下”。

*7.20.1ab ugró jajñe vīríyāya svadhā́vāñ cákrir ápo náriyo yát kariṣyán* |

*7.20.1cd jágmir yúvā nṛṣádanam ávobhis trātā́ na índra énaso mahā́ś cit* ||

德语翻译：Der Gewaltige ist zur Heldentat geboren, der Beständige, der mannhafte Vollbringer des Werks, das er vollbringen will, der ewig jugendliche Besucher der Männersitzung in Gnaden, Indra ist uns ein Erretter auch aus *énaso mahā́ś cit*.

中文翻译：强大的为了英雄行为而出生，稳固的，具有男子气概的功绩完成者，他将会完成这项伟业。带着鼓励帮助，永远年轻的人类居所的拜访者。即便是某个巨大的困境，因陀罗也是我们的拯救者。

翻译分析：此处 *énas* 表示一种困境和不幸的境况，皮尼亚的解读也是如此：“伯德维茨也找到了有关 *énas* 来源的段落，这一来源是在 *énas* 承担者之外的。正如在诗句 7.20.1 中，一些词组所表达的是用于对抗 *énas* 的保护措施，在此因陀罗作为保护神和 *énas* 的解救者被呼唤。”①

*7.28.4ab ebhír na indra áhabhir daśasya durmitrā́so hí kṣitáyaḥ pávante* |

*7.28.4cd práti yác cáṣṭe ánṛtam anenā́ áva dvitā́ váruṇo māyī́ naḥ sāt* ||

德语翻译：In diesen Tagen sei uns hilfsreich, Indra, denn es werden die Völker rein, die falsche Freunde sind. Wenn der *anenā́*Varuṇa ein Unrecht entdeckt, so möge uns der listenreiche Varuṇa nochmals davon befreien.

中文翻译：在这些天里，啊因陀罗，协助我们，这些虚假的朋友一定要得到净化。当完美无瑕的波楼那（Varuṇa）发现了一桩违规之事，善于计谋的他也会再一次将我们释放。

注释：*pávante*，第三人称复数中动态，来自词根 *PAV*[1]“变得纯净”。*sāt*，第三人称单数不定过去时的指令式，来自动词 *SĀ*“绑缚，连接”。

① Pignal, Paul Michel, “*ā́gas-* et *énas-*, deux expressions védiques du péché?”, *Bulletin d'Études Indiennes* 24-25 (2006-2007), p.219.

翻译分析：*anenā́*，作为波楼那神的别称，可以译为“完美无瑕”的。

*7.52.2ab mitrás tán no váruṇo māmahanta śárma tokā́ya tánayāya gopā́ḥ* |

*7.52.2cd mā́ vo bhujema anyájātam éno mā́ tát karma vasavo yác cáyadhve* ||

德语翻译：Mitra und Varuṇa, sollen unserem Nachkommen und Fortdauer diesen Schutz gewähren, die Hüter. Nicht wollen wir *anyájātam énas* wider euch büßen, noch wollen wir das tun, was ihr Gutenbestraft.

中文翻译：米特拉和波楼那神（Mitra und Varuṇa），应该为我们的后代和延续提供这个保护，啊保护者。我们不想在你们这里遭受由他人引发的不幸，我们也不想做你们会惩罚的事情。

注释：*māmahanta*，第三人称复数完成时的指令式，来自词根 *MAṂH*“赠予，提供”，参见曲莫的研究[①]。*karma*，第一人称复数词根不定过去时的指令式，来自词根 *KAR*“做”，参见霍夫曼（Hoffmann）的研究[②]。*cáyadhve*，第二人称复数现在时命令式，来自动词 *CAY*“惩罚”，此处米特拉和波楼那神代表了全体的阿底提耶神（Āditya），所以动词用复数形式。

翻译分析：*anyájātam énas*，表示“由他人引起的不幸处境”，参见本文“概述”中的讨论。

*7.58.5ab tā́m̐ ā́ rudrásya mīḷhúṣo vivāse kuvín náṃsante marútaḥ púnar naḥ* |

*7.58.5cd yát sasvártā jihīḷiré yád āvír áva tád éna īmahe turā́ṇām* ||

德语翻译：Diese（Söhne）des Lohnherren Rudra will ich gewinnen; gewiss werden die Marut sich uns wieder zuneigen. Wenn die heimlich, wenn die offen Zorn hegen, so bitten wir den Übermächtigen *énas* ab.

中文翻译：我迫切想要赢取这些财富主鲁达罗（Rudra）的（儿子们），玛鲁特神（Marut）们肯定会再次靠向我们的。当他们秘密地或公开

① Kümmel, Martin Joachim, *Das Perfekt im Indoiranischen: eine Untersuchung der Form und Funktion einer ererbten Kategorie des Verbums und ihrer Weiterentwicklung in den indoiranischen Sprachen*, Wiesbaden: Reichert, 2000, pp.353-355.

② Hoffmann, Karl, *Der Injunktiv im Veda: eine synchronische Funktionsuntersuchung*, Heidelberg: Winter, 1967, p.51.

地愤怒时，在极强者们这里我们恳求消除这一困境。

注释：*vivāse*，第一人称单数希求式（Desiderativ），来自词根 *VAN*“赢得”。*náṃsante*，第三人称复数 *s*- 不定过去时的虚拟式，来自词根 *NAM*“弯腰，倾向于”，参见纳腾（Narten）对此的分析①。*īmahe*，第一人称复数现在时直陈式，来自词根 *YĀ*“请求”，与此词根同源的还有吐火罗语 B（库车语）动词 *yāsk*-“请求”，参见克劳泽（Krause）的《西吐火罗语 — 动词》②，两者都来自原始印欧语词根 **i̯eh₂*-“恳求”，详见《印度日耳曼语动词词典》③。

翻译分析：根据皮尼亚④和伯德维茨⑤的解读，此处的 *énas* 并非“人类的罪行”（human sin），而是指“玛鲁特神们的愤怒”（renvoie ici à la colère des Marut）。伯德维茨补充道：“动词 *ava-yā*‘恳求消除’的宾语是这些神愤怒的结果，其表现形式就是 *énas*。”⑥因此，此处 *énas* 表示“困境，不幸的处境”。

*7.86.3ab pr̥ché tád éno varuṇa didŕ̥kṣu úpo emi cikitúṣo vipŕ̥cham |*

*7.86.3cd samānám ín me kaváyaś cid āhur ayáṃ ha túbhyaṃ váruṇo hr̥ṇīte ||*

德语翻译：Ich frage mich neugierig nach dem *énas*, o Varuṇa, ich wende mich an die Kundigen, sie zu befragen.Auch die Weisen sagen mir ganz dasselbe: Dieser Varuṇa grollt dir.

中文翻译：怀着好奇心，我询问这困境的原因，啊波楼那，我转向博识的人，去询问他们。智慧之人也告诉我完全同样的事情：这位波楼那神

---

① Narten, Johanna, *Die Sigmatischen Aoriste im Veda*, Wiesbaden: Otto Harrassowitz, 1964, p.158 ff.

② Krause, Wolfgang, *Westtocharische Grammatik / Band 1 Das Verbum*, Heidelberg, Winter, 1952, p.273.

③ Kümmel, Martin, Helmut Rix, *Lexikon der indogermanischen Verben. Die Wurzeln und ihre Primärstammbildungen*, Wiesbaden: Dr.Ludwig Reichert Verlag, 2001, pp.310-311.

④ Pignal, Paul Michel, “*ā́gas*- et *énas*-, deux expressions védiques du péché?” , *Bulletin d'Études Indiennes* 24-25 (2006-2007), p.219.

⑤ Bodewitz, Hendrik Wilhelm, “The Vedic concepts *ā́gas* and *énas*” , *Indo-Iranian Journal* 49 (2006), p.248.

⑥ Bodewitz, Hendrik Wilhelm, “The Vedic concepts *ā́gas* and *énas*” , *Indo-Iranian Journal* 49 (2006), p.248.

对你愤怒。

注释：*-pṛ́cham*，动词 *PRAŚ*“询问”的不定式。

翻译分析：参考诗句 7.58.5，此处 *énas* 表示“困境，悲惨的处境”。

*7.86.4ab kím ā́ga āsa varuṇa jyáyiṣṭhaṃ yát stotā́raṃ jíghāṃsasi sákhāyam |*

*7.86.4cd prá tán me voco dūḷabha svadhāvo áva tvānenā́ námasā turá iyām ||*

德语翻译：Was war das größte *ā́gas*, Varuṇa, daß du deinen Freund, den Sänger töten willst? Sage mir das an, du Untrüglicher, Eigenmächtiger! Ich möchte *anenā́* rasch unter Verbeugung zu dirhingehen.

中文翻译：什么曾是最大的恶行，啊波楼那，以至于你迫切想要杀死赞颂者你的朋友？请将它告诉我吧，啊无法被欺骗的，啊独立自主的！对此罪行没有责任的我希望快速地带着这个致敬向你走去。

注释：*vocas*，第二人称单数重叠不定过去时的指令式，来自动词 *VAC*“说”。*iyām*，第一人称单数祈愿式（Optativ），根据麦耶 - 布吕格（Meier-Brügger）的研究[①]，来自词根 *AY*“走”。

翻译分析：参考第 2 音步，可知第 1 音步中的 *ā́gas* 是波楼那愤怒的原因，所以 *ā́gas* 的意思为“恶行，过失”。第 4 音步中的 *anenás* 一词是“我”的同位语，所以是描述“我”的状态，可以翻译成“对此罪行和过失没有责任的”。

*7.88.6ab yá āpír nítyo varuṇa priyáḥ sán tuvā́m ā́gāṃsi kṛṇávat sákhā te |*

*7.88.6cd mā́ ta énasvanto yakṣin bhujema yandhí ṣmā vípra stuvaté várūtham ||*

德语翻译：Wenn einintimer Freund, o Varuṇa, obwohl（dir）lieb ist, gegen dich *ā́gāṃsi* tun wird,（obwohl）dein Gefolgsmann, sollen wir nicht als *énasvantas* dir, o Monströser, büßen.

① Meier-Brügger, Michael, *Konjunktiv und Optativ im Rigveda, eine morphologische Studie*, Habilitationsschrift, Zürich, 1981 (未出版的教授资格论文), p.9。

Reiche allemal als Erregter dem Lobpreisendenden Schutz dar!

中文翻译：如果一位自己亲密的朋友，啊波楼那，即便他（对你）是心爱的，将对你做出恶劣的行为，（即便是）你的追随者，作为因此遭受厄运的人，啊巨大的/纠正错误的，我们也不应该受到惩罚。作为受激者无论何时都为赞颂者提供保护！

注释：关于这一组诗句，最重要的阐释和分析研究当为后藤敏文于2000年发表的论文《〈梨俱吠陀〉第七书第88组诗中的安住和波楼那——安住祭司职能及其印度伊朗背景》①。上述德语翻译主要参考后藤敏文论文中的译文。*kṛṇávat*，来自词根 *KAR*“做，实施”现在时词干的虚拟式，表示将来的动作。*bhujema*，来自词根 *BHOJ*“受到惩罚”不定过去时语干的祈愿式（Optativ），参考霍夫曼的研究，这是一种基于印度伊朗语法律用语的变形②。

翻译分析：第2音步中的 *ā́gāṃsi* 一词意思为“具体的恶行”，因为后面搭配了动词 *KAR*“做，实施”的现在时形式。*yakṣin-*，作为波楼那神的称号，来自动词词根 *YAKṢ*“出现，显现”，*yakṣa-*“现象，神奇现象”，汉语中的“夜叉”为其音译。雷努在其著名的《吠陀和波你尼研究》（*Études Védiques et Pāṇinéennes*）③中对这一词提出了自己的阐释：“*yakṣin* 与动词 *bhuj-*‘抵赎，偿还’一同出现，根据7.61.5（sic!）中 *yakṣáṃ bhuj*‘承受隐藏的东西’④或‘遭受邪恶的巫术’⑤这一词组，

① 后藤敏文，“Vasiṣṭha und Varuṇa in RV VII 88 - Priesteramt des Vasiṣṭha und Suche nach seinem indoiranischen Hintergrund”，*Indoarisch, Iranisch und die Indogermanistik*, Wiesbaden: Reichert Verlag, 2000, pp.147-161.

② 后藤敏文，“Vasiṣṭha und Varuṇa in RV VII 88 - Priesteramt des Vasiṣṭha und Suche nach seinem indoiranischen Hintergrund”，*Indoarisch, Iranisch und die Indogermanistik*, Wiesbaden: Reichert Verlag, 2000, p.156；Hoffmann, Karl, *Der Injunktiv im Veda : eine synchronische Funktionsuntersuchung*, Heidelberg: Winter, 1967, pp.95-97.

③ Renou, Louis, *Études Védiques et Pāṇinéennes I-XVII*, Paris: Institut de Civilisation Indienne de l'Université de Paris, 1955-1969.

④ Geldner, Karl Friedrich, *Der Rig-VedaFünfter bis achter Liederkreis*, Cambridge, Massachusetts: Harvard University Press, 1951, p.76.

⑤ Witzel, Michael, 后藤敏文，Salvatore Scarlata, *Rig-Veda : das heilige Wissen ; dritter bis fünfter Liederkreis*, Berlin: Verlag der Weltreligionen, 2013, p.320.

*yakṣin* 的意思是‘持有错误的’，即‘纠正错误的’。”① 雷努此处所引的诗句“7.61.5”② 中并无“*yakṣáṃ bhuj*”这一词组，当为“5.70.4”，诗句为 *mā́ kásya adbhutakratū yakṣám bhujemā tanū́bhiḥ mā́ śéṣasā mā́ tánasā*。正如皮尼亚所指出的③，此处 *énas* 与 *ā́gāṃsi*“所作的恶行”相对应，可能表示恶行带来的影响。因此，*énasvantas* 此处表示“陷于悲惨境地或困境的”，第3音步的意思是：由于所作的恶行，我们现在已经处于困境之中，但是事实上我们并不愿意承受这样的困苦。

*7.89.5ab yát kíṃ cedáṃ varuṇa daíviye jáne abhidrohám manuṣíyāś cárāmasi |*

*7.89.5cd ácittī yát táva dhármā yuyopimá mā́ nas tásmād énaso deva rīriṣaḥ ||*

德语翻译：Was auch immer hier, o Varuṇa, gegen das Geschlecht der Götter an Trug wir Menschen begehen, womit wir durch Einsichtslosigkeit deine Satzungen verwischt haben, laß uns nicht um dieses *énas* willen Schaden leiden, o Gott.

中文翻译：即便我们人类在此对神圣民族所做的恶劣亵渎行为，啊波楼那，如果我们在无知的情况下破坏了你的法规，你不应该因为这桩恶行带给我们伤害，啊神！

注释：*cárāmasi*，第一人称复数现在时虚拟式，来自词根 *CAR*$^{I}$“运动，走动”。*abhidrohám*，根据雷努的解释④，以 *-am* 结尾的绝对式（Absolutiv）这一可能性要排除，因为重音在最后一个音节上（Oxyton）。*yuyopimá*，第一人称复数完成时，来自词根 *YOP*“解除，革除”，关于词根 *YOP* 的具体含义，参

① Renou, Louis, *Études Védiques et Pāṇinéennes VII*, Paris: Institut de Civilisation Indienne de l'Université de Paris, 1960, p.26.

② 7.61.5 诗句原文为 *ámūrā víśvā vr̥ṣaṇāv imā́ vāṃ ná yā́su citráṃ dádr̥śe ná yakṣám | drúhaḥ sacante ánr̥tā jánānāṃ ná vāṃ niṇyā́ni acíte abhūvan ||*

③ Pignal, Paul Michel, “*ā́gas*- et *énas*-, deux expressions védiques du péché?”, *Bulletin d'Études Indiennes* 24-25 (2006-2007), p.219.

④ Renou, Louis, *Études Védiques et Pāṇinéennes VII*, Paris: Institut de Civilisation Indienne de l'Université de Paris, 1960, p.27.

见曲莫对于吠陀梵语中的完成时的研究，此处德译也基于曲莫彼处的译文①。

翻译分析：此处 *tásmād énaso* 表示由人类对神圣种族所作的恶行或者对此恶行要承担的责任。

*8.18.12ab tát sú naḥ śárma yachata ā́dityā yán múmocati |*

*8.18.12cd énasvantaṃ cid énasaḥ sudānavaḥ ||*

德语翻译：Gewähret uns fein diesen Schutz, o Aditya´s, der selbst *énasvantaṃ* von *énasaḥ* befreit, ihr Gabenschöne.

中文翻译：请保证为我们提供这个保护，啊阿底提耶神（Ā́ditya），它②将犯下恶行的人从困境中解脱出来，啊有美好礼物的你们!

注释：*yachata*，第二人称复数现在时命令式，来自词根 *YAM*“拿住，提供”，通过原始印欧语 *-skê/o-* 后缀从原始印欧语词根 **i̯em-*“延伸，伸出去”构成的现在时词干，对应的晚期阿维斯塔语形式是 *-yasaiti*“（他）拿住，拿走”，参见《印度日耳曼语动词词典》第 312 页③。

翻译分析：此处 *énas* 表示产生的困境和不幸，而 *énasvantaṃ* 表示“犯下恶行的人”，此人应当对所犯的恶行负责。据曲莫对吠陀完成时的研究，此处 *múmocati* 一词在功能上与现在时无异，但是他对 *múmocati énasvantaṃ cid énasaḥ* 的翻译是“从恶行中解脱作恶之人”（daß er befreie auch den Frevler vom Frevel）④，这点需要修正，因为这里 *énas* 并非具体的恶行。

*8.47.8ab yuṣmé devā ápi ṣmasi yúdhyanta iva vármasu |*

*8.47.8c-f yūyám mahó na énaso yūyám árbhād uruṣyata aneháso va ūtáyaḥ suūtáyo va ūtáyaḥ ||*

德语翻译：Bei euch, ihr Götter, finden wir Zuflucht wie die Kämpfer in

---

① Kümmel, Martin Joachim, *Das Perfekt im Indoiranischen: eine Untersuchung der Form und Funktion einer ererbten Kategorie des Verbums und ihrer Weiterentwicklung in den indoiranischen Sprachen*, Wiesbaden: Reichert, 2000, pp.410-411.

② 即这种保护。

③ Kümmel, Martin, Helmut Rix, *Lexikon der indogermanischen Verben. Die Wurzeln und ihre Primärstammbildungen*, Wiesbaden: Dr.Ludwig Reichert Verlag, 2001, p.312.

④ Kümmel, Martin Joachim, *Das Perfekt im Indoiranischen: eine Untersuchung der Form und Funktion einer ererbten Kategorie des Verbums und ihrer Weiterentwicklung in den indoiranischen Sprachen*, Wiesbaden: Reichert, 2000, p.382.

den Panzern. Ihr befreiet uns von großem, ihr von kleinem *énasas*. - Tadellos sind eure Hilfen, guthelfend sind eure Hilfen.

中文翻译：在你们这里，啊众神，我们获得了庇护，就像战士在盔甲之中。你们将我们从大大小小的困境中解脱出来。你们的协助是无懈可击的，你们的协助是非常有益的。

注释：对于诗句的前半部分，雷努有一个更加贴近字面的翻译："我们依附在你们这里，啊众神，就像战斗者之于（他们的）铁甲"［C'est à vous, dieux, que nous adhérons, comme des combattants à（leurs）cuirasses.］①。

翻译分析：*énas* 此处表示"困境和糟糕的处境"。

*8.67.7ab ásti devā aṃhór urú ásti rátnam ánāgasaḥ |*

*8.67.7cd ā́dityā ádbhutainasaḥ ||*

德语翻译：O Götter, es gibt Befreiung aus Not, Belohnung des *ánāgasaḥ*, o Aditya´s, die *ádbhutainasaḥ*!

中文翻译：啊众神，存在脱离困境的解脱，是对于没有犯下恶行者的奖励（馈赠），啊阿底提耶神，任何恶行都无法对其造成伤害的！

注释：*ádbhuta-* 来自词根 *DABH*"伤害，损伤"，表示"无法向其施加（伤害）的"（dem man nichts anhaben kann）②。

翻译分析：*ánāgasaḥ*，表示"没有犯下恶行的人"。*ádbhutainasaḥ*，盖尔德纳的翻译是"在他那里觉察不到罪的"（an dem keine Sünde wahrgenommen wird），雷努的翻译是"在他那里看不到罪孽的"（en qui nul péché n'est visible），他还补充道："*ádbhutainas* 更多的时候是阿底提耶神的称号"［ici, épithète, soit des Ād., soit（moins vraisemblablement）de l'homme］③。玛亚侯法在字典中给出的翻译是"对他，恶行无法施加任何

① Renou, Louis, *Études Védiques et Pāṇinéennes V*, Paris: Institut de Civilisation Indienne de l'Université de Paris, 1959, p.104.

② Mayrhofer, Manfred, *Etymologische Wörterbuch des Altindoarischen I*, Heidelberg: Carl Winter Universitätsverlag, 1992, p.64.

③ Renou, Louis, *Études Védiques et Pāṇinéennes VII*, Paris: Institut de Civilisation Indienne de l'Université de Paris, 1960, p.96.

东西的”（dem Frevel nichts anhaben kann）[①]。考虑到 *ádbhuta-* 一词的含义，可知在复合词 *ádbhutainas* 中，*énas* 表示“具体的恶行”，复合词整体表示“任何恶行都无法对其造成伤害的”。

*8.67.17ab śáśvantaṃ hí pracetasaḥ pratiyántaṃ cid énasaḥ* |

*8.67.17cd dévāḥ kṛṇuthá jīváse* ||

德语翻译：Ihr Fürsorglichen, einen nach dem anderen, wenn er von *énasas* zurückkommt, lasset leben, ihr Götter.

中文翻译：啊亲切关怀的，如果他们不再想去犯下恶行，请你们让他们一个接一个地生存下去，啊众神。

注释：关于 *śáśvant-*“大量的，不停地，一个接一个地”的具体含义，参见克林恩施密特（Klingenschmitt）在《慕尼黑语言学研究》（期刊缩写为 *MSS*）1975 年第 33 期第 67 至第 78 页的研究[②]。

翻译分析：此处 *pratiyántaṃ cid énasaḥ* 的翻译依据盖尔德纳对此句的注释，意思是“不想再继续作恶的人，已经对此悔过的人”（wenn er nur von seiner Sünde zurückkommt, d.h. sie bereut oder sühnt）[③]。因此，*énas* 此处表示“具体的恶行”。

*10.36.9ab sanéma tát susanítā sanítvabhir vayáṃ jīvā́ jīvā́putrā ánāgasaḥ* |

*10.36.9cd brahmadvíṣo víṣvag éno bharerata tád devā́nām ávo adyā́ vṛṇīmahe* ||

德语翻译：Wir möchten das durch leichten Gewinn mit den Gewinnern gewinnen, wir selbst lebend, mitlebenden Söhnen, *ánāgasaḥ*. Die Feinde des heiligen Worts sollen *énas* nach verschiedenen Seiten tragen. - Diese Gunst der Götter erbitten wir heute.

中文翻译：我们希望通过轻松的获胜和获胜者一同赢取它，我们自己

---

① Mayrhofer, Manfred, *Etymologische Wörterbuch des Altindoarischen I*, Heidelberg: Carl Winter Universitätsverlag, 1992, p.268.

② Klingenschmitt, Gert, “Altindisch *śaśvat-*”, *Münchener Studien zur Sprachwissenschaft* 33 (1975), pp.67-78.

③ Geldner, Karl Friedrich, *Der Rig-Veda II*, Cambridge, Massachusetts: Harvard University Press, 1951, p.391.

活着，和生活着的儿子一起，没有犯下恶行的人们。梵（*brahma*）的敌人应当自己带着困境去往四面八方。我们今天恳求众神的这项恩惠。

注释：第 1 音步中出现了押头韵（Alliteration），有三个词开头都是"*s*"。*susanítā*，单数工具格，来自 *susaníta* 一词，对于 *susanítā* 这个词，盖尔德纳的翻译是"通过轻松的获胜"（in leichtem Gewinn），雷努的翻译是"通过幸运的获胜"（d' un heureux gain）①，《梵语语法》中给出的翻译是"通过慷慨乐施"（mit Freigebigkeit）②。*sanítvabhir*，雷努将 *sanítvabhir* 译为"以获胜者的地位"（en qualité de gagnants），盖尔德纳和玛亚侯法都将 *sanítvan-* 译为"获胜者"（Gewinner）③，盖尔德纳认为此处是指第 2 音步中提到的"儿子"（*jīváputräs*）④。*víṣvag*，来自 *víṣu-*"向各个方向"（nach verschiedenen Seiten），雷努提示道⑤："这是为了明确 *ví*（*-bhr̥-*）的意思，参考 1.191.14c *tā́s te viṣā́ṃ ví jabhrira*。" *bharerata*，第三人称复数现在时祈愿式，来自动词 *BHAR*"运送，带来"，根据洛伊曼（Leumann）的研究⑥，动词结尾 *-rata* 通过发音关联（Klangassoziation）而产生，这样的结尾早期出现于从 **aśera* 延伸出的形式 *aśeran* 和 *aśerata*"他们躺着"。

翻译分析：*ánāgasaḥ* 一词就像在诗句 8.67.7 中的一样，表示"没有犯下恶行的人"。*énas* 在此处表示"因敌视梵而产生的困境"。

*10.37.12ab yád vo devāś cakr̥má jihváyā gurú mánaso vā práyutī devahéḷanam |*

*10.37.12cd árāvā yó no abhí duchunāyáte tásmin tád éno vasavo ní*

---

① Renou, Louis, *Études Védiques et Pāṇinéennes V*, Paris: Institut de Civilisation Indienne de l'Université de Paris,1959, p.52.

② Wackernagel, Jacob, Albert Debrunner, *Altindische Grammatik, Band II, 2 Die Nominalsuffixe*, Göttingen: Vandenhoeck & Ruprecht, 1954, p.31.

③ Mayrhofer, Manfred, *Etymologische Wörterbuch des Altindoarischen II*, Heidelberg: Carl Winter Universitätsverlag, 1996, p.696.

④ Geldner, Karl Friedrich, *Der Rig-Veda III*, Cambridge, Massachusetts: Harvard University Press, 1951, p.188 注释部分。

⑤ Renou, Louis, *Études Védiques et Pāṇinéennes IV*, Paris: Institut de Civilisation Indienne de l'Université de Paris,1958, p.115.

⑥ Leumann, Manu, *Morphologische Neuerungen im altindischen Verbalsystem*, Amsterdam: KNAW, 1952, p.19.

*dhetana* ||

德语翻译：Was wir euch, ihr Götter, als schweres Götterärgernis mit der Zunge oder aus der Fahrlässigkeit des Geistes angetan haben, das *énas* leget auf den Mißgünstigen nieder, ihr Vasu´s, der uns Unheildroht!

中文翻译：我们对你们，啊众神，通过舌头或者由于精神上的疏忽所犯下的激怒众神的事情，你们将这个悲惨不幸置于这个人上吧，他对我们充满敌意并制造灾祸，啊波苏们（Vasu）!

注释：*práyutī*，*práyuti*“疏忽”的单数工具格。*duchunāyáte*，来自名词 *ducchúnā-*“灾祸，不幸的行为”的动名词（Denominativ）。*árāvā*，来自 *rāvan*“（慷慨）给予的”的否定形式（动词词根 *RĀ*“给予，赠送”[①]），本意为“不给予的”。

翻译分析：*énas*，因斯勒[②]分析认为，诗句 1.189.1 中的 *juhurāṇám énas* 等同于此处的 *devahéḷanam*（*énas*），但是彼处的 *énas* 表示“悲惨的处境，困境”，而此处的 *devahéḷanam* 表示“激怒众神的行为”，因为两处所搭配的动词不同，句法不同，因此词义也不一样，详见本文的第三部分。第 4 音步中出现的 *énas* 表示“困境，不幸”。

*10.63.8ab yá ī́śire bhúvanasya prácetaso víśvasya sthātúr jágataś ca mántavaḥ* |

*10.63.8cd té naḥ kṛtā́d ákṛtād énasas pári adyā́ devāsaḥ pipṛtā suastáye* ||

德语翻译：Welche über die（ganze）Welt vorausdenkend herrschen, über alles was steht und geht als Sorger, ihr Götter, rettet uns heute aus *kṛtā́d* und *ákṛtād énasas* zum Heile!

中文翻译：深谋远虑地统治（整个）世界，一切动静之物的顾虑者，啊众神，今天将我们从自己制造的厄运和别人制造的厄运中解脱出来，获

① Mayrhofer, Manfred, *Etymologische Wörterbuch des Altindoarischen II*, Heidelberg: Carl Winter Universitätsverlag, 1996, pp.442-443.

② Insler, Stanley, “Vedic *juhuras, juhūrthās, juhuranta and juhurāṇá-*”, *Journal of American Oriental Society*, 88 (1968), 2, p.221.

得安康！

注释：*ī́śire*，第三人称复数中动态完成时，来自词根 *ĪŚ*“统治，拥有权力”，关于这一词根完成时的详细讨论，参见曲莫的分析[①]，他对于中动态的形式存疑，因为这一词根所构成的是“状态完成时”（Zustandsperfekt），并不需要再用中动态形式。*prácetaso*，这个词也可以理解成单数属格形式，修饰前面的 *bhúvanasya*，*bhúvanasya prácetaso* 整体表示“智慧的世界”。

翻译分析：根据萨亚那的注释，*kṛtā́d* 是指“身体的”（*kāyikāt*），而 *ákṛtād* 是指“没有通过手足等实施的，即精神的”（*karacaraṇādibhir akṛtāt ... kiṃtu mānasāt*），因此 *kṛtā́d énasas* 表示“身体上或物理上的恶行”，而 *ákṛtād énasas* 表示“精神上的恶行”。诚然，萨亚那的注释只是一种可能的解释，而伯德维茨提出了另一种解读[②]，他（皮尼亚也表示赞同）基于 *anyákṛtam énaḥ* 和 *anyájātam énaḥ* 两组词的几乎同义性，认为 *kṛtam* 并非“实施，做出”，而是“导致，造成”的意思。因此，*énas* 在此处表示“一种波及承受者的苦难状态，厄运”，*kṛtám énaḥ* 描述了由自己所作恶行导致的后果，即 *kṛtám énaḥ* 的意思为 *svákṛtam énaḥ*。相应地，*ákṛtam énaḥ* 的意思是 *anyákṛtam énaḥ*“由他人引起的厄运”，但是这依然只是一种解读方式。维策在对诗句 1.24.9 中出现的 *kṛtáṃ cid énaḥ* 所作的注释[③]中也提到了“nicht getanem Übel”，即“未通过行动的恶事”，比如诽谤。

*10.79.6ab kíṃ devéṣu tyája énaś cakartha ágne pṛchā́mi nú tuvā́m ávidvān |*

*10.79.6cd ákrīḷan krī́ḷan hárir áttave 'dán ví parvaśáś cakarta gā́m ivāsíḥ ||*

德语翻译：Welche Verlassenheit[④], welches *énas* hast du unter den Göttern

---

① Kümmel, Martin Joachim, *Das Perfekt im Indoiranischen: eine Untersuchung der Form und Funktion einer ererbten Kategorie des Verbums und ihrer Weiterentwicklung in den indoiranischen Sprachen*, Wiesbaden: Reichert, 2000, pp.123-124.

② Bodewitz, Hendrik Wilhelm, “The Vedic concepts ā́gas and énas”, *Indo-Iranian Journal* 49 (2006), p.243.

③ Witzel, Michael, Toshifumi Gotō, *Rig-Veda. Das heilige Wissen. Erster bis zweiter Liederkreis*, unter Mitarbeit von Eijirō Dōyama 堂 山 英 次 郎 und Mislav Ježić, Frankfurt am Main und Leipzig: Verlag der Weltreligionen, 2007, p.515.

④ 这一翻译基于奥登贝格（Oldenberg）的解读，参见 Oldenberg, Hermann, *Ṛgveda VI, 1-20*, ZDMG 55 (1901), p.282.

bereitet? Agni, ich frage nun dich unwissend. Nicht spielend, spielend hat der Goldfarbige zum Essen zahnlos（das Holz）stückweise zerschnitten wie das Schlachtmesser ein Rind.

中文翻译：你在众神之中引起了怎样的抛弃和困境？啊阿格尼，不知情的我现在问你。不玩耍的，在玩耍的金黄色的，一块一块地粉碎了（木头）吃着，就像屠宰刀（切碎）牛一样。

注释：*áttave*，词根*AD*“吃”的不定式。*cakarta*，词根*KART*“切割，分开”的完成时，为吠陀梵语新构词形①。

翻译分析：*tyájas*，根据洪达（Gonda）的研究②，*tyájas*一词具有两种意思：①放弃的行为，抛弃；②被抛弃的状态。考虑到奥登贝格（Oldenberg）的解读，此处*tyájas*一词应该表示“被抛弃的状态”。因此，*énas*一词在此处应该更可能表示“困境，苦难，悲惨的境况”。曲莫此处将*tyájas*译为“困境”（Not）③，将*énas*译作“恶行”。

*10.128.4ab máhyaṃ yajantu máma yā́ni havyā́ ā́kūtiḥ satyā́ mánaso me astu |*

*10.128.4cd éno mā́ ní gāṃ katamác canā́háṃ víśve devāso ádhi vocatā naḥ ||*

德语翻译：Für mich sollen sie opfern, mein sind alle Opferspenden. Die Gestalt meines Geistes soll zur Wahrheit werden. Nicht möchte ich in irgendeinen *énas* geraten; ihr Götter alle, Verteidigt uns!

中文翻译：他们要为了我祭祀，所有的祭祀贡品都是我的，我精神的形态会变得真实。我不想陷于任何的困境苦难之中，你们全部的众神，为我们辩护！

注释：*gāṃ*，第一人称单数词根不定过去时的指令式，来自词根

① Kümmel, Martin Joachim, *Das Perfekt im Indoiranischen: eine Untersuchung der Form und Funktion einer ererbten Kategorie des Verbums und ihrer Weiterentwicklung in den indoiranischen Sprachen*, Wiesbaden: Reichert, 2000, pp.138-139.

② Gonda, Jan, “The Vedic Concept of aṃhas”, *Indo-Iranian Journal* 1 (1957), 33-60, p.52.

③ Kümmel, Martin Joachim, *Das Perfekt im Indoiranischen: eine Untersuchung der Form und Funktion einer ererbten Kategorie des Verbums und ihrer Weiterentwicklung in den indoiranischen Sprachen*, Wiesbaden: Reichert, 2000, p.139.

*GĀ*“踏，跨步”。*naḥ*，此处盖尔德纳依据诗句前面的单数人称代词 *máhyaṃ, máma* 和 *me*，认为此处当是复数第一人称形式表示单数，所以将 *ádhi vocatā naḥ* 翻译为“seid meine Verteidiger”，但是在《梵语语法》① 和《梵语句法》② 中，并没有将此处列出，且瓦克纳格尔（Wackernagel）认为这一现象出现于吠陀散文中，例如《百道梵书》（*Śatapatha Brāhmaṇa*，缩写为 *ŚB*）14.9.1.6 中 *nas*“我们”和 *aham*“我”同时交替使用。

翻译分析：*énas* 此处表示“困难，困境，糟糕的状态”。

*10.132.4ab asā́v anyó asura sūyata dyaús tuváṃ víśveṣāṃ varuṇāsi rā́jā* |

*10.132.4cd mūrdhā́ ráthasya cākan naítā́vatā énasā āntakadhrúk* ||

德语翻译：Jener Andere, der Himmel, wurde zum Königtum angetrieben, o Asura; du, Varuṇa, bist König über alle. An der Spitze stehend findest du Gefallen an dem Wagen. Nicht（ist）mit einem derartigen *énasā* der gegen eine eidliche Abmachung Trügende behaftet.

中文翻译：那个其他的，啊阿修罗，天被推至王权。你，啊波罗那，是统治一切的王。站在顶端，你对战车感到满意。违背宣誓过协定的欺骗者没有遭受这样的困境。

注释：*sūyata*，第三人称单数被动形式，来自词根 *SAV*[1]“授予或推至王权”。*cākan*，来自词根 *KAN*[1]“对某事满意”，德尔布吕克（Delbrück）③ 认为这是一个加强式（Intensiv），因为重叠音节中是长音，但是此处并无加强的含义。提莫（Thieme）④ 认为，这是一个完成过去时（Perfektpräteritum），应该翻译成“曾经对其满意”。研究吠陀梵语中的加强式（Intensiv）的专家谢费（Schaefer）认为，这一形式的归类是有争

① Wackernagel，Debrunner, *Altindische Grammatik, Band III, Nominalflexion-Zahlwort-Pronomen*, Göttingen: Vandenhoeck & Ruprecht, 1930, p.453; 雅各布·瓦克纳格尔、阿尔伯特·德布卢纳尔：《梵语语法》，中西书局，2016。

② Delbrück, Berthold, *Altindische Syntax*, Halle: Verlag der Buchhandlung des Waisenhauses, 1888, p.204.

③ Delbrück, Berthold, *Das Altindische Verbum*, Halle: Verlag der Buchhandlung des Waisenhauses, 1874, p.132.

④ Thieme, Paul, *Das Plusquamperfektum im Veda*, Göttingen: Vandenhoeck & Ruprecht,1929, p.39.

议的，因为“在语法书和二手文献中有时被归为完成时，有时被归为加强式”①。曲莫②对于这个完成时形式中重叠音节里的长音提出了两种可能的解释，一种是来自原始印欧语词根开头的喉音（Laryngal），第二种是通过类比构造的形式。对于第一种解释，并没有其他证据；而对于第二种，曲莫反驳了克里施（Krisch）所提出的产生影响的词形 *vāvṛs-*（来自词根 *VARṢ*“振作，鼓起勇气”），而认为可能是受意思更为接近的词根 *RAṆ*(*1*)“高兴，满意”的完成时形式 *rārán̩-* 的影响。*āntakadhrúk*，根据艾希那-曲恩（Eichner-Kühn）的研究③，*āntaka* 为 **ānta-* 加上后缀 *-ka*，而前者则是来自词根 *AM*[1]“抓住，协力，宣誓”，参见霍夫曼（Hoffmann）对这个词的详细研究④。因此，*āntakadhrúk* 的意思是“违背宣誓过的协定的，欺骗的”。*mūrdhā́ ráthasya*，艾希那-曲恩认为是阿格尼（Agni）的称号，因为在诗句 10.132.7 中阿格尼（Agni）被称作 *dhūrṣád*“坐在辕杆上的”，即位于祭祀车的顶端，但是雷努提到⑤在诗句 8.67.13 中，阿底提耶神被称作“人类种族的首领”（*mūrdhā́naḥ kṣitīnā́m*）。

翻译分析：*énas* 在此处意为“困境，不幸的境地”。关于此处的工具格 *énasā*，路德维希（Ludwig）提示可以参考《鹧鸪氏集》(*Taittirīya-Saṃhitā*) II, 6, 10, 2 和 VI, 3, 10, 1 中的 *énasā*（*bhavati*）“遭受困苦”。

*10.132.5a asmín sú etác chákapūta éno hité mitré nígatān hanti vīrā́n* |

*10.132.5c avór vā yád dhā́t tanū́ṣu ávaḥ priyā́su yajñíyāsu árvā* ||

德语翻译：In diesem Śakap ū ta（ist）ganz dieses *énas*, er tötet die Männer, die in einem geschlossenen Vertrag geraten sind, oder wenn der Renner in seinen

---

① Schaefer, Christiane, *Das Intensivum im Vedischen*, Göttingen: Vandenhoeck & Ruprecht,1994, p.27.

② Kümmel, Martin Joachim, *Das Perfekt im Indoiranischen: eine Untersuchung der Form und Funktion einer ererbten Kategorie des Verbums und ihrer Weiterentwicklung in den indoiranischen Sprachen*, Wiesbaden: Reichert, 2000, pp.130-133.

③ Eichner-Kühn, Ingrid, “Ein Eidbruch im Rgveda”, *Münchener Studien zur Sprachwissenschaft* 41 (1982), pp.23-31.

④ Hoffmann, Karl, “Materialien zum altindischen Verbum”, *Zeitschrift für vergleichende Sprachforschung* 83 (1969), pp.193-210.

⑤ Renou, Louis, *Études Védiques et Pāṇinéennes VII*, Paris: Institut de Civilisation Indienne de l’ Université de Paris, 1960, p.64.

lieben opferwürdigen Formen die Hilfe der beiden setzt.

中文翻译：这罪行的责任完全在这个粪净（Śakapūta）上，他杀死了处于协定中的人，或者如果奔跑者将对这两者的帮助置于钟爱的值得祭祀的形态中。

注释：*avór*，根据玛亚侯法的解释①，*avós* 是通过同化（Assimilation）来自 *ayós*“他们两者的”；《梵语语法》② 中的解释为来自代词 *avá-*“那个”。*śákapūta*，意为“通过粪获得净化的”，是米特拉（Mitra）的称号③。根据玛亚侯法有关吠陀人名的研究，这个名字由两部分构成，即 *śákar- / śákn-*“粪便”和动词*pav*[1]*/pūtá-*“变得纯净”④。粪便在印度是一种天然的燃料，同时也具有净化的能力。

翻译分析：此处 *énas* 表示“对于某桩罪行的责任”。

## 三　结构分析和句法细节问题

*énas* 一词及其派生词大多数情况下出现于诗句的第二部分，而 *énas* 出现于诗句第 1 和第 2 音步的情况只占到全部 36 句中的 10 句。在 *énas* 出现于诗句后半部分的 26 句诗句中，诗句的前半部分一般作为一种“序曲”或“引子”出现，介绍诗句内容的背景或突出涉及的特征。例如在诗句 1.24.9 中，前半部分内容为 *śatáṃ te rājan bhiṣájaḥ sahásram urvī́ gabhīrā́ sumatíṣ ṭe astu*“你拥有百种千种药，啊王！愿你的恩惠广阔和深远”，由于这些事实或特征，在第 4 音步的祈祷 *kṛtáṃ cid énaḥ prá mumugdhi asmát*“甚至将产生的厄运也从我们这里消除”才成为一个合适和无可厚

① Mayrhofer, Manfred, *Etymologische Wörterbuch des Altindoarischen III*, Heidelberg: Carl Winter Universitätsverlag, 2001, p.135.

② Wackernagel/Debrunner, *Altindische Grammatik, Band III, Nominalflexion-Zahlwort-Pronomen*, Göttingen: Vandenhoeck & Ruprecht, 1930, p.535；雅各布·瓦克纳格尔、阿尔伯特·德布卢纳尔：《梵语语法》，中西书局，2016。

③ Oldenberg, Hermann, *Ṛgveda: Textkritische und exegetische Noten, Siebentes bis Zehntes Buch*, Berlin: Weidmannsche Buchhandlung, 1912, p.349.

④ Mayrhofer, Manfred, *Die Personennamen in der Ṛgveda-Saṃhitā, Sicheres und Zweifelhaftes,* München: Verlag der Bayerischen Akademie der Wissenschaften, 2003, p.90.

非的请求，祈祷的对象众神也应该不会拒绝。在诗句 1.24.14 中第 3 音步——“啊贤明的阿修罗，为了我们而统治着”（*kṣáyann asmábhyam asura pracetā*）——的作用则是这样的铺垫；在诗句 4.12.4 中，第 1 和第 2 音步是引子：*yác cid dhí te puruṣatrā́ yaviṣṭha ácittibhiś cakṛmā́ kác cid ā́gaḥ*“因为如果即便是我们，就像在人类中发生的，由于无知对你已经犯下某桩恶行”。

和下述动词搭配时 *énas* 的意思是“导致的不幸，影响行为者的困境”（由于自身或者别人犯下的恶行），其中还可以按语义类别分为：①解除困境；②陷入困境；③遭受困境，承担不幸。具体情况如下，①表达的意思是“解除困境；避开不幸和困境”：*uruṣy-*“解除”，*uruṣyata*（8.47.8d）；*PAR*“越过，带着离开”，*pipṛtā*（10.63.8d）；*MOC*“松开”，*prá-mumugdhi*（1.24.9d），*muñcátam*（6.74.3c），*múmocati*（8.18.12b）；*YAV*“阻止，避开”，*yuyodhí*（1.189.1c）；*ŚRATH*[I]“变宽松”，*śiśrathas*（1.24.14d），*ví-śiśrathas*（4.12.4d）；*SĀ*“绑缚”，*áva-syatam*（6.74.3c），*áva-sāt*（7.28.4d）。②表达的意思是“陷入困境”：*AR*“移动”，*ā́-aran*（1.125.7a）；*GAM*“走”，*ní-gāṃ*（10.128.4c）。③表达的意思是“遭受困境”：*BHOJ*“受到惩罚”，*bhujema*（6.51.7a，7.52.2c，7.88.6c）；*BHAV*[1]“成为”，*naítā́vatā énasā*（*bhávati*）（10.132.4d）；*DHĀ*“放置”，*ní-dhetana*（10.37.12d）；*BHAR*“带来，运送”，*bharerata*（10.36.9c）。

在与以下动词搭配时 *énas* 的意思是“恶行，恶劣的行径”：*KAR*“做”，*kṛṇvántam*（2.28.7b），*kṛṇóti*（7.18.18c），*cakartha*（10.79.6a），*cakṛmá*（10.37.12a）；*AY*“走”，*pratiyántaṃ*（8.67.17b）。

此外，在与以下动词搭配时 *énas* 的意思还可能是“对于恶行和困境的责任”：*BHAR*“带来，运送”，*abhí-bhárāti*（5.3.7a）；*AS*“是”，*asmín sú etác chákapūta éno*（10.132.5a）。

## 四　诗律分析

36 句中的 26 句是用“三呼律”（Triṣṭubh）创作，它的基本节奏是

4×11 个音节，每一个音步中在第 4 或第 5 个音节处会有停顿（caesura），最后 4 个音节（cadence）是- u -u̲（“-” 表示长音节，“u” 表示短音节，“u̲” 表示可长可短）。有 4 句是“地律”（Jagatī），即 7.89.5，10.36.9，10.37.12 和 10.63.8，其基本节奏为 4 ×12 个音节，每一个音步最后 5 个音节是- u - u u̲。有两句是“歌律”（Gāyatrī），即 8.67.7 和 8.67.17，其基本节奏为 3×8 个音节，最后 4 个音节为 u - u u̲。有一句是“双呼律”（Anuṣṭubh），即 3.33.13，其基本节奏为 4×8 个音节，每一个音步最后 4 个音节是 u - u u̲。

## 五　关于 *énas* 的一些重要信息

*énas*“困境”的来源如下。

① *ácittibhiś*“源于无知”（4.12.4b）；② *ayáṃ ha túbhyaṃ váruṇo hṛṇīte*“这位波楼那神对你愤怒”（7.86.3d）；③ *brahmadviṣ*“梵（*brahma*）的敌人”（10.36.9c）；④ *āntakadhrúk*“违背宣誓过协定的欺骗者”（10.132.4d）；⑤ *hité mitré nígatān hanti vīrā́n*“他杀死了处于协定中的人”（10.132.5b）。

所谓“恶行”的具体形式如下。

① *aghá́śaṃsa-*“诽谤者”（5.3.7b）；② *ácittī yát táva dhármā yuyopimá*“我们在无知的情况下破坏了你的法规”（7.89.5c）；③ *jihváyā...mánaso vā práyutī*“通过舌头或者由于精神上的疏忽”（10.37.12 ab）。

“解除困境的途径”有如下几种。

① *námobhir yajñébhir havírbhiḥ*“通过致敬，通过祭祀，通过呼唤”（1.24.14ab）；② *bhū́yiṣṭhāṃ námaüktiṃ*“最伟大的致敬词”（1.189.1d）；③ *námasā*“通过致敬”（6.51.8d；7.86.4d）。

## 六　总结

吠陀梵语 *énas* 一词的德语翻译一般为“Sünde, Frevel”，法语翻译为

“péché, faute”，英语翻译为“sin, guilt”，但是这些翻译用词包含了多重语义，既可以表示“违背法则的行为，恶劣行径”，也可以表示“由于触犯规则而处于的困境和不幸”，正如吠陀梵语的 *énas* 和中文的“罪”。事实上，如果是出于用词精简和文字游戏的需要，的确可以在翻译中只使用“Sünde”，“péché”，“sin”或者“罪”，但是本文试图通过细致的语文学分析，解释每一处出现的 *énas* 一词具体特定的含义，而通过语言学和句法分析，可以发现在特定的语境和动词搭配情况下，*énas* 的含义是有规律可循的。综上所述，在整部《梨俱吠陀》中出现的 *énas* 一词共有三种可能的解释，其中前两种占绝大多数情况：①一种违反（尤其是神所规定的）规则的行为，恶劣的行为；②由于恶行所导致的，影响行为者和他人的不幸或悲惨境地（由他人或者行为者自己所犯下的恶行所导致的）；③对于不幸和恶行应当承担的责任。

责任编辑：李灿

# "Crime and Punishment" in the *Rigveda* — On the Meaning of Vedic *énas*

*Pan Tao*

**Abstract:** The present article is a detailed philological and linguistic investigation of the Vedic word *énas*, focusing on its occurrence in the *Rigveda*. Based on the advanced western Vedic scholarship all the verses containing *énas* and its derivatives are translated into Chinese, accompanied by short commentaries elucidating the lexical and semantic difficulties involved. Instead of the ambivalent or even polyvalent renderings, e.g. German"Sünde", French"péché" and English"sin", found in the authoritative translations the Vedic word *énas* is given here a more concrete and neutral translation, and two most frequent precise renderings are: firstly, a terrible and bad act/behavior against rules and secondly, the unlucky and tragical situation caused by the terrible acts/ behaviors. A third possibility is the"responsibility for the unluckiness and the terrible acts".

**Keywords:** *énas*; *ā́gas*; *Rigveda*; Vedic

# 印度佛教晚期论师智称人物考

陆辰叶 *

【摘　要】智称是一位印度佛教晚期显密兼修的论师。经过对相关梵文、藏文和汉文资料的考察，他的著作、确切名称、活跃年代、师承关系等历史问题得到了一定的考证。智称的梵文名应为 Jñānakīrti，生活年代约为 10 世纪下半叶至 11 世纪上半叶的波罗王朝，曾作《入真实论》《波罗蜜多乘修习次第口诀》，区别于藏译名同为 Ye shes grags pa 的《本生赞》作者。智称身负两系传承：一系是以龙树为源头的辞句传承，智称在该系中有弟子宝藏寂，再传弟子慈护（即不二金刚）等；另一系是以维摩长者为源头的大手印传承，在该系中慈护弟子是智称。

【关键词】智称　波罗王朝　《入真实论》　大手印

## 引　言

通常认为，印度佛教晚期是显密并重的时代，声闻乘其实也保持着

* 陆辰叶，复旦大学文史研究院博士后，研究方向为梵藏佛教文献、梵汉对音等。

一定的影响力。多罗那他（Tāranāta）在《印度佛教史》中曾对智称所处的时代流行的教法做了如下概括：七波罗王时代，密咒与大乘教法都很兴盛，一般来说，声闻乘也算兴盛，不过国王们等一切善士信奉的都是大乘佛教。大乘佛教在最初以讲解各种经典（sūtra）为主，也顺带解说注疏 / 论（śāstra），但之后，除了般若学之外，其余均颠倒了过来，开始流行讲解听受诸位阿阇黎对经典的注疏。① 大乘佛教的两大流派，即中观派与瑜伽行派，在思想的理论化发展之路上已达到一定高度，并且有融为一体的趋势，瑜伽行与中观派的宗义分别，便是这种趋势的力证。就修行实践而言，当时盛行的密教修法有大手印教法、那若六法等。就信奉的典籍而言，如《摄真实论》（*Tattvasaṃgraha*）、《秘密集续》（*Guhyasamājatantra*）、《喜金刚本续》（*Hevajratantra*）等。智称就生活在崇尚佛教的古印度波罗王朝。考察这位陌生的佛教先贤，有助于填补我们对印度佛教晚期历史的认识空白，同样有助于理解藏传佛教大手印教法的来源等问题。

有关智称的研究，目前只有少数西方学者有所涉猎。Klaus-Dieter Mathes 指出，慈护（Maitrīpa）融合显密来成就大手印，并提及智称《入真实论》中修习波罗蜜多也可证实大手印的说法。②Mathes 也阐明了《入真实论》中关于趣入真实的三种路径，指出藏地重要译师廓译师・童吉

① 藏文：pā la bdun… de dag tu yang sngags dang thegs chen lhag par dar zhing | nyan thos sde yang spyir shin tu dar bar yod mod | rgyal po la sogs po skye bo bzang tshad theg chen mchod | theg pa chen po'i yang sngon mdo rnams nyid gtso bor 'chad cing | dgongs 'grel zhar byung du 'chad pa las | phyis nas sher phyin tsam ma gtogs | go bzlog pa'i tshul gyis slob dpon rnams kyi gzhung rnams la 'chad nyan gtso bo'i dar ro |，参见打热纳塔（Tāranātha）《印度佛教史》（*rGya gar chos 'byung*），四川民族出版社，1986，第 245 页。英译参见 Lama Chimpa, Alaka Chattopadhyaya trans., Debiprasad Chattopadhyaya ed., *Tāranātha's History of Buddhism in India*, Delhi: Motilal Banarsidass, 1990, p. 256。汉译参见多罗那他《印度佛教史》，张建木译，四川民族出版社，1988，第 194 页。

② Mathes, Klaus-Dieter, "Blending the Sūtras with the Tantras: The Influence of Maitrīpa and His Circle on the Formation of Sūtra Mahāmudrā in the Kagyu Schools" , in Ronald M. Davidson and Christian K. Wedemeyer eds., *Tibetan Buddhist Literature and Praxis: Studies in Its Formative Period, 900–1400*, Proceedings from the Tenth Seminar of the International Association of Tibetan Studies, Leiden, Boston: Brill, 2006, pp. 201-227.

祥在注释《宝性论》时曾引用该论作为显教大手印的理论支持。①Karl Brunnhölzl 简要指出《入真实论》对《般若经》《楞伽经》的引用等。②索罗宁（Solonin）介绍了鲜见的西夏所传大手印文本《大手印究竟要集》，将文本所撰的大手印宗承提取出来，其中包括了智称。在该文本中，智称属于大手印传承第六代，他受教于慈护，后传法给语主。另外，索罗宁的研究也涉及了西夏文大手印文献与《大乘要道密集》的关系。③相关研究不充分的原因，可能是由于留存资料的缺乏以及研究者未能掌握梵文、古藏文、西夏文等相关古代语言文献。

## 一 名下作品

目前已知，智称的著作仅仅保留了藏译本，尚未发现梵文著作存世。在藏文大藏经丹珠尔（bsTan 'gyur）的目录中，可以看到署名为 Ye shes grags pa（意为"智称"）的著作有三部，依次为：

1.《本生赞》（Skt. *Jātakastva*，Tib. *sKyes pa rabs kyi bstod pa*，德格版 No. 1178，Ka. 255b4-257b7）；

2.《入真实·善逝无余言教略摄释论》（Skt. *Tattvāvatārākhyāsakalasugatavācasaṃkṣiptavyākhyāprakaraṇa*，Tib. *De kho na nyid la 'jug pa zhes bya ba bde bar gshegs pa'i bka' ma lus pa mdor bsdus te bshad pa'i rab tu byed pa*，德格版 No. 3709，Tsu. 39a2-76a4，简称《入真实论》），

3.《波罗蜜多乘修习次第口诀》（Skt. *Pāramitāyānabhāvanākramopadeśa*，Tib. *Pha rol tu phyin pa'i theg pa'i bsgom pa'i rim pa'i man ngag*，德格版 No.

① Brunnhölzl, Karl, *Straight from the Heart: Buddhist Pith Instructions*, Ithaca, New York, Boulder, Colorado: Snow Lion Publications, 2007，pp. 135-136.

② Mathes, Klaus-Dieter, *A Direct Path to the Buddha within: Gö Lotsāwa's Mahāmudrā Interpretation of the Ratnagotravibhāga*, Boston: Wisdom Publications, 2008，pp. 34-45，367-410.

③ Solonin, K. J："Mahāmudrā Texts in the Tangut Buddhism and the Doctrine of 'No-thought'"，《西域历史语言研究集刊》2009 年第 2 辑，第 277~305 页；索罗宁：《西夏文"大手印"文献杂考》，载沈卫荣主编《汉藏佛学研究：文本、人物、图像和历史》，中国藏学出版社，2013，第 235~266 页。

3922=4542，Ki. 72b5-77b3）。[①]

第一部作品较早受到关注。H. W. Bailey 在寻找于阗文的《本生赞》的对应梵文时注意到了这部双语文献，并根据德格版丹珠尔编校了《本生赞》，将藏文字母撰写为拉丁字母，1939 年发表了校勘文章[②]，但 Bailey 没有给出译文。1955 年，美国学者 Mark J. Dresden 出版了于阗文的《本生赞》的精校本，内容包括编校、音译及语法分析等。[③] 于阗文的《本生赞》内容与之大相径庭，是敦煌藏经洞出土的文献，抄写年代为 10 世纪中期。[④]

学术界对另两部作品的研究很少。迄今为止，尚未发现《入真实论》与《波罗蜜多乘修习次第口诀》的存世梵文文本。有一些研究在讨论大手印（Mahāmudrā）教法时会涉及《入真实论》，但尚无《入真实论》的藏译本校勘整理，也未见《波罗蜜多乘修习次第口诀》的校勘整理与研究。

笔者对这部《入真实论》的内容做了梳理，初步科判如下，供参考：

序分
  名义
  开篇颂
正分
  甲一、总说

① 参见宇井伯寿等编《德格版·西藏大藏经总目录》，台北：华宇出版社，1988，第 191、557、592 页。本文中藏文篇目的汉译名为笔者自译。

② H. W. Bailey, "The Jātaka-Stava of Jñānayaśas", *Bulletin of the School of Oriental Studies, University of London* 9/4 (1939), pp. 851-860. 之后 Shackleton Bailey 也发表了同名文章：D.R. Shackleton Bailey, "The Jātakastava of Jñānayaśas", in Johannes Schubert and Ulrich Schneider eds., *Asiatica: Festschrift Friedrich Weller zum 65. Geburtstag gewidmet von seinen Freunden, Kollegen un Schülern*, Leipzig: Otto Harrassowitz, 1954, pp. 22-29。该文据悉对 Bailey 的校对有所订正，笔者未觅得该文全文。

③ Mark J. Dresden, "The Jātaka-Stava or 'Praise of the Buddha's Former Births': Indo-Scythian (Khotanese) Text, English Translation, Grammatical Notes, and Glossaries", *Transactions of the American Philosophical Society* 45/5(1955), pp. 397-508.

④ 于阗文《本生赞》最新的研究，参见段晴《木球之喻》，载程彤主编《丝绸之路上的照世杯——"中国和伊朗：丝绸之路上的文化交流"国际研讨会论文集》，中西书局，2016，第 31~40 页。

乙一、差别决定（dBye ba'i rnam par nges pa）

乙二、师法决定（sLob dpon gyi tshul zhes bya ba'i rnam par nges pa）

乙三、共通教法（Thun mong bstan pa zhes bya ba）

甲二、别说

乙一、密咒门之行品（gSang sngags kyi sgo'i spyod pa kyi le'u）

丙一、宣说上根行者口诀（sPyod pa dbang po rab kyi man ngag bstan pa）

丙二、宣说中根行者口诀（sPyod pa'i dbang po bar ma'i man ngag bstan pa）

丙三、宣说下根行者口诀（sPyod pa'i dbang po tha ma'i man ngag bstan pa）

乙二、般若波罗蜜多不退转相品（Shes rab pha rol tu phyin pa'i phyir ma ldog pa'i rtags kyi le'u）

丙一、宣说殊胜口诀（mChog gi man ngag bstan pa）

丙二、宣说中根口诀（dBang po bar ma'i man ngag bstan pa）

丙三、宣说下根修行（dBang po tha ma'i spyod pa bstan pa）

乙三、离贪之道（'Dod chags dang bral ba'i lam）

末义

据此可知，《入真实论》的作者试图将大手印教法融于密乘、大乘与声闻乘三者的理论思想之中，以其独到的诠释方式向不同根器的信徒传授佛法。

对智称其名的确切拼写，尚有一些分歧。在著名佛教学者 Dan Martin 所编撰的梵藏文献目录（*Tibskrit*）中，智称的梵文名有两种可能，一是"Jñānayaśas"，其依据是梵藏双语《本生赞》的跋；二是"Jñānakīrti"，这种回译是基于学者们对《入真实论》的研究。[①] 不过，Dan Martin 有将两人

① Dan Martin, *Tibskrit 2014*, unpublished, pp. 1259-1260.

混同的嫌疑。后两篇从内容上说，是关于修习次第的教法，和赞颂类的《本生赞》在内容关联性上不那么密切。同一个藏译名有两个对应梵文名的情况，加上内容差异的问题，令人对归于智称名下的三部著作产生了疑问：三部著作是否为同一人所作？其梵文名究竟为何？由此，又将涉及智称的活跃年代与师承关系等问题。以下将根据有关的梵、藏、汉文本进一步分析探讨。

## 二　智称其名

藏文 Ye shes grags pa，译为智称，毋庸置疑。然其梵文名本应如何？Jñānayaśas 与 Jñānakīrti 是不是同一个人？哪个名字是正确的？由于作者自述或他人专门书写的传记资料较难发现，为了证明两者关联，可以从研究其著作本身入手。

依次来看，一方面，《本生赞》（*Jātakastva*）在藏文大藏经中是一篇较为少见的梵藏双语著作，其行文的第一行是梵文，第二行是藏文，交替出现，并且皆用藏文字母书写。这部双语文献的跋中，明确写明作者梵文名为 Jñānayaśas，藏译名为 Ye shes grags pa，具体跋文转写如下：

【梵文】jātakastaba ācāyā jñānayaśasaḥ ||

【藏文】skyes rabs kyi bstod pa slob dpon ye shes grags pas mdzad pa'o ||①

【汉译】智称阿阇黎造《本生赞》。②

可以明确的是，名为 *Jātakastva* 即《本生赞》的文献有两种，其一是丹珠尔中梵藏双语文献，其二是于阗文文献。两者作者不同，仅丹珠尔中《本生赞》的作者梵文名为 Jñānayaśas。

还有一种可能：《本生赞》作者 Jñānayaśas 是否与翻译《大云经》的那

① Jātakastaba 即 Jātakastava。根据德格版编校引用，原文参见 *sKyes pa rabs kyi bstod pa* (*Jātakastva*), sDe dge bsTan 'gyur, No. 1178, Ka. 257b6-7。就该跋文，Bailey 之后又发表过文章：H.W. Bailey, "The Colophon of the Jātaka-stava", *Journal of the Greater India Society* 11-12 (1944-1945), pp. 10-12。笔者尚未觅得该文全文。

② 本文中标明的【汉译】部分与正文中引用的梵藏文献内容，皆由笔者自译为汉文，下同。

位北周译经僧阇那耶舍有关？《佛光大辞典》中，阇那耶舍的梵文名有两种，一是 Jinayaśas，二是 Jñānayaśas。阇那耶舍的生平资料不多，一般认为其乃北周时期来自中印度摩揭陀国的僧人，其弟子耶舍崛多与阇那崛多更出名一些。《续高僧传》中说："摩伽陀国禅师阇那耶舍，周言藏称"。① 《开元释教录》中言："沙门阇那耶舍，周言藏称，亦曰胜名。"②"胜名"可对应 Jinayaśas，这点较易理解。"藏称"一名如何对应"阇那耶舍"，则不明确。总之，《本生赞》与《大云经》的两位作者可能只是恰巧同名，就著作内容而言，仍有区别。

另一方面，《入真实论》与《波罗蜜多乘修习次第口诀》则都是译自梵文的藏文文献。在《入真实论》的藏译中，对作者的称呼有一些细微的差别：前三品的小结与跋都提到作者，前三品提到的名称是"slob dpon ye shes grags pa"（轨范师智称），而跋中的名字是"slob dpon dpal ye shes grags pa"（轨范师吉祥智称）。《波罗蜜多乘修习次第口诀》的跋中使用的称呼为"slob dpon chen po dpal ye shes grags pa"。③ 两篇都多了一个"dPal"（吉祥），这使得有些学者将智称的梵文名回译为"Śrī Jñānakīrti"。在涉及《入真实论》的研究中，学者们更普遍将智称的梵文名写作"Jñānakīrti"。"Śrī/dPal"可能只是对智称的一种尊称。

根据以上文献，只能判断出存在 Jñānayaśas 与 Jñānakīrti 两种意义相近的梵文名称，对应两位不同的印度高僧，dPal/Śrī 体现了两者的区别。本文所研究的智称，其梵文名更倾向于使用"Jñānakīrti"。

另外，汉地早有僧人法号为"智称"，刘宋至南齐时人，一般将其称为"安乐寺智称"或"智称律师"。慧皎《高僧传》中有智称的传记，即《释智称十二》；唐代道宣《广弘明集》中也有《南齐安乐寺律师智称法师行状》。④ 这位汉地"智称律师"显然早于印度大乘佛教晚期的"智称论师"。

---

① （唐）道宣：《续高僧传》，T 50，No. 2060，p. 429c2。

② （唐）智升：《开元释教录》，T 55，No. 2154，p. 545a12。

③ *Pha rol tu phyin pa'i theg pa'i bsgom pa'i rim pa'i man ngag*，德格版 No. 3922，Ki. 77b2-3。

④ 参见（梁）慧皎：《高僧传》，T 50，No. 2059，p. 402b2-c2；（唐）道宣：《广弘明集》，T52，No. 2103，p. 268c12-269c4。

## 三 活跃年代

就智称的生卒年而言，西方学界有些不同的看法。学者 Karl Brunnhölzl 认为 Jñānakīrti 是 8~9 世纪人士。[①] 这个判断没有给出相应的依据。《入真实论》与《波罗蜜多乘修习次第口诀》皆由莲生铠（Padmākaravarma）和宝贤（dGe slong Rin chen bzang po，又译为仁钦桑波）合作翻译而成，鉴于《入真实论》的译者之一宝贤生卒年为 958~1055 年，由此学者 Klaus-Dieter Mathes 推测智称可能是 10 世纪或 11 世纪之人。[②] 确切地说，因为宝贤是译者，作者的生卒年可能与之相去不远。《入真实论》另一位译者莲生铠的生平目前不详。因此，智称生卒年很可能早于《本生赞》的作者，于是有了继续考证智称生卒年的必要性。

鉴于丹珠尔收录了智称的著作，从藏传佛教资料入手考察智称生卒年成为可能。最早可考的藏地资料来自藏传佛教格鲁派宗喀巴大师（Tsong kha pa，1357~1419 年）。他在《菩提道次第广论》（*Lam rim chen mo*）与《密宗道次第广论》（*sNgags rim chen mo*）中都提到了智称论师。《菩提道次第广论》卷十四云：

> 若不以思择引发轻安，建立为观者，则先修止，次乃修观，全无正理。若不如是次第而修，亦不应理。《解深密经》说，要依奢摩他乃修毘钵舍那。又“依前而生后”，说六度中静虑与般若之次第，及依增上定学而生增上慧学之次第，皆先修止而后修观。又如前引《菩萨地》文，《声闻地》亦说，当依奢摩他而修毘钵舍那。《中观心论》及《入行论》、《修次三编》、智称论师、寂静论师等，皆说先修奢摩他已，后修胜观。故印度少数论师，有说无须别求正奢摩他，最初即以观慧思择，亦能引生毘钵舍那者，违诸大辙所造论典，非诸智者可凭信处。[③]

---

① Karl Brunnhölzl, *Straight from the Heart: Buddhist Pith Instructions*, Ithaca, New York, Boulder, Colorado: Snow Lion Publication, 2007, p. 135.

② Klaus-Dieter Mathes, *A Direct Path to the Buddha within: Gö Lotsāwa's Mahāmudrā Interpretation of the Ratnagotravibhāga*, Boston: Wisdom Publications, 2008, p. 2, 423, note 9.

③ 宗喀巴：《菩提道次第广论》，法尊译，B 10，No. 67，pp. 717b13-718a1。

这是宗喀巴在开示次第决定时的一段论述，表明先修“止”（Skt. śamatha，Tib. zhi gnas，音译奢摩他，又译寂止），次修“观”（Skt. vipaśyanā，Tib. lhag mthong，音译毘钵舍那，又译胜观）的次第。这一观点在印度论师清辨（Bhāviveka，约 490~570 年）《中观心论》（Skt. *Madhyamakahṛdayakārikā*）、寂天（Śāntideva，约 685~763 年）《入行论》（Skt. *Bodhisattvacaryāvatāra*）、莲花戒（Kamalaśīla，约 740~795 年）的三篇《修习次第》（Skt. *Bhāvanākrama*，Tib.*bsGom pa rim pa*，三篇统称《修次三编》），以及智称和宝藏寂（Ratnākaraśānti，或称 Śāntipa，意译即寂静论师，10~11 世纪）等处都得到了印证。这也从一定意义上说明，智称是在宝藏寂之前或同时期之人。

藏传佛教觉囊派第二十八代法主多罗那他（Tāranātha，1575~1635 年）也有关于智称的记载。多罗那他的《七系付法传》（*bKa' babs bdun ldan gyi brgyud pa'i rnam thar*，1600 年，又名《宝源录》）中，则明确写到了智称与宝藏寂之间有直接的传承关系。多罗那他记载的印度佛教密宗七个传承脉络中的第六系辞句传承，即续释传承（Tib. rgyud kyi bshad pa'i brgyud pa，the Lineage of Tantra exposition），其中有许多释论由那若巴（Nāropa）和慈护（Maitrīpa，即 Maitrīgupta，又名“不二金刚”）传出。这一系中，有一支教法是由龙树（Nāgārjuna）传给圣天（Āryadeva），再传给罗睺罗（Rārula），再传给月称（Candrakīrti），再传给光生（Prabhākara），再传给智称，再传给宝藏寂。① 这意味着，智称与宝藏寂二人的生年相去不远。虽然是师徒关系，但也不排除两者中智称较为年轻的可能。

---

① 藏文：bka' babs drug pa ni tshig gi brgyud pa yin te | de yang tshig gi brgyud pa byas kyang | rgyud kyi bshad pa'i brgyud pa yin gsung | de la rgyud mang po zhig gi bshad bka' | na ro pa dang | mai trī pa gnyis la bzhugs | yang 'ga' zhig ni klu sgrub kyis ā rya de ba la bshad | des sgra gcan 'dzin la bshad | des zla ba grags pa la bshad | des 'od zer 'byung gnas la bshad | des ye shes grags pa la bshad | des shā nti pa la bshad |，参见 Tāranātha, *Two Sources for the History of Buddhist Tantrism in India: The Bka' babs bdun ldan gyi brgyud pa'i rnam thar and the Gshin rje gshed skor gyi chos 'byung*, Palampur: Tibetan Craft Community, 1970, pp. 44b4-5。英译参见 David Templeman trans. and ed., *The Seven Instruction Lineages by Jo Nang Tāranātha*, Dharamsala: Library of Tibetan Works & Archives, 1983, p. 66。汉译参见多罗那他《七系付法传》，郭元兴译，B 11，No. 69，pp. 28b17-19。在汉译中，郭元兴将宝藏寂的名字音译为“扇底波”（Śāntipa）。

在《印度佛教史》（*rGya gar chos 'byung*，1608年）中，多罗那他认为，在印度波罗王朝时期的摩酰波罗王（Mahīpāla，地护）执政52年，大约和西藏赞普赤热巴巾（Khri ral）同时去世，智称等人在摩酰波罗王治下出世。[①] 波罗王朝是指8~12世纪统治古印度东北部的重要王朝，其辖地即如今的孟加拉国（Bangladesh）与印度比哈尔邦（Bihar）大部分地区，因此从现代意义上讲，智称或可算作孟加拉国人。然而，多罗那他对波罗王朝的纪年把握不准，《七系付法传》的英译者David Templeman也如此认为。[②] 多罗那他在《印度佛教史》中对古印度朝代和国王名号、在位时间等的记录，和其他藏传史籍及当代的印度历史研究成果都有所差距。此处摩酰波罗王和赤热巴巾的年代无法对应上。赤热巴巾，即赤祖德赞（Khri gtsug lde brtsan）的俗称，其生卒年约为806~841年。也就是说，在多罗那他看来，摩酰波罗王的生卒年或活跃年代大概也在9世纪上半叶，因而智称大约也是9世纪上半叶之人。

关于波罗王朝的国王问题，根据更早的蔡巴·贡噶多吉（Tshal pa Kun dga' rdo rje，1309~1364年）《红史》（*Der ther dmar po*）中的印度王统简述，玛希拔拉（即摩酰波罗王）为“七拔拉王”中的第四位。这个王朝中有七位大力拥护佛教的国王，因而后世并称“七拔拉王”。七拔拉王在位时，所有圣贤都降临世间。[③] 拔拉，即波罗，是梵文pāla的不同音译。《红史》中东嘎·洛桑赤列的注释写道：玛希拔拉的执政时间应为

① 藏文：de nas rgyal po ba na pā la'i sris ma hi pā la zhes pa byung | rgyal srid lo lnga btsu nga gnyis mdzad | rigs rtsis su byas na rgyal po 'di 'das tsam na | bod na btsan po khri ral yang sku 'das pa tsam gyi dus yin no | … ye shes grags pa la sogs pa'ang 'da skabs byon par mngon |，参见打热纳塔（Tāranātha）《印度佛教史》（*rGya gar chos 'byung*），四川民族出版社，1986，第272~273页。英译参见Lama Chimpa, Alaka Chattopadhyaya trans., Debiprasad Chattopadhyaya ed., *Tāranātha's History of Buddhism in India*, Delhi: Motilal Banarsidass, 1990, pp. 284-285。汉译参见多罗那他《印度佛教史》，张建木译，四川民族出版社，1988，第215~216页。

② David Templeman trans. and ed., *The Seven Instruction Lineages by Jo Nang Tāranātha*, Dharamsala: Library of Tibetan Works & Archives, 1983, p. 119, note 204.

③ 蔡巴·贡嘎多吉：《红史》，东嘎·洛桑赤列校注，陈庆英、周润年译，西藏人民出版社，1988，第9页。

872~922年。[①] 换言之，摩酰波罗王应是9世纪下半叶至10世纪上半叶之人，智称比摩酰波罗王所生时代较晚，但也应在9~10世纪。若此，多罗那他对摩酰波罗王的年代判断比实际早了一个世纪。可是，现代学者对古代印度史的记录也并非如东嘎·洛桑赤列那样。这里的摩酰波罗王是指摩酰波罗一世，其在位时间虽无定论，但一般认为其执政48年，应在988~1038年。[②]

因此，如果多罗那他对智称等人在摩酰波罗王时代出生的记载可靠，智称便应活跃于10世纪下半叶至11世纪上半叶，即与宝藏寂、阿底峡等同时代。

值得一提的是，《本生赞》的作者与智称所处的年代也相去甚远。《本生赞》的译者法护贤（Dharmapālabhadra，Chos skyong bzang po），又被称为夏鲁大译师（Zha lu Lo tsā ba），为15~16世纪人士，生卒年约为1439/1441~1526年。[③] 法护贤在文法学方面的贡献较为突出，著有《西藏的缀字论——善说宝箧庄严》（*Bod kyi brda'I bstan bcis legs par bshad pa rin po che'i za ma dog bkod pa zhes bya ba*）与《三十颂与性入法意义略释——具慧生欢喜》（*Sum cu pa dang rtags 'jug gi don nyung ngur bshad pa*

---

① 蔡巴·贡嘎多吉:《红史》，东嘎·洛桑赤列校注，陈庆英、周润年译，西藏人民出版社，1988，第157~158页。该版本中误将“922”写作“622”。

② 关于摩酰波罗一世的在位时间，988~1038年是比较公认的说法，参见Hermann Kulke and Dietmar Rothermund, *A History of India* (Fourth Edition), London and New York: Routledge, 2004, p. 378。另有其他几种说法：Chowdhury认为是995~1043年，参见Abdul Momin Chowdhury, *Dynastic History of Bengal*, (*c. 750-1200 A. D*), Dacca: Asiatic Society of Pakistan, 1967, p. 273；Majumdar认为是988~1036年，参见Ramesh Chandra Majumdar, *History of Ancient Bengal*, Calcutta: G. Bharadwaj and Co., 1974, reprint, p. 162；Sinha认为是980~1035年，参见Bindeshwari Prasad Sinha, *Dynastic History of Magadha, Cir. 450-1200 A.D.*, New Delhi: Abhinav Publications, 1977, p. 253；Sircar和Ganguly皆认为是977~1027年，分别参见Dineshchandra Sircar, “Indological Notes - R.C. Majumdar's Chronology of the Pala Kings”, *Journal of Indian History* IX, 1975-1976, pp. 209-210；Dilip Kumar Ganguly, *Ancient India, History and Archaeology*, New Delhi: Abhinav Publications, 1994, p. 41。

③ 匈牙利学者乔玛（Csoma）认为法护贤是1439年生人，参见Alexander Csoma de Kőrös, *A Grammar of the Tibetan Language, in English*, Calcutta: The Baptist Mission Press, 1834, p. 188。1441~1526年是Sørensen的看法，参见Per K. Sørensen, *The Mirror Illuminating the Royal Genealogies: Tibetan Buddhist Historiography; An Annotated Translation of the XIVth Century Tibetan Choronicle: rGyal-rabs gsal-ba'i me-long*, Wiesbaden: Harrassowitz Verlag, 1994, p. 540。

*blo ldan dga' bskyed zhes bya ba*）。① 这样，较为可能的一种推测是，《本生赞》也为同时代作品或14世纪左右作品，因为更早的著作可能已有人译过。所以，《本生赞》的作者Jñānayaśas可能是14世纪或15世纪之人。

## 四 传承脉络

笔者目之所及的相关资料中，对智称属于何种传承的说法，可以梳理出两条脉络。一条是辞句传承，来自多罗那他的《七系付法传》与噶举派的《直贡噶举法藏》（*'Bri gung bka' brgyud chos mdzod*）；另一条是大手印传承，来自西夏德慧的《大印究竟要集》，而两者都牵涉到了另一位印度佛教晚期人物——慈护。

从上文指出的多罗那他的《七系付法传》中可知，智称所在的法系属于辞句传承或称续释传承，依次从龙树、圣天、罗睺罗、月称、光生、智称传到宝藏寂，这是七条法系其中的一路传承。遗憾的是，关于传法给智称的光生，其资料尚不可考，亟待研究。

学者们时常将智称与慈护并举②，或者在研究慈护的篇章中总会涉及智称③，这二者有何具体关联？首先，在多罗那他的《七系付法传》中已可看出端倪：两人皆属于辞句传承。其次，在《直贡噶举法藏》对慈护生平故事的记载中写到了他曾经在那烂陀寺与那若巴辩论失利之后，便在该寺出家为僧，先后师从那若巴以及当时该寺中另一位大德宝藏寂，获法

① 相关研究，参见廖本圣《使用西藏语文法——附录及检索手册》，台北：法鼓文化，2002，第202~210页。

② Klaus-Dieter Mathes, "Blending the Sūtras with the Tantras: The Influence of Maitrīpa and his Circle on the Formation of Sūtra Mahāmudrā in the Kagyu Schools", in Ronald M. Davidson and Christian K. Wedemeyer eds., *Tibetan Buddhist Literature and Praxis: Studies in Its Formative Period, 900–1400*, Proceedings from the Tenth Seminar of the International Association of Tibetan Studies, Leiden, Boston: Brill, 2006, pp. 201-227; Klaus-Dieter Mathes, *A Direct Path to the Buddha within: Gö Lotsāwa's Mahāmudrā Interpretation of the Ratnagotravibhāga*, Boston: Wisdom Publications, 2008, pp. 34-45.

③ Karl Brunnhölzl, *Straight from the Heart: Buddhist Pith Instructions*, Ithaca, New York, Boulder, Colorado: Snow Lion Publication, 2007, pp. 125-190.

号“慈护”（Maitrīgupta）。[①] 如此一来，智称传续释给宝藏寂，宝藏寂又是慈护之师，可以推得，慈护是智称的再传弟子。然而，在《直贡噶举法藏》中，只写到慈护跟随宝藏寂学习了一年的瑜伽行之无相唯识和六年的律藏，慈护并非从宝藏寂那里学习了密续及释论。慈护弟子中比较有名的是俱生金刚（Sahajavajra）等四大、七中、十小弟子。[②] 但是，慈护与俱生金刚等的传承在《七系付法传》中属于第一系大手印传承。虽然智称的著作是关于大手印教法无疑，但在多罗那他的认识里，智称并不在大手印传承中，原因尚不明确。

智称与慈护的传承和大手印有何关联？这个问题到了西夏佛教文献中有了一个解答。西夏佛教深受藏传佛教的影响。根据索罗宁的考证，12世纪中期的西夏佛教文献《大印究竟要集》记录了“宗哥”地区（今青海东部）的大手印传承。该西夏文文本是一种口头传承的书面化，而非根据其他语言翻译而来的二手文献。具体传承经过了维摩长者、萨罗诃（Saraha）、龙树、山中人（Śavarīpa）、慈护、智称、语主、Sing、精进到德慧。《大印究竟要集》中对慈护的记载有：

> 此第五宗师者，是西天过中印度王族人……后为智称师之宗师，乃传真要。

对智称的记载有：

---

① Karl Brunnhölzl, *Straight from the Heart: Buddhist Pith Instructions*, Ithaca, New York, Boulder, Colorado: Snow Lion Publication, 2007, pp. 125-126; Klaus-Dieter Mathes, *A Fine Blend of Mahāmudrā and Madhyamaka: Matrīpa's Collection Texts on Non-conceptual Realization (Amanasikāra)*, Vienna: VÖAW, 2015, pp. 29-30.

② 藏文参见 Tāranātha, *Two Sources for the History of Buddhist Tantrism in India: The Bka' babs bdun ldan gyi brgyud pa'i rnam thar and the Gshin rje gshed skor gyi chos 'byung*, Palampur: Tibetan Craft Community, 1970, pp. 2r2-10r1。英译参见 David Templeman trans. and ed., *The Seven Instruction Lineages by Jo Nang Tāranātha*, Dharamsala: Library of Tibetan Works & Archives, 1983, pp. 2-14。汉译参见多罗那他《七系付法传》，郭元兴译，B 11，No. 69，pp. 9a5-13a6。

> 此第六宗师者，是西天过东印度王族人。文殊摄受，称天下巧名。普贤助佑，正行地圆场。画法堂中，解释因乘三学，夜墓土中，指示果乘四印。先集千禅，饮纯定水寂寂，后导万学，食纯智饭正正。初地见道，惊讶欢喜踊跃，观末法众，慈愍喟然骨痛。后为语主师之宗师，乃传真要。①

以上引文是目前发现的对智称最为详细的文字记载，这使得智称的生平一定程度上清晰化了。引文中写的东印度，或上文所言的东北印度，在地理位置上，两者比较接近，说明了智称所生活的大致区域。白天教因乘、晚上教果乘，这种显密兼修的特点与智称《入真实论》的大体框架符合。然而，问题也随之而来。索罗宁提出两种假设：第一种假设是，智称与帝洛巴（Tilopa，988~1069 年）是同一个人。这点在上文考证的时间线上可以说通，但从著作文字上看，无法得到解释。两者的存世作品在藏文大藏经以及相关目录中都有记载，尚未发现两者文字记录上的一致性。所以，笔者认为两者不可混同。另一种假设是，智称与 Kor Nirūpa（Prajñāśrījñānakīrti，1062~1102 年）是同一个人。这个假设是基于《青史》记载的大手印传承体系及相似人名上的一种猜测，可信度也不高。

上述引文还说明，在西夏的大手印传承中，慈护是智称的老师。这点与后期的藏地记载在师承关系上是相反的。虽然佛教高僧转益多师、相互学习的可能性是存在的，但也不排除多罗那他等人的记载完全可信。与《大手印究竟要集》有呼应内容的《大乘要道密集》中似乎没有关于智称的记载。因而，只能判断出智称与慈护之间的关系密切，而确定两者谁先谁后等问题，还需要更多资料的支持。

简言之，智称所在的传承脉络至少可以分为辞句传承与大手印传承两系。智称与慈护有着密切关联，其师承关系还需要进一步对比两者的著作文字来研究。

---

① 《大印究竟要集》的汉译皆来自索罗宁。参见索罗宁《西夏文“大手印”文献杂考》，载沈卫荣主编《汉藏佛学研究：文本、人物、图像和历史》，中国藏学出版社，2013，第235~266 页。

## 五 结语

综上所述，可以得出如下几点结论。

首先，就人名而言，两位印度论师 Jñānakīrti 和 Jñānayaśas 共享了同一个藏译名 Ye shes grags pa。Jñānakīrti 作了《入真实论》和《波罗蜜多乘修习次第口诀》，Jñānayaśas 作了《本生赞》。Jñānakīrti 早于 Jñānayaśas，但都属于印度大乘佛教晚期即密教时期的人物。Jñānakīrti 汉译名可以定为“智称”，而 Jñānayaśas 或可暂译为“智誉”。这里给出后者的汉译名是为了与共享同一梵文名的北周僧人阇那耶舍区别开来。

其次，就简要生平而言，智称是古印度波罗王朝摩酰波罗一世时人，约为 10 世纪下半叶至 11 世纪上半叶，按当代的地理或可算作孟加拉国人。

再次，智称应与那若巴、宝藏寂、慈护等同时代，智称与慈护之间的关系非常有趣，值得注意。目前与智称有关而可考的师承关系大致如下：

西藏记载：龙树→圣天→罗睺罗→月称→光生→智称→宝藏寂→慈护→俱生金刚等（四大、七中、十小弟子）

西夏记载：维摩长者→萨罗诃→龙树→山中人（Śavarīpa）→慈护→智称→语主→Sing→精进→德慧

需要提醒的是，佛教大德一生大多转益多师，从不同的上师那里学习不同的知识。因此，这两条脉络仅仅单纯地表明可能的师承关系，不完全代表年龄大小，并且有许多有待商榷之处。

至此，可以深究的问题依旧很多。比如，研究智称其师光生的生平与著作，有利于了解具体的传承教法，也关系到智称的确切年代等。另外，目前学界对于两种传承体系中的每个人物也所知甚少。因此，对于印度佛教晚期，尤其是密教传承的研究，仍有诸多问题有待破解。

责任编辑：李灿

# A Textural Research of Jñānakīrti in the Late Period of the History of Indian Buddhism

*Lu Chenye*

**Abstract:** Jñānakīrti, or Ye shes grags pa, is an expert on both Sūtra and Tantra in the late period of the history of Indian Buddhism. Through the analysis of related Sanskrit, Tibetan and Chinese materials, some historical questions have been clarified such as his works, exact Sanskrit name, active years and transmission. Ye shes grags pa is translated from Jñānakīrti indeed. He lives during Pāla Dynasty from late $10^{th}$ century to early $11^{th}$ century. He has two works: *Tattvāvatāra* and *Pāramitāyānabhāvanākramopadeśa*. Who has the same Tibetan name that writes another work named as *Jātakastva*. Jñānakīrti belongs to two lineages. One is the Lineage of Tantra exposition. In this lineage, he is Ratnākaraśānti's teacher. The later one is Maitrīpa（i.e. Advayavajra）'s teacher. The other one is the Lineage of Mahāmudrā. In this lineage, Maitrīpa becomes his teacher.

**Keywords:** Jñānakīrti; Pāla Dynasty; *Tattvāvatāra*; Mahāmudrā

# 波斯语印度史文献

陈　溯*

【摘　要】本文按照时间顺序梳理了 11 ～ 18 世纪，波斯语历史作品的书写在印度的发展脉络，从作者、成书、内容和历史背景几个方面对这些作品做了基础性的考察。由于文化和政治原因，对伊斯兰文明影响极大的波斯语也曾是印度重要的文学、官廷语言，留下了卷帙浩繁的文献。这些文献可分为历史、宗教、文学诗歌和公文四类，是南亚研究不可忽视的一手材料。由于专业划分造成的壁垒，波斯语印度史文献尚未引起我国波斯文学和印度史研究者们的注意，本文旨在为印度伊斯兰文化和历史研究提供波斯语文献目录性的介绍。

【关键词】波斯语文献　印度史　南亚伊斯兰文化

* 陈溯，北京大学外国语学院南亚系印度语言文学专业博士研究生，研究方向为古丝路文明。

## 引　言

波斯语是伊斯兰世界重要的古典语言，自10世纪发展成熟起，包含中亚在内的大伊朗文化圈的学者和诗人纷纷以此写诗、著述，留下了卷帙浩繁、光辉灿烂的文学与历史遗产。萨曼、伽兹尼两朝期间，出现了菲尔多西里程碑式的史诗巨著《列王纪》，此外在皇家的资助支持下，以法罗西、曼努彻赫里、萨那依为代表的宫廷诗人创作了不计其数的颂诗。以泰白里史为范本，巴拉米译本为开端，波斯语历史著作的书写也逐渐自成体系。来自草原的突厥、蒙古征服者在确立统治后，重视波斯语史书的编修，学习吸纳先进的波斯文化，以此强化其王统，宣扬王威。诸如比鲁尼、志费尼、拉施特、哈菲兹·阿卜鲁等杰出史家孜孜不倦、著述等身。他们的作品成为研究中世纪伊朗与中亚最为基础也最为重要的材料。与此同时，印度次大陆也发生着历史巨变。阿拉伯商人在沿海港口移民定居，中亚铁骑南下开疆拓土，将伊斯兰文化引入印度文明。自此，中亚和伊朗的史家、学者放眼南亚，著述有关印度历史、文化、宗教的书籍。与此同时，移民印度的穆斯林诗人、学者继承了波斯传统，以波斯语颂赞君王文治武功，记述历朝事迹，从而汇集形成了一系列的波斯语印度史文献。

## 一　伽兹尼王朝

伽兹尼王朝是效力于萨曼王朝的突厥将领索卜克特勤[①]通过割据、独立逐渐建立的。他以伽兹尼城为中心向西、向南征伐，收入呼罗珊，占领白沙瓦，由此开辟了中亚突厥穆斯林南渡信德河侵扰征服印度的道路。索卜克特勤的长子、继任者马茂德[②]将伽兹尼朝带入鼎盛时代，他先扫清了出自萨曼家族的敌对势力，又成功地从萨法尔王朝麾下夺得锡斯坦地区，

① 索卜克特勤（ابو منصور سبکتگین Sabuktigin 942~997年）：阿立普特勤的家奴和女婿，亦是其继任者。962年，本为萨曼王朝军事将领的阿立普特勤割据伽兹尼城，自立为阿米尔，是伽兹尼王朝的奠基者。

② 马茂德（یمین‌الدوله ابوالقاسم محمود Mahmud 971~1031年）：索卜克特勤的长子和继任者。999年，马茂德被哈里发册封为呼罗珊的长官，并冠以苏丹的称号。

之后便三番五次以圣战的名义侵扰印度诸城。富庶肥沃的南亚次大陆诸侯林立，却没有强有力的中央政权，故印度藏满金银珠宝的皇宫与寺院成为伽兹尼人首当其冲的掠夺对象①。之后的几任伽兹尼君主，也都沿袭了祖辈的传统而屡次南下。长久以来，与苏丹出征同行的御用诗人和官僚文人，或亲临印度记录其历史人文，或迎合统治者对征服地认识的需要开展研究并著述。此外，印度战事的记载自然也出现在伽兹尼朝的历史中。

### 1. 《贝哈基史》（تاریخ بیهقی）

该书本名为《玛斯乌德史》（تاریخ مسعودی），因其作者贝哈基②而通称为《贝哈基史》，是研究伽兹尼王朝的重要史料。贝哈基生于赫拉特阿巴德，青年时代前往尼沙普儿学习，后供职于外交文牒部，退休后开始撰写《玛斯乌德史》。根据作者的介绍，该书分 30 卷，是一部篇幅宏大的通史，但现在仅存 5~10 卷，记述内容主要涵盖玛斯乌德在位期间的史实。玛斯乌德是马茂德之子，他于 1030 年推翻其兄弟穆罕默德的短暂统治，成为伽兹尼苏丹。在位 10 年间，他力图开疆拓土，向西征讨雷伊、锡斯坦之地，向南掠夺印度。《玛斯乌德史》第 10 卷记述了玛斯乌德对印度的征伐，但因未完成或文稿佚失，现存书稿中并未见关于此次征伐的详细记载，只留有比鲁尼著作的部分转引。

### 2. 《记述的装饰》（زین‌الاخبار）

该书是伽兹尼时期所编史书中的另一部重要作品，约成书于 1041 年，因其作者加尔迪齐③而又被称作《加尔迪齐史》（تاریخ گردیزی）。该书自穆罕默德及历任哈里发记起，顺序叙述至作者所处的伽兹尼朝的各君主，此外还补充了萨珊明君的故事。在书的最后几章，作者以开阔的视野整理总结了当时伊朗史家对外国和异族的认识，介绍了各民族的节日信仰、各地风俗等信息，涵盖了希腊罗马、斯拉夫罗斯、突厥吐蕃、中国等地区，书的末尾第 19 章则整段记述了印度的情况④。

① 关于马茂德屡次讨伐印度诸王的情况，参见〔伊朗〕阿宝斯·艾克巴尔·奥希梯扬尼《伊朗通史》，叶奕良译，经济日报出版社，1997，第 287~289 页。

② 贝哈基（ابوالفضل محمد بن حسین بیهقی Abu'l-Fadl Bayhaqi 995~1077 年）：伽兹尼朝书记，波斯语史家。

③ 加尔迪齐（ابوسعید عبدالحیّ بن ضحاک بن محمود گردیزی Abu Sa'id Gardezi ?~1061 年）：伽兹尼朝史家。

④ 本章见：محمود گردیزی، به تصحیح عبدالحی حبیبی، تاریخ گردیزی، انتشارات بنیاد فرهنگ ایران، ۱۳۶۳، ص۶۱۲.

## 二 古尔王朝

古尔人是居于阿富汗古尔地区的山民，因为与外界长期隔绝，一直保持着半独立自治的状态。他们先臣服于伽兹尼王朝，然后多次起义叛乱。到穆兹丁·穆罕默德[①]一代，他先后攻陷伽兹尼城与拉合尔城，推翻了伽兹尼人的统治，以苏丹为称号，真正建立了古尔王朝。穆兹丁·穆罕默德的另一壮举，就是向南大力扩张了穆斯林的统治疆域，古尔人以拉合尔为起点，一路向东南，先后攻下信德河平原、旁遮普、哈里亚纳、比哈尔直至东边的孟加拉，至此，整个北印度被纳入古尔王朝的疆域。在伽兹尼王朝覆亡解体后，古尔王朝与花剌子模王朝形成一南一北的对峙局面。古尔王朝前期的史料，由于其尚未完全独立，还集中在伽兹尼朝的历史中，而该王朝后期既受分裂的内忧，又恐蒙古的外患，故对文学和修史的资助有限。这一时期述及印度的材料如下。

### 1. 《察迟书》（چچ نامه）

该书又名《决胜信德书》（فتحنامه سند），是13世纪初的阿拉伯裔学者阿比伯克尔·库菲[②]根据早期阿拉伯语史料翻译编写的。因为9世纪的阿拉伯语材料多已佚失，所以这一波斯文编译本成为研究穆斯林在印度次大陆早期统治的重要材料。由于作者库菲自7世纪统治信德河平原的莱伊朝（Rai Dynasty）被婆罗门宰相察迟（Chach of Alor）谋反篡位起记录史实，故该书得名《察迟书》。此书除了对伊斯兰教政权前的佛教、印度教政权进行描述外，还着重记录了8世纪倭马亚总督穆罕默德·本·卡西姆（Muhammad bin Qasim）对信德与木尔坦地区的征服。

### 2. 《纳昔儿史话》（طبقات ناصری）

这一时期最为著名的作品是竺兹札尼[③]的《纳昔儿史话》。竺兹札尼祖上来自中亚，其父敏哈术丁是古尔王朝的法官。在蒙古西征的威胁下，

① 穆兹丁·穆罕默德（معز الدين محمد غوری Mu'izz ad-Din Muhammad Ghori 1149-1206 年）：自古尔人首领阿米尔赛伊夫丁·苏里起的第五任埃米尔。

② 阿比伯克尔·库菲（على بن حامدبن ابی‌بکر الکوفی Ali b. Hāmed b. Abi Bakr Kūfi）：作者年近半百，迁居印度，效力古尔朝的木尔坦长官，于回历六百一十三年开始编译《察迟书》。

③ 竺兹札尼（منهاج الدين سراج جوزجانی Minhaj al-Siraj Juzjani 1193~？）。

1227年竺兹札尼迁居印度，子承父业担任法官服务德里苏丹王朝。他于1260年完成了《纳昔儿史话》这部包含23卷的史书，献给第九任德里苏丹纳昔儿丁（نصير الدين محمود）。与传统的伊斯兰史书一样，《纳昔儿史话》也是从穆罕默德及诸哈里发记起，穿插部分古代伊朗王朝纪事，从萨曼、伽兹尼、古尔依次记录到德里苏丹，除此之外，还平行记述了伊拉克、锡斯坦、塞尔柱、花剌子模等地方政权，书中对蒙古西征的描述也是一大特色。该书内容丰富、语言平直，是波斯文献中备受重视、广受征引的一部。

3. **《轶闻集锦》**（جوامع الحكايات و لوامع الروايات）

与历史作品记述的君王事迹不同，13世纪初的著名波斯语作家欧菲·布哈里[①]所作的《轶闻集锦》这部故事集则提供了反映当时包括印度在内的伊斯兰世界社会面貌的信息。作者曾前往“呼罗珊和印度游历，蒙古入侵后，避难到印度信德地区，并在当地宫廷任职”。[②]布哈里广泛收集记录了民间的故事和传闻，并查阅《贝哈基史》《治国策》等书中的历史信息，汇编了这一分为四部、共计2100篇的故事集。书的内容包括历代哈里发、萨曼、伽兹尼、塞尔柱、塔黑尔诸王及其将相大臣的故事，有关道德、宗教的劝诫故事，带有宗教奇迹色彩的奇闻逸事。书中也曾提到驻印度的穆斯林长官阿米尔甚至古吉拉特的土邦王，因此这一兼具文学和历史价值的故事集也可作为研究印度伊斯兰文化的参考。

## 三 德里苏丹

13世纪上半叶，古尔王朝也未能摆脱前几朝覆灭的历史宿命，被出身家奴的军事长官倒戈谋反，分裂为数个苏丹国。在原属古尔王朝的印度土地上，德里苏丹势力最强，它开启了印度本土伊斯兰王朝的时代，包括五个时期：①奴隶王朝（سلطنت مملوک 1206~1290年）；②卡尔吉王朝（سلسله خلجی

① 欧菲·布哈里（سدید الدین محمد عوفی Sadiduddin Muhammad Aufi 1171~1242年）：13世纪初著名波斯裔历史学家、文学家、学者。布哈里生于布哈拉，游历过呼罗珊、花剌子模、伽兹尼、锡斯坦等地，效力古尔王朝多年。除《轶闻集锦》外，布哈里还著有文学诗人传记《精华中的精华》（لباب‌الالباب）。

② 张鸿年：《波斯文学史》，昆仑出版社，2003，第284页。

Khilji 1290~1320 年）；③图格鲁克王朝（سلسله تغلق Tughluq 1320~1413 年）；④萨依德王朝（سلسله سید Sayyid 1414~1451 年）；⑤洛迪王朝（لودی Lodi 1451~1526 年）。德里苏丹前期恰逢蒙古西征，草原铁骑在中亚、西亚建立起统治，一些讲波斯语的学者和文人南下印度避难，他们成为印度波斯文学的一支重要力量。德里苏丹后期虽遭遇帖木儿的侵扰，但这又强化了波斯—伊斯兰文化在印度的深入传播。因此，德里苏丹时期诞生了以阿米尔·霍斯洛为代表的大诗人和学者，并涌现出一批优秀的波斯语历史作品。

**1. 阿米尔·霍斯洛（ابوالحسن امیر خسرو دهلوی Amir Khusrow 1253~1325年）**

阿米尔·霍斯洛出身于突厥长官家庭，母亲是印度人。他自小受到了良好的伊斯兰教育，擅长写诗，不仅精通抒情诗、颂诗和叙事诗等格律，而且对音乐也颇有研究。霍斯洛自称写有 50 万联的诗句，以“印度的鹦鹉”而闻名，常以颂诗、叙事诗的形式颂赞君主的文治武功，此外也创作了散文历史著作。霍斯洛于 1311 年完成了《胜利的箱箧》（خزائن الفتوح），该书因为记述了卡尔吉王朝苏丹阿拉丁（علاء الدین خلجی）的征战活动又被称为《阿拉伊史》（تاریخ علایی）。他的另一部历史作品则是叙事长诗《图格鲁克书》（تغلق نامه），这是 1320 年他为祝贺吉亚思丁·图格鲁克·沙（غیاث الدین تغلق شاه）称王登基而创作的。

**2. 齐亚丁·巴拉尼（ضیا الدین برنی Ziauddin Barani 1285~1357年）**

齐亚丁·巴拉尼生于德里的穆斯林贵族家庭，相比阿米尔·霍斯洛，巴拉尼是真正意义上讲波斯语的印度史家。他有两部作品最具代表性，一部是《菲鲁兹沙史》（تاریخ فیروز شاهی），在这部书中，作者记述评价了德里苏丹的七位君主，最后一位是作者所处时代图格鲁克朝的菲鲁兹沙；另一部是《治世法则》（فتاوای جهانداری），巴拉尼在这部上承《治国策》并带有劝谏色彩的历史作品中阐述了自己对君权血统、文武大臣职责等有关政治和制度的观点与理念。除了传统的伊斯兰元素，作者还大量引用萨珊明君的案例来论证，具有浓重的波斯色彩。

除了巴拉尼的作品，这一时期还有两份史料值得重视：一是图格鲁克朝菲鲁兹沙（سلطان فیروز شاه تغلق 1306~1388 年）的自传性长文《菲鲁兹沙的胜利》（فتوحات فیروز شاهی），该文虽然篇幅短小，但可谓开创了突厥穆斯林君主书写自传的先河，被莫卧儿王朝的巴布尔和阿克巴效仿继承；二是阿菲夫（عفیف Afif ？ ~1399 年）的《菲鲁兹沙史》（تاریخ فیروز شاهی），作者出身于图格鲁克朝的文官世家，对历史事件、政治环境的记录较其他材料更为生动、详细，与以往宫廷文人一味地歌颂和赞扬君主不同，阿菲夫还描述了菲鲁兹沙的缺点，是不可遗漏的史料。

**3. 埃萨米**（عبدالملک عصامی **Esami 1311~？**）

埃萨米的祖父本是效力德里苏丹的突厥长官，被委派到南部的德干，后全家迁居于此，因此埃萨米生活在当时统领德干高原的巴赫曼尼苏丹国。埃萨米效仿菲尔多西写下了长达 11000 联的史诗《苏丹的胜利》（فتوح السلاطین），于 1350 年完成，被称为印度的《列王纪》。《苏丹的胜利》上起伽兹尼朝的印度征服者，下至作者所处的时代，埃萨米以富有英雄主义的文学笔触讲述了穆斯林君王将相的文治武功。

**4. 亚合伊・希尔辛迪**（یحیی سرهندی **Yahya Sirhindi**）

亚合伊・希尔辛迪向萨依德朝的穆巴拉克沙（1421~1434 年）题献了《穆巴拉克史》（تاریخ مبارک شاهی）。亚合伊・希尔辛迪认为古尔王朝的穆兹丁・穆罕默德是印度的第一位穆斯林统治者，故以其为开端记起，在逐个介绍德里苏丹后，他以全书四分之一的篇幅着重讲述了萨依德家族的兴起，是研究萨依德朝的主要史料。

在萨依德王朝后，取而代之的是出自阿富汗普什图人、信仰逊尼派的洛迪部族。该部族的统治者母语不是波斯语，加之时局动荡，在这样的客观条件下，波斯语作品的产出不如以往，故留存至今被人熟知的材料仅有《阿富汗苏丹》（سلاطین افغانی），作者是艾哈迈・亚德格尔（احمد یادگار），记述的是 1451~1458 年的历史。

## 四　莫卧儿王朝

16 世纪初，一度覆盖中亚、西亚的庞大帝国——帖木儿朝瓦解了。这一宣称有着蒙古黄金家族渊源的突厥统治集团，在月即别人的步步紧逼下四分五裂。被分封在费尔干纳地区的帖木儿五世孙巴布尔，怀着统一复国的野心，屡次讨伐都城撒马尔罕。然而事与愿违，他与昔班尼汗的拉锯战不仅削弱了自己的军力，还因百姓备受战争之苦而失掉了民心，最终退回势力中心喀布尔。但当他挥师南下，却峰回路转、步步为营，最终乘胜追击大败洛迪王朝，收入德里、阿格拉，开启了印度历史的新篇章——莫卧儿王朝。

巴布尔本人是帖木儿三子米兰沙的后裔，外祖父又是东察合台汗国羽奴思汗，故身兼突厥、蒙古两系的高贵血脉。他自幼受到良好的教育，加之天资禀赋，青年时就具有了极高的艺术修养和文学造诣。《赖世德史》的作者米尔咱·海答儿评价巴布尔的诗才仅次于察合台语之父纳瓦依。南征北战之际，巴布尔还不忘翻阅书籍，记述自己的经历和见闻，留下了语言平实又生动、内容充实而丰富的自传《巴布尔回忆录》（بابر نامه Bābur Nāmih）。这样的开国君主引领了莫卧儿王朝崇尚文学、倾心艺术的风气。在被历任君主青睐和推动的文化建设中，无论是文学、音乐还是建筑，都有着浓烈的波斯色彩，这是因为莫卧儿祖上就出自波斯文化浓郁而又兴盛的河中地区。随后，在南亚开疆拓土的过程中，莫卧儿王朝和西边的萨法维王朝保持着密切而友好的联系。因此，在莫卧儿王朝的穆斯林社群中，文化是波斯化的，以至于在乌尔都语成形之前，莫卧儿王朝穆斯林使用的书面和文学语言是波斯语。自然，在莫卧儿王朝的历史编修中，波斯语是极为重要的语言，留有数量可观的史料文献。

**1. 前期（从巴布尔到胡马雍）**

首先，前文提及的《巴布尔回忆录》——莫卧儿史的开山之作，在巴布尔生前就被翻译成波斯语，更名为《巴布尔史话》（طبقات بابری），译者是宰因·汗（زین خان Zain Khān）。研究巴布尔的戎马生涯，除了这本察合台文自传《巴布尔回忆录》①，另一本值得注意的是巴布尔的表弟米尔咱·海答儿（حیدر میرزا Ḥaydar Mirzā 1500~1551 年）的《赖世德史》②（تاریخ رشیدی）。该书自秃黑鲁·帖木儿记起，在第二部中记录了巴布尔的出身、征讨北印度的事迹以及作者本人在克什米尔的短暂经历。此外，米

① 《巴布尔回忆录》，王治来译，商务印书馆，2010。

② 米尔咱·海答儿:《赖世德史》，王治来译注，上海古籍出版社，2013。

尔咱·海答儿还曾带兵支援巴布尔之子胡马雍于1540年在恒河河畔与舍尔沙的对战，深入拉合尔、阿格拉等地，所以他对印度的记录较为翔实可靠。相比巴布尔，海答儿更像一位专业的历史学家，除了自己亲历的历史事件，他还旁征博引了前代诸如《世界征服者史》《武功纪》等历史名著，行文则沿袭了哈菲兹·阿卜鲁平实清晰的风格。

大概在同一时期，还有一位出自汗王家族的史家是巴布尔的小女儿、胡马雍同父异母的妹妹古尔芭丹·别昆（گلبدن بیگم Gulbadan Bīgum 1523~1603年）。由于巴布尔在其八岁时去世，所以她的著述偏重胡马雍时期。作为公主，有着良好教育背景的她文学功底深厚。古尔芭丹·别昆受阿克巴之命，以波斯语写下《胡马雍纪》（همایون نامه）。她从巴布尔南征印度记起，再到胡马雍，直到阿克巴（1553年）。本书的特色是，古尔芭丹·别昆作为少见的女史家，记录了当时阿格拉贵族妇女的生活，这在其他以帝王将相为主要记叙对象的史书中是少见的珍贵材料，她对阿克巴出生的记录也尤为详细，具有很高的研究价值。同时受命著述的还有巴耶齐德·必亚特（بایزید بیات Bāyazid Bayāt），他曾在胡马雍身边效力，所著《胡马雍史》（تاریخ همایون）主要记叙了胡马雍和阿克巴两任君主的事迹。但是由于写作时作者年事已高，因此行文多有冗繁错乱之处。

1530年，胡马雍登上父亲传下的王位，但10年后，他就遭遇原先臣服自己的普什图族地方统治者舍尔沙（Shīr Shāh）的倒戈，失掉德里、喀布尔，遁走波斯，直到1555年才重返印度。流亡波斯期间，胡马雍受到了萨法维朝塔赫玛斯普（Shah Tahmasp I）的优待和支持。这一时期的历史主要见于两部作品：一是跟随胡马雍流亡的贴身侍从朱哈儿（جوهر آفتابچی Jauhar Aftābchī）所作的《诸实评传》（تذکرة الواقعات），该书写于1586年；二是成书于阿克巴在位期间的《舍尔沙史》（تاریخ شیر شاهی），作者是阿巴思·赛尔万尼（عباس خان سروانی Abbās Sarwānī），该书详细记录了舍尔沙早期的战绩武功、反叛胡马雍以及之后建立苏尔王朝（Sur Empire）当政的种种事迹。

2. **中兴（阿克巴到沙贾汗）**

及至阿克巴一代，莫卧儿朝走向了繁荣的顶峰，国力居世界前列，除德干苏丹和南方一隅，其疆域几乎覆盖整个南亚次大陆，是印度历史上出现的第二个大一统王朝。虽然阿克巴自己说突厥语，不能读写波斯语，但是他作为一代倾心文化艺术的明君，财力雄厚，极大地推动奖掖了文学、历史的创作和编修，使该时期涌现出一批波斯语的历史著作。

《阿克巴纪》（اکبرنامه）的作者阿布·法兹勒（ابوالفضل Abū al-Fażl 1551~1602 年）出身于学者家庭，是当时的“宫廷九宝”之一，也是阿克巴推行宗教宽容政策的支持者。他在奉旨编修这部遵循波斯—蒙古体例的官修史之余，还将《圣经》翻译成波斯语。《阿克巴纪》先介绍了阿克巴的祖先，作者将其追溯到成吉思汗蒙古一系，在稍加记述巴布尔、胡马雍之后，着重记录了阿克巴一生的种种事迹。该书第三卷又另加标题《阿克巴则例》（آیین اکبری），此卷不仅全面细致地描述了阿克巴推行的各种制度、法规，宫廷下属各部的组成和职能，还记述了印度当地的自然、地理、文化、信仰诸方面，信息量极大而价值极高。

奈扎姆丁·阿合马（نظام‌الدین احمد Niẓam al-Dīn Aḥmad 1551~1621 年）所著《阿克巴史话》（طبقات اکبری），从穆斯林在印度的统治讲起，顺次从德里苏丹一直叙述至阿克巴在位第 39 年（公元 1594 年）的历史。作者援引了许多史书，其中一些已经佚失，故该书保留了珍贵的资料。

这一时期，除了记述阿克巴在位间的断代史，还出现了一批通史性著作。穆罕默德·信都·沙（محمد قاسم هندو شاه Muḥammad Qāsim Hindū Shāh 1570~1611 年）写下了《菲勒思忒史》（تاریخ فرشته）。该书作者生于伊朗古尔冈省，12 岁随父迁居印度。此书也是从阿拉伯人东征讲起，波斯陷落和征服印度构成了第一章，第二章从索卜克特勤入侵印度记起，全书一直记录到了贾汉吉尔时期，即作者所处的时代。为了编修该书，作者援引了诸如巴那卡提、洪德米尔等波斯、帖木儿朝的经典史料，因此在内容上有重复的弊病，但此书篇幅宏大、编排合理、内容广泛，不失为一部优秀的通史，尤其对印度地方邦王的介绍很有意义。

另一部可与《菲勒思忒史》比肩的通史是《历史选编》（منتخب التواریخ）。该书的作者拜达欧尼（عبدالقادر بدایونی ‘Abd al-Qādir Badā’ūnī 1540~1615 年）是阿布·法兹勒的政见对手，亦是阿克巴朝著名的学者，精通阿拉伯文、波斯文和梵文。在修史之余，拜达欧尼还奉命将印度史诗《摩诃婆罗多》和《罗摩衍那》翻译成波斯文。《历史选编》分三卷编排，第一卷为巴布尔和胡马雍时期的历史，第二卷专门记录阿克巴（至 1594 年），第三卷则记录学者、诗人、苏菲、长老们的事迹。由于作者本人是虔诚的逊尼派穆斯林，他在记述和评论中对阿克巴的宗教政策颇有微词，因此第二卷在阿克巴去世后才得以面世，也正因为如此，在尽是歌功颂德的各种历史记载中，该书具有特殊的意义。

虽然拜达欧尼的政治立场并没有使他赢得阿克巴的青睐，但他高超的文采和广博的见识仍令他在宫廷中占据一席之地。他除了负责一些文书的工作外，还是八卷本巨著《千年史》（تاریخ الفی）编修组的主要成员。1585年，阿克巴下令派多位学者、史家共同编写自伊斯兰教兴起之后一千年来伊斯兰世界各国的通史。这一前无古人的壮举足见阿克巴对修史立传高涨的热情和鼎力的支持，也显示出阿克巴勃勃的政治野心。《千年史》沿袭了伊斯兰历史编修的传统，自阿丹和诸先知记起，记录地域西至北非、东至塔里木盆地，参考了波斯、中亚各地的史料典籍。现有伊朗校勘本八卷，是莫卧儿朝波斯文历史编修的一座丰碑。

1605 年，贾汉吉尔接替了父亲阿克巴的王位，他以巴布尔为榜样，亲自撰写了日记式的《贾汉吉尔回忆录》（تزک جهانگیری）。他自登基起记录自己的日常活动，直到执政第 17 年，之后的内容则由他人代笔。但该书无论形式还是内容，远不及《巴布尔回忆录》，全书充斥着他对狩猎、娱乐甚至后宫女眷的描写。在这带有强烈个人特色的记述中，贾汉吉尔甚至毫不掩饰自己的缺点，可见书中信息具有较高的真实性和可靠性。这一不厌其烦、细致入微式的记述，也是探察莫卧儿朝宫廷内部情况的珍贵史料。

1628 年，热衷音乐、美术、建筑的沙贾汗成为莫卧儿朝的第五任君主。关于这位皇帝，有一系列名为《帕迪沙本纪》的史书可作参考。阿卜杜哈米德 · 莱胡里（عبدالحمید لاهوری ʻAbd al-Ḥamīd Lāhūrī，1654/1655 年前后）的《帕迪沙本纪》（پادشاه نامه），是研究这一时期最主要、最全面的史料。此书分为三部，前两部由作者本人完成，记录了 1627~1647 年沙贾汗的事迹。其中，第一部是基于阿米那 · 加兹维尼（امین قزوینی Amīnā Qazvīnī）

的同名著作编写的。这本书又名《沙贾汗纪》（شاه جهان نامه），正文是沙贾汗登基后最初十年的历史，前言记述了沙贾汗的背景与出身，续篇记录了当时的学者、圣人、诗人。后来由于莱胡里年事已高，《帕迪沙本纪》第三部由其学生穆罕默德·瓦勒思（محمد وارث Muḥammad Wārith）续写。穆罕默德·萨利赫·甘布莱胡里（محمد صالح کنبو لاهوری Muḥammad Ṣāliḥ Ganbū Lāhūrī 1674/1675 年前后）的《善义之行》（عمل صالح）是该朝另一部关于沙贾汗的著作，别名《沙贾汗本纪》（شاه جهان نامه）。作者是一位出色的抄写师和书法家。除了沙贾汗，他还在书中记录了其继任者奥朗则布在位前期的情况，但在奥朗则布接替沙贾汗这一历史过程的书写上，作者称沙贾汗是因疾病平静地死去，有明显粉饰的痕迹。

### 3. 晚期（奥朗则布及其后）

当沙贾汗建造泰姬陵来祭奠缅怀波斯裔爱妻穆塔兹·玛哈的时候，莫卧儿朝的国运也走到了辉煌的顶点而转向衰落，他留下了这座圣洁无瑕、壮美恢宏的大理石建筑奇迹来证明莫卧儿人曾经的兴盛。沙贾汗晚年，长子达拉和三子奥朗则布为王位的继承展开了惨烈血腥的争夺，最后宗教上较为保守的奥朗则布击败了达拉登上王位。1658 年，奥朗则布顺利登基后，资助了一批宫廷诗人文官吟诵颂诗来叙述王位争夺的激烈，歌颂自己的胜利和功绩。在这一背景下，《阿拉姆吉尔本纪》（عالمگیرنامه）成书。该书的作者是当时担任书记官的穆罕默德·卡齐姆（محمد کاظم Muḥammad Kāẓim 1681 年前后），该书记录了奥朗则布在位第一个十年的事迹，由于是奉命所作，该书对君主的记述基本都是正面的。

另一专门记述奥朗则布的史料是穆斯塔德·汗（ساقی مستعدخان Musta‘idd Khān 1723/1724 年前后）的编年体《阿拉姆吉尔纪事汇编》（مآثر عالمگیری）。作者由奥朗则布的近臣抚养长大，成年后在宫廷供职，在巴哈杜尔时代，穆斯塔德·汗官至维即儿。作者参考了《阿拉姆吉尔本纪》来编写奥朗则布在位前十年的情况，之后四十年的记录是独立完成的，完整记述了奥朗则布在位五十年间的事迹，直到奥朗则布去世。

同时期，重要的通史性著作是《洁净之选》（منتخب اللُباب），作者本名穆罕默德·哈希姆（محمد هاشم Muḥammad Hāshim），亦称海菲·汗（خافی خان

Khāfī Khān 1732/1733 年前后）。海菲·汗生于史官家庭，于奥朗则布统治期间在宫廷任职，先后辅佐巴哈杜尔和穆罕默德，是很多历史事件的亲历者。原书本分三卷，第一卷记录穆斯林征服印度和德里苏丹各朝，第三卷是地方各邦史，但这两部分只有残片被发现。仅第二卷完本存世，从巴布尔决胜印度起记录，依次载录各代君主，直到穆罕默德·沙在位第 14 年（1731 年）之间的历史，已是较为完整系统的莫卧儿朝通史。

奥朗则布之后，莫卧儿王朝陷入内忧外患的种种困境中。1702 年，巴哈杜尔成为莫卧儿王朝第七任君主，这时拉其普特人、锡克人、马拉塔人此起彼伏的叛乱和独立极大地削弱了莫卧儿皇帝的控制力和实力。贵族内部为争夺王位也接二连三地发生冲突，大臣和王子分成各种派系彼此打压、相互竞逐，傀儡皇帝如走马灯地变换，却没一个明君能应对这些国难忧患。穆罕默德在位时，阿夫肖尔人[①]崛起而莫卧儿朝羸弱无力，喀布尔、拉合尔等北方大城一一陷落，1739 年纳迪尔·沙攻陷德里，极尽贪婪地掠夺了莫卧儿朝的珍宝和财富。到沙·阿拉姆二世（1759~1806 年）时，莫卧儿皇帝已经是东印度公司扶持的一个有名无实的政权象征，实际统治地区仅德里一城而已。

在这样的历史背景下，莫卧儿朝政局动荡、民生凋敝、国库空虚，对文学创作与历史编修的资助自然大不如前。18 世纪，乌尔都语的成形和传播以及英国殖民者对英语的推广，也大大降低了波斯语的地位。这一时期有两本主要的史书，一是古兰姆·侯赛因·汗（غلام حسین خان طباطبایی Gulām Ḥusayn Khān Ṭabāṭabā'ī）的《近年事迹》（سِیَر المتأخرین）。作者曾是莫卧儿朝的书记官，之后又服务于英国东印度公司，辗转至孟加拉。该书记载了包括纳迪尔·沙入侵印度在内的莫卧儿朝后期七位君主在位期间的事件，也批判性地记叙了英国人在印度推行的政策，记录时限到 1781 年。二是穆罕默德·巴赫什（محمد بخش Muḥammad Bakhsh）完成于 1782 年的《祥福迹

① 阿夫肖尔：土库曼人的一部，其领袖纳迪尔·沙本为萨法维朝效力，后反叛夺取伊朗大部，于 1736 年称“沙”（王），自此萨法维朝彻底覆灭了。之后不久，纳迪尔·沙便东伐取下阿富汗的坎大哈、伽兹尼、喀布尔诸城。1739 年，近七百名阿夫肖尔人在印度的暴乱中被杀，纳迪尔·沙大举报复，屠戮德里，掠夺了大量珍宝和财富，攻取了印度河以西的领土，并为穆罕默德·沙加冕。

象之见证史》（تاريخ شهادت فرخ سير），作者是军官出身的诗人，他意图撰写自奥朗则布去世后一百年间的历史，该书内容自穆罕默德·沙即位起，记述得非常详细，故该书又名《穆罕默德·沙史》（تاريخ محمد شاه）。

## 小　结

印度和波斯，这两大文明在历史、文化上的交往极深。苏菲派在印度一度盛行，深得穆斯林统治阶级青睐，催生出许多宗教作品。印度穆斯林宫廷对波斯文化非常崇尚，正如人们能在美轮美奂的印度伊斯兰建筑中发现浓重的波斯色彩一样，他们也不遗余力地资助波斯诗人，推动波斯文史书的编纂。因此，除了以波斯语为民族语言的伊朗，印度也藏有大量的波斯文手稿和抄本。

这些材料若按成书地可分为两类：一类是在印度的学者作家撰写的波斯语作品；另一类是中亚、伊朗的作家在波斯语历史、地理著作中就印度编写的篇章、段落，比如拉施特之《史集·印度克什米尔史》，以及各种地理作品中不可或缺的一节——有关印度的记载。若按内容分，波斯语文献可分为历史、宗教、文学诗歌和公文四类，每一类都自成体系。本文仅简要介绍了官修波斯语印度史的材料，乃印度波斯语文献之冰山一角。仅就历史研究而言，除了官修史，印度穆斯林王朝还留下了大量的书信、传记甚至诗歌值得注意和利用。若仔细搜集整理这些波斯语文献，会令人不禁感慨，文化底蕴深厚、经济富庶的南亚次大陆所留存的波斯语材料几乎可与伊朗本土等量齐观。虽然波斯语史书在印度的出现稍晚于伊朗，但门类俱全，尤其在阿克巴时期，印度波斯语文献的翻译、插画、誊抄并不比同时期被誉为第二波斯帝国的萨法维朝逊色。

18 世纪中叶，印度从封建的莫卧儿王朝走进了近代。随着英国势力对印度的不断渗透，英语替代波斯语成为贵族、知识分子甚至行政活动中必需的语言。印度民族主义的兴起，使得波斯语这一有着外国和异族标签的语言显得与潮流格格不入，广大的印度教徒排斥它，而穆斯林群众则更倾心于贴近生活的民间语言——乌尔都语，于是波斯语就这样慢慢地淡出了印度的历史舞台，这一古典语言的辉煌伴随着印度步入现代而在该国走向了终点。

责任编辑：张亝煜

# Bibliographic Introduction to Persian Documents of Indian History

*Chen Su*

**Abstract:** This paper sorts out the Persian documents relevant to Indian history which range from the $11^{th}$ to the $18^{th}$ centuries, in order to make a fundamental survey of author, content and background of these work. Due to the cultural and political reasons, Persian language as an important cultural carrier of Islamic civilization was the literary language and court dialect of India for a time. India's abundant Persian documents can be divided into four categories: history, religious text, literary poem and prose, administrative document and archive, which are the indispensable materials for South Asia studies. A bibliographic introduction of these Persian documents will be provided to researchers of Indian history.

**Keywords:** Persian Documents; Indian History; Islamic Culture of South Asia

# 印度部派佛教“中有”思想

程明贞*

【摘　要】“中有”是印度部派佛教各派别间辩论的重要问题之一。主张“有中有”的部派认为有情死后，为了寻找生处必须有一种自体当作媒介，因而提出细微五蕴身的“中有”。然而，主张有情死后其心刹那生起的部派，理所当然对“中有”持否定态度。在各部派辩论“中有”时，支持“中有”的部派从契经中找出各种证据，因而引申出“健达缚”“求有”“意成”等“中有”之“异名”。同时，在被反方批判的情况下，他们也必须对“中有”概念设法辩护。由此，在双方的辩论中，“中有”的种种特质就展现了出来。

【关键词】中有　部派佛教　《大毗婆沙论》《俱舍论》《论事》

“中有”是印度部派佛教在探讨轮回转生问题时所延伸出来的重要理论。学界对“中有”问题研究颇多，主要依据北传的梵文本或汉译文献，诸如说一切有部的《大毗婆沙论》和《顺正理论》，抑或瑜伽行派世亲所

* 程明贞，北京大学哲学系宗教学专业博士研究生，研究方向为佛教哲学。

造的《俱舍论》等加以研究，因为这几部文献对于部派佛教间争论“中有”概念记载得较详细。如 Robert Kritzer 通过《大毗婆沙论》与《俱舍论》，分析说一切有部之“色法”与“中有”概念的关系①，而 Wayman 对《俱舍论》所载关于“中有”的特性进行了分析②。他们很少引用载有部派佛教间探讨“中有”问题的南传巴利文献并进行考察。巴利文献记载了不少关于“中有”问题的讨论，不仅在《论事》与《论事注》中有专门讨论“中有”问题的章节，在契经注释中，任何与“中有”概念有关联的地方都有涉及。

对于“有情于前世死后如何转生后世”这道难题，有些部派以“中有”来解答，认为“中有”是有情之“死有”与“生有”之间的桥梁，他们死后便转为寻求生处的“中有身”，直至业力引生于他处。但是，坚信有情死后其心刹那转生他处的部派，理所当然对“中有”加以否定。据北传《异部宗轮论》所载，大众部、一说部、说出世部、鸡胤部及化地部皆主张“无中有”，化地部末宗及说一切有部则认为“有中有”。③南传《论事》代表上座部的观点，认为“无中有”，而作为其对立方的东山住部与正量部，则主张“有中有”。④

本文以北传的《大毗婆沙论》与南传文献《论事》为主要依据，探讨其中正反两派针对“中有”的争论，借以理清二者对“中有”的异见，以及背后所蕴含的意趣。本文分为三部分来说明：一、“中有”的含义；二、“中有”的争论；三、结论。

## 一 “中有”的含义

主张存在“中有”的部派认为，有情在命终后投胎前必须依于一种细微五蕴身，以寻求生处。由此，他们提出了存在于“死有”与“生有”中

① Robert Kritzer, “Rūpa and the Antarābhava”, *Journal of Indian Philosophy*, Volume 28, 2000, pp.235-272.

② Wayman, Alex, “The Intermediate State Dispute in Buddhism”, *Journal Article*, 1983, pp.251-267.

③ 世友:《异部宗轮论》，载《大正藏》第49册，第16页上、中，第17页上。

④ Kathāvatthuppakaraṇa-aṭṭhakathā: “antarābhavo nāma atthi...” ti laddhi, seyyathāpi pubbaseliyānañceva sammitiyānañca. (London : The Pali Text Society, 1979, p.105.)

间的微细身，名之为“中有”。而与此相对，否认存在“中有”的部派则主张有情仅依心识转世，死心灭后刹那转起结生心，开始新的生命。

持“有中有”观点最具代表性的部派为“说一切有部”，其重要论书——《大毗婆沙论》载有大量探讨“中有”问题的内容。对于“中有”的名称及其含义，《大毗婆沙论》指出“中有”有多种名称，即“中有”、“健达缚”、“求有”以及“意成”。

> 如是中有有多种名：或名中有，或名健达缚，或名求有，或名意成。
>
> 问：何故中有或名中有？
>
> 答：居死有后在生有前，二有中间有自体起，欲、色有摄故名中有……
>
> 问：何故中有名健达缚？
>
> 答：以彼食香而存济故，此名唯属欲界中有。
>
> 问：何故中有名求有耶？
>
> 答：于六处门求生有故。如住中有求后有心相续猛利，住余不尔，故独中有立求有名。
>
> 问：何故中有复名意成？
>
> 答：从意生故。谓诸有情或从意生，或从业生，或从异熟生，或从淫欲生。从意生者，谓劫初人及诸中有，色、无色界并变化身……诸中有身从意生故，乘意行故名为意成。①

有部论师解说：名为“中有”缘于它存在于“死有”与“生有”二有的中间，名为“健达缚”是因为“中有”以香为食，名“求有”是因为“中有”具有强烈的寻求生有之心，而名为“意成”则缘于“中有”依意而生成。

那么，问题是这些“中有”的种种异名是如何而来？

从《大毗婆沙论》中涉及正反两派争论“中有”的内容中可见，上述

---

① 《大毗婆沙论》，载《大正藏》第 27 册，第 363 页上。

“中有”的种种名称来自佛教各派所传诵诸契经。认为“中有”存在的有部论师设法引用圣言量论证“实有中有”，因此“健达缚”“求有”“意成”三者即成为“中有”之异名。以下笔者以“中有”的这几种名称为对象依次讨论。

## （一）中有

“中有”来自梵文 antarābhava，巴利语同，泛指有情死后、寻求生处的细微五蕴身。antarābhava 一词，由 antarā（中间义）与 bhava（有、存在义）两词组成，其中隐含了两个“有”，即“死有”（maraṇa-bhava）与“生有”（upapatti-bhava）之间的状态。可以肯定的是，在巴利契经中并未出现 antarābhava 这一词，而世亲的《俱舍论释》[①]（*Abhidharmakośabhāṣya*）中则引用说一切有部特有的契经来证明佛曾说 antarābhava 的存在：

> kaṇṭhokteścāsti, sūtra uktam “sapta bhavāḥ | narakabhavas tiryagbhavaḥ pretabhavo devabhavo manuṣyabhavaḥ karmabhavo ‘**ntarābhava**”iti | naitatsūtram tairāmnāyate| [②]
>
> 次依圣教证有中有，谓契经言：“有有七种，即五趣有、业有、中有。”若此契经彼部不诵…… [③]

《俱舍论释》所引契经内容与现存汉译本安世高所译的《十报法经》相符（一般认为属于该译本说一切有部，但现存中亚梵本《十上经》中该部分恰好残缺[④]），经中说：

① 《俱舍论》汉译本中包含本颂与注疏内容，本文为了区分所引文献出处，而在文章中所涉及注疏的部分特别用了《俱舍论释》名。

② Prof. P. Pradhan, *Abhidharmakośabhāṣya of Vasubandhu Vol. VIII*, Orissa: Utkal University, 1967, p.121.

③ 世亲:《俱舍论》，载《大正藏》第 29 册，第 44 页下。

④ Kusum Mittal, *Dogmatische Begriffsreihen im älteren Buddhismus 1: Fragmente des Daśottarasūtra aus zentralasiatischen Sanskrit-Handschriften*, Berlin : Akademie-Verl., 1957; Dieter Schlingloff, *Dogmatische begriffsreihen im älteren buddhismus, Ia : Daśottarasūtra, 9-10*, Berlin : Akademie-Verlag, 1962; De Jong, J. W., “The Dasottarasutra”，载《金仓博士古稀纪念印度学佛教学论集》，平乐寺书店，第 3 ~ 25 页。Reprinted in Gregory Schopen, ed., *Buddhist Studies by J. W. de Jong* , Berkeley: Asian Humanities Press, 1979, pp. 251-273.

第三七法，当知。七有，一为不可有、二为畜生有、三为饿鬼有、四为人有、五为天有、六为行有、七为中有。①

问题是，与《十报法经》相对应的《长阿含·十上经》或巴利语《长部·十上经》内容中并未谈到“七有”，也没有出现“中有”（antarābhava）一词。

《长阿含·十上经》：

云何七觉法？谓七识住处：若有众生，若干种身，若干种想，天及人是，是初识住。复有众生，若干种身而一想者，梵光音天最初生时是，是二识住。复有众生，一身若干种想，光音天是，是三识住。复有众生，一身一想，徧净天是，是四识住。或有众生，空处住，是五识住。或识处住，是六识住。或不用处住，是七识住。②

《长部·十上经》（*Dasuttara-sutta*）：

katame satta dhammā pariññeyyā? satta viññāṇa-ṭṭhitiyo. sant' āvuso sattā nānatta-kāyā nānatta-saññino, seyyathā pi manussā ekacce ca devā ekacce ca vinipātikā. ayaṃ paṭhamā viññāṇa-ṭṭhiti. sant' āvuso, sattā nānatta-kāyā ekatta-saññino, seyyathā pi devā brahma-kāyikā paṭhamābhinibbattā. ayaṃ dutiyā viññāṇa-ṭṭhiti. sant' āvuso, sattā ekatta-kāyā nānatta-saññino, seyyathā pi devā ābhassarā. ayaṃ tatiyā viññāṇa-ṭṭhiti. sant' āvuso, sattā ekatta-kāyā ekatta-saññino, seyyathā pi devā subhakiṇhā. ayaṃ catutthī viññāṇa-ṭṭhiti. sant' āvuso, sattā sabbaso rūpa-saññānaṃ samatikkamā, paṭigha-saññānaṃ atthagamā, nānatta-saññānaṃ amanasikārā, 'ananto ākāso'ti ākāsānañcāyatanūpagā. ayaṃ pañcamī viññāṇa-ṭṭhiti. sant' āvuso, sattā sabbaso ākāsānañcāyatanaṃ samatikkamma

① 《长阿含·十报法经》，载《大正藏》第1册，第236页中。

② 《长阿含经》，载《大正藏》第1册，第54页中。

'anantaṃ viññāṇan ti' viññāṇañcāyatanūpagā. ayaṃ chaṭṭhī viññāṇa-ṭṭhiti. sant' āvuso, sattā sabbaso viññāṇañcāyatanaṃ samatikkamma 'n'atthi kiñcīti' ākiñcaññāyatanūpagā. ayaṃ sattamī viññāṇa-ṭṭhiti. ime satta dhammā pariññeyyā. ①

汉译：云何七法是应遍知？谓七识住。朋友！有诸有情，具种种身，具种种想；如人，一部分天神，及一部分堕难处者，此为第一识住；朋友！有诸有情，具种种身，具一种想，如由初禅而生之诸梵身天，此为第二识住；朋友！有诸有情，具一种身，具种种想，如光音天，此为第三识住；朋友！有诸友情，具一种身，具一种想，犹如遍净天，此为第四识住；朋友！有诸有情，超越一切色想，灭有对想，于种种想皆不作意，入驻于“虚空无边”，成就空无边处，此为第五识住；朋友！有诸有情，超一切空无边处，入驻于“识无边”，成就识无边处，此为第六识住；朋友！有诸有情，超越一切识无边处，入驻于“无所有”，成就无所有处，此为第七识住。此等七法是应遍知。

据《十报法经》所载，“七有”为世尊所说“应知”（pariññeyya）之法，而依据汉译与巴利语两部《十上经》皆记载为“七识住”（satta viññāṇa-ṭṭhitiya），然而《十报法经》的“七识住”则被列在“难受知”之法中②。可见，除了《十报法经》外，与之对应的两部《十上经》并没有提及“七有”，也没有出现“中有”或“antarābhava”这一词。

从《俱舍论释》“若此契经彼部不诵……”让我们能够明确地知道，《俱舍论释》所引经文是其他部派不传诵的特殊经典。安世高所依据的底

① J. Estlin Carpenter, D. Litt. , *Dīghanikāya Vol. III*, London : The Pali Text Society, 1976, p.282.

② 《长阿含·十报法经》：第七七法，难受知。七识止处，有色身异身异相。譬如或人中、或天上，是为一识止处。有色若干身一想。譬如天上天，名为梵，上头有，是为二识止处。有在色处，一身一想。譬如天名为自明，是为三识止处。有无有色处行者，一切从色度灭恚念无有量行止。譬如天名为空，是为四识止处。有无有色处行者，一切从空得度，行识无有量止。譬如天名为识，是为五识止处。有不在色行者，无有想亦不离想。譬如天名为无有想，是为七识止处。（《大正藏》第1册，第236页中）

本无疑是属于说一切有部的经典，现代学者认为汉译《长阿含·十上经》是属于法藏部的[①]，而巴利文献《长部·十上经》是属于南传上座部的。也就是说，《十报法经》为说一切有部所传，汉译《十上经》疑似法藏部所传，而巴利语《十上经》为南传上座部所传。可见，不同部派契经对“中有”这一问题存在分歧，认为“有中有”的说一切有部所传《长阿含·十上经》有着不见于其他部派的特殊内容，尤其与持“无中有”的南传上座部经典中的内容相比，上座部所传契经确实未曾出现“antarābhava”一词。

### （二）健达缚

“健达缚”为梵语 gandharva（巴利语：gandhabba）的音译，泛指乐器或天界音乐神。gandha 含有气味、香气的意思，rva 由√ṛ 变来，有达到、获得之义，由此 gandharva 也可译为“食香”或“香阴”。有部论师借以将“健达缚”之名与其含义联系起来，解说“中有身”以香为食而称之为“健达缚”。[②] 此外还引经[③] 证明“健达缚”就是“中有”。例如《大毗婆沙论》中说：

> 问：应理论者依何量故说有中有？
>
> 答：依至教量。如契经说：“入母胎者要由三事俱现在前，一者母身是时调适，二者父母交爱和合，三‘健达缚’正现在前。”除中有身何健达缚？前蕴已坏何现在前？故健达缚即是中有。[④]

---

① E. Waldschmidt, *“Central Asian Sūtra Fragments and Their Relation to the Chinese Āgames”*, *The Language of the Earliest Buddhist Tradition*, Gottingen : Vandenhoeck and Ruprecht, 1980, pp.136-137.

② 《大毗婆沙论》：何故中有名健达缚？答：以彼食香而存济故，此名唯属欲界中有。（《大正藏》第 27 册，第 363 页上）

③ 《大毗婆沙论》所引经文内容，与汉译《中阿含》的《阿摄惒经》和《嗏帝经》等内容相符，如《阿摄惒经》说：以三事等合会受胎，父母合会，无满堪耐，香阴已至。阿私罗！此事等会，入于母胎。（《大正藏》第 1 册，第 666 页上）《嗏帝经》说：复次三事合会入于母胎，父母聚集一处、母满精堪耐、香阴已至。此三事合会入于母胎，母胎或持九月十月便生，生已以血长养，血者于圣法中，谓是母乳也。（《大正藏》第 1 册，第 769 页中）

④ 《大毗婆沙论》，载《大正藏》第 27 册，第 356 页下至 357 页上。

同样的引文也出现在世亲的《俱舍论释》中：

naitatsūtraṃ tairāmnāyate | itastarhi gandharvāt "trayāṇāṃ sthānānāṃ saṃmukhībhāvāt mātuḥ kukṣau garbhasyāvakrāntirbhavati | mātā kalyā 'pi bhavati ṛtumatī ca | mātāpitarau raktau bhavataḥ saṃnipatitau ca | gandharvaśca pratyupasthito bhātī"ti | antarābhavaṃ hitvā ko 'nyo gandharvaḥ |etadapi naiva tairāmnāyate|①

若此契经彼部不诵，岂亦不诵《健达缚经》？如契经言："入母胎者要由三事俱现在前，一者母身是时调适，二者父母交爱和合，三'健达缚'正现在前。"除中有身，何健达缚？前蕴已坏何现在前？若此契经彼亦不诵……②

可以看出在此问题上，《俱舍论》与有部正统的《大毗婆沙论》是一致的。有部论师解说有情能入母胎受孕必须要三事俱足：一是母胎在适合受孕的时候，二是父母有交合，三是有"健达缚"出现于前。也就是说，在父母交合的时候，必须有"健达缚"的"出现"母亲才能受孕。他们强调，经中的"健达缚"如果不是指"中有身"，还能是什么呢？前世的身体已经坏灭，什么东西能"出现在前"？由此，在有部论师看来，经中所说"健达缚"指的就是"中有"。

不过，此处的《俱舍论释》与前文所引的《十上经》中的段落类似，世亲也说到"若此契经彼亦不诵……"，也即承认并不是所有部派都如同说一切有部那样传诵《健达缚经》，因此这一段落也难以说服这些部派。

但是在巴利语经藏中，有几部经出现了上文所引的经文内容，如《中部·阿摄恕经》说：

jānāma mayaṃ, bho - yathā gabbhassa avakkanti hoti. idha mātāpitaro

---

① Prof. P. Pradhan, *Abhidharmakośabhāṣya of Vasubandhu Vol. VIII*, Orissa: Utkal University, 1967, p.121.

② 世亲:《俱舍论》，载《大正藏》第29册，第44页下~45页上。

va sannipatitā honti, mātā ca utunī hoti, gandhabbo va paccupaṭṭhito hoti; evaṃ tiṇṇaṃ sannipātā gabbhassa avakkanti hotī'ti.①

汉译：尊者！我们如何于入胎而知晓。谓今父母有所合；母有经水；“健达缚”现前。如是三事和合而入胎。

而不承认有“中有”的上座部的解释也有别于说一切有部，例如觉音在对这段经文的注释中解说：

gandhabboti tatrūpagasatto. paccupaṭṭhito hotīti na mātāpitūnaṃ sannipātaṃ olokayamāno samīpe ṭhito paccupaṭṭhito nāma hoti. "kammayantayantito pana eko satto tasmiṃ okāse nibbattanako hotī"ti ayam ettha adhippāyo.②

汉译：健达缚者，谓入至彼处之有情。现前者，有说站立近处、视父母聚集之有情，无有此也。然，由业引去之有情，于彼时生，可有此也。

从注释文中可以看出，注释师在对“中有”作辩论。所谓“gandhabba”或“健达缚”是入于母胎中的有情，“paccupaṭṭhito hoti”即“现前”或“现起”，并非指站在父母身旁观看他们结合的有情，而是指由于业力所引，使有情在那时结生于母胎中。通过注释的解释，“健达缚现前”并非是“中有身出现在父母交合的场所”，而是“在父母交合的时候，由于业力的运作，使有情在母胎中结生”。如此之注解，这段经文的含义即与上座部论师所执有情死后刹那结生的思想不相违背。

从巴利语文献来看，可以说其他部派并非都不持诵《俱舍论释》所引的《健达缚经》，因为相关段落的经文也出现在巴利语的《中部》中，只是不同部派在对这段经文作注解时有分歧。说一切有部认为经文中的“健

① Robert Chalmers, *Majjhimanikāya Vol. II*, London : The Pali Text Society, 1977, pp.156-157.

② J.H. Woods & D. Kosambi, *Majjhimanikāya-aṭṭhakathā* Vol.II, London : The Pali Text Society, 1979, p.310.

达缚”无疑是正寻求生处的“中有”，而否定“中有”的上座注释师则用自宗的理论来解说经文中的“健达缚”并非“中有”。

## （三）求有

“求有”，梵文作 saṃbhavaiṣin（巴利语：sambhavesī），由 saṃ-bhava（生起、发生）与 eṣin（寻求者）两词组成，指寻求生有的有情。有部论师以此诠释“中有”的性质，解说“中有”仅为“死有”与“生有”之间短瞬的形态，其具强烈寻求“生有”的心，因此名之为“求有”，并引经论证“求有”就是“中有”，《大毗婆沙论》说：

> 经说：“苾刍如是四食，能令‘部多有情’安住，及能摄益‘求有有情’。”问：此经所说“部多”“求有”二种有情云何差别？答：住“本有”名“部多”，住“中有”名“求有”，于六处门求当有故。有说：“圣”名“部多”，“异生”名“求有”，彼类多求当来有故。有说：“无学”名“部多”，“学”名“求有”，彼容希求当来有故。①

有部论师引经文并解说：经中所提“部多有情”（梵文：bhūta）指存在于“本有”位的众生。也就是说，已经出生并继续留存的众生被称为“部多有情”，而“求有者”则指住于“中有”位的有情众生，因为他们是寻求生有者。由此，有部论师认为该经所说“求有”指的便为“中有”。

《大毗婆沙论》所引经文如同《杂阿含·食经》所载②，而与《杂阿含·食经》对应的巴利文献为《相应部》之食经，此经说：

> cattārome bhikkhave āhārā bhūtānaṃ vā sattānaṃṭhitiyā sambhavesīnaṃ vā anuggahāya.③
>
> 汉译：比丘！四食为诸“已生者”之安住，或为诸“求生者”之

① 《大毗婆沙论》，载《大正藏》第27册，第677页上。

② 《杂阿含·食经》：有四食资益众生，令得住世摄受长养。（《大正藏》第2册，第101页下）

③ M. Leon Feer, *Saṃyuttanikāya Vol. II*, London : The Pali Text Society, 1989, p.11.

利益。

上座部注释师如同有部论师，分别给“已生者”（bhūta）及“求生者”（sambhavesī）做注解，《相应部注》说：

> bhūtāti, jātā, nibbattā. sambhavesinoti, ye sambhavaṃ, jātiṃ, nibbattiṃ esanti, gavesanti. Tattha, catūsu yonīsu aṇḍaja-jalābujā sattā yāva aṇḍa-kosaṃ vatthi-kosañ ca na bhindanti, tāva sambhavesino nāma, aṇḍa-kosaṃ vatthi-kosañ ca bhinditvā, bahi nikkhantā bhūtā nāma. saṃsedajā opapātikā ca paṭhama-citta-kkhaṇe sambhavesino nāma: dutiya-citta-kkhaṇato- ppabhuti bhūtā nāma ...atha vā bhūtāti, jātā, abhinibbattā. ye bhūtā yeva, na puna bhavissantīti saṅkhaṃ gacchanti, tesaṃ khīṇāsavānaṃ etaṃ adhivacanaṃ. Sambhavam esantīti sambhavesino. Appahīna-bhava-saṃyojanattā āyatimpi sambhavaṃ esantānaṃ sekkha-puthujjanānam etaṃ adhivacanaṃ.①
>
> 汉译：“已生”者，谓已出生。“求生”者，谓寻求出生处。于四生中，卵生、胎生者，于未能破碎卵壳、蛋壳之时，名之“求生”。已破卵壳、蛋壳，并已外出之有情，名之“已生”。湿生及化生者，于第一刹那心，名之“求生”，于第二刹那心之后，名为“已生”……此外，“已生”者，谓已出生，那些已被列为将无（生）有者，此为“漏尽者”之名。名“求生”者，寻求生处故。此为寻有之“有学”及“凡夫”，仍未舍“有结”故。

虽然注释师将“求生”解释为寻找出生之处的有情，但他在将“已生”与“求生”对应“四生”而解说时，就没有出现类似“中有”正在“寻找结生处”的含义。注释师说：如果是卵生和胎生有情，“求生”指还没有从卵或蛋里破壳出来，而“已生”指已经破壳而出的有情；如果是湿

---

① F.L. Woodward, *Saṃyuttanikāya-aṭṭhakathā Vol. II*, London: The Pali Text Society, 1977, pp.22-23.

生和化生有情，第一刹那的结生心是“求生”，而结生心之后的第二刹那心则是“已生”的意思。因此，对于四生来说，“求生”只是其增长的过程，并没有寻找生有的含义。

另外，在将“已生”与“求生”对应“漏尽者”（khīṇāsava，即阿罗汉圣者）、“有学”（sekkha）及“凡夫”（puthujjana）时，注释师解说“漏尽者”就是“已生”，因为其已出生，且不会再生（所以不是“求生”），而“有学”和“凡夫”则是被烦恼结所束缚的有情，他们还要在三界中生死轮回，所以名为“求生”。由此，“求生”之名是指所有还未断除烦恼结的有情，并不是指寻求生处的“中有”。

值得一提的是，前面所引《大毗婆沙论》的“有说：‘圣’名‘部多’……”等文，与《相应部注》的这种注解大致吻合。《大毗婆沙论》的“圣”和“无学”都是指阿罗汉漏尽者，此论说这类圣者名为“部多”，而“学”与“异生”（或“凡夫”）这类有情名为“求有”。由此，通过对比《大毗婆沙论》与《相应部注》中的内容，又能够印证持有这样主张的其中之一为上座部注释师。

### （四）意成

从《俱舍论释》的梵文本和汉译本来看，“意成”对应的梵文为“manomaya”。“mana”为“心”义，“maya”有“构成”或“所成”义，玄奘法师将其译为“意成”，而真谛法师用“意生”来翻译。《大毗婆沙论》说：

> 余经复说：“此身已坏，余身未生，‘意成有情’依止于爱，而施设取。”世尊既说，此身已坏，余身未生，意成有情依爱立取，故知中有决定非无。若无中有，意成有情名何所表？[①]

此论所引经，在求那跋陀罗翻译的《杂阿含经》九五七经、《别译杂阿含经》一九〇经以及巴利语本《相应部》中都有对应的经文。

---

① 《大毗婆沙论》，载《大正藏》第27册，第357页上。

《杂阿含经》九五七经说：

> 婆蹉白佛：“众生于此命终，乘意生身往生余处，云何有余？”
>
> 佛告婆蹉：“众生于此处命终，乘‘意生身’生于余处，当于尔时，因爱故取，因爱而住，故说有余。”[①]

《别译杂阿含经》一九〇经说：

> 犊子言：“瞿昙！火尚可尔，人则不然。所以者何？身死于此，‘意生’于彼，于其中间，谁为其取？”
>
> 佛言：“当于尔时，以爱为取，爱取因缘，众生受生。一切世间，皆乐于取，一切皆为取所爱乐，一切悉皆以取为因。”[②]

巴利语《相应部》说：

> yasmiñ ca pana bho gotama samaye imañ ca kāyaṃ nikkhipati satto ca aññataraṃ kāyaṃ anuppanno hoti. imassa pana bhavaṃ gotamo kiṃ upādānasmiṃ paññāpetī ti. yasmiṃ kho vaccha samaye imañ ca kāyaṃ nikkhipati, satto ca aññataraṃ kāyaṃ anupapanno hoti. tam ahaṃ taṇhūpādānaṃ vadāmi. taṇhā hissa vaccha tasmiṃ samaye upādānaṃ hotī ti.[③]
>
> 汉译：尊者乔达摩！有情弃此身，尚未往生于彼身时，尊者乔达摩设何为其薪源耶？婆磋！有情弃此身，尚未生于彼身时，我说爱取为其薪源。婆磋！爱于此时为其薪源。

于这三部经中，唯独巴利《相应部》中没有出现类似“意成”或“manomaya”的词语。但从经文内容来看，“有情弃此身，尚未往生于彼身

① 《杂阿含经》，载《大正藏》第 2 册，第 244 页中。
② 《别译杂阿含经》，载《大正藏》第 2 册，第 443 页中。
③ M. Leon Feer, *Saṃyuttanikāya Vol. IV*, London : The Pali Text Society, 1990, p.400.

时”这种叙述也能够解释成众生处在“死有”与“生有”中间的“中有”位。然而，上座注释师则将经文所载有情已舍弃原本的身体、尚未投生于新体的这段时间，解释成极其短暂、死心已灭、结生心还没有生起的刹那时间。《相应部注》说：

Imañ ca kāyaṃ nikkhipatī ti, cuti-cittena nikkhipati. anupapanno hotī, ti cuti-kkhaṇe yeva paṭisandhi-cittassa anuppannattā anupapanno hoti.①

汉译：“弃此身”者，谓由死心而弃之。“尚未往生”者，谓于刹那死时，结生心尚未生起。

由此解说，上座部论师所持“无中有”的观点与这段经文亦不相违。

汉译《杂阿含经》一般被认为属于说一切有部的经典②，上文内容与《大毗婆沙论》所引经文也大致吻合。而且，“意生”的含义与现存梵本《俱舍论释》的“manomaya”也非常相像，它很有可能就是从“manomaya”翻译来的。但是与这两部《杂阿含经》相对应的巴利语《中部》却没有出现“manomaya”这一词。由此可见，说一切有部与上座部对这段经文的传诵存在分歧。因此，说一切有部引用这部经典来论证“中有”的存在，是不可能被上座部论师认同的。

## 二 “中有”的争论

上座部论师在《论事注》中提到，执“有中有”的部派，即东山住部与正量部，他们从经文的“中般涅槃”这一词而引申出“中有”概念：

idāni antarābhavakathā nāma hoti. tattha yesaṃ, antarā-parinibbāyīti suttapadaṃ ayoniso gahetvā, antarābhavo nāma atthi, yattha satto

① F.L. Woodward, *Saṃyuttanikāya-aṭṭhakathā Vol. III*, London : The Pali Text Society, 1977, p.114.

② E. Waldschmidt, *"Central Asian Sūtra Fragments and Their Relation to the Chinese Āgames"*, *The Language of the Earliest Buddhist Tradition*, Gottingen : Vandenhoeck and Ruprecht, 1980, pp.136-137.

dibbacakkhuko viya adibbacakkhuko iddhimā viya aniddhimā mātāpiti-samāgamañ c' eva utusamayañ ca olokayamāno sattāhaṃ vā atirekasattāhaṃ vā tiṭṭhatīti laddhi, seyyathāpi pubbaseliyānañ c' eva sammitiyānañ ca.①

汉译：今称中有论。此处，非如理执“有中般涅槃者”之经语者，（持：）“有名‘中有’，其如具天眼者而无天眼者，如具神通者而无神通者，观看父母交会之时及月水时，住于七日或七日以上。”之邪执，此为东山住部与正量部所执。

《论事注》中所说的“经语”，即“中般涅槃”（巴利语：antarā-parinibbāyī；梵文：antarā-parinirvāyī）的记载，在北传《杂阿含经》与南传《相应部》② 中都有能对应的经文。如《杂阿含经》说：

① N.A. Jayawickrama, *Kathāvatthuppakaraṇa-aṭṭhakathā*, London : The Pali Text Society, 1979, p.105.

② *Saṃyuttanikāya* : evaṃ bhāvitesu kho, bhikkhave, sattasu sambojjhaṅgesu evaṃ bahulīkatesu satta phalā sattānisaṃsā pāṭikaṅkhā. katame satta phalā sattānisaṃsā? diṭṭheva dhamme paṭihacca aññaṃ ārādheti. no ce diṭṭheva dhamme paṭihacca aññaṃ ārādheti, atha maraṇakāle aññaṃ ārādheti. no ce diṭṭheva dhamme paṭihacca aññaṃ ārādheti, no ce maraṇakāle aññaṃ ārādheti, atha pañcannaṃ orambhāgiyānaṃ saṃyojanānaṃ parikkhayā antarāparinibbāyī hoti. no ce diṭṭheva dhamme paṭihacca aññaṃ ārādheti, no ce maraṇakāle aññaṃ ārādheti, no ce pañcannaṃ orambhāgiyānaṃ saṃyojanānaṃ parikkhayā antarāparinibbāyī hoti, atha pañcannaṃ orambhāgiyānaṃ saṃyojanānaṃ parikkhayā upahacca parinibbāyī hoti. no ce diṭṭheva dhamme paṭihacca aññaṃ ārādheti, no ce maraṇakāle aññaṃ ārādheti, no ce pañcannaṃ orambhāgiyānaṃ saṃyojanānaṃ parikkhayā antarāparinibbāyī hoti, no ce pañcannaṃ orambhāgiyānaṃ saṃyojanānaṃ parikkhayā upahacca parinibbāyī hoti, atha pañcannaṃ orambhāgiyānaṃ saṃyojanānaṃ parikkhayā asaṅkhāraparinibbāyī hoti. no ce diṭṭheva dhamme paṭihacca aññaṃ ārādheti, no ce maraṇakāle aññaṃ ārādheti, no ce pañcannaṃ orambhāgiyānaṃ saṃyojanānaṃ parikkhayā antarāparinibbāyī hoti, no ce pañcannaṃ orambhāgiyānaṃ saṃyojanānaṃ parikkhayā upahacca parinibbāyī hoti, no ce pañcannaṃ orambhāgiyānaṃ saṃyojanānaṃ parikkhayā asaṅkhāraparinibbāyī hoti, atha pañcannaṃ orambhāgiyānaṃ saṃyojanānaṃ parikkhayā sasaṅkhāraparinibbāyī hoti. no ce diṭṭheva dhamme paṭihacca aññaṃ ārādheti, no ce maraṇakāle aññaṃ ārādheti, no ce pañcannaṃ orambhāgiyānaṃ saṃyojanānaṃ parikkhayā antarāparinibbāyī hoti, no ce pañcannaṃ orambhāgiyānaṃ saṃyojanānaṃ parikkhayā upahacca parinibbāyī hoti, no ce pañcannaṃ orambhāgiyānaṃ saṃyojanānaṃ parikkhayā asaṅkhāraparinibbāyī hoti, no ce pañcannaṃ orambhāgiyānaṃ saṃyojanānaṃ parikkhayā sasaṅkhāraparinibbāyī hoti, atha pañcannaṃ orambhāgiyānaṃ saṃyojanānaṃ parikkhayā uddhaṃsoto hoti akaniṭṭhagāmī. (London : The Pali Text Society, 1976, pp.69-70)

若比丘修习七觉分，多修习已，当得七种果、七种福利。何等为七？是比丘得现法智证乐，若命终时若不得现法智证乐，及命终时，而得五下分结尽，中般涅槃。若不得中般涅槃，而得生般涅槃。若不得生般涅槃，而得无行般涅槃。若不得无行般涅槃，而得有行般涅槃。若不得有行般涅槃，而得上流般涅槃。①

“中般涅槃”、“生般涅槃”、“无行般涅槃”、“有行般涅槃”及“上流般涅槃”五种是阿那含或不还者（Anāgāmī）之涅槃名，如果在世时仍未得阿罗汉果，其于命终时，由于五下分结已断，可得这五种般涅槃中之一种。据《论事注》的记载，东山住部与正量部认为这段经文中的“中般涅槃”指的就是“中有”。

但实际上，除了《论事注》中提到的东山住部与正量部之外，说一切有部也同样从“中般涅槃”的概念中引出“中有”，如《大毗婆沙论》说：“又经说有中般涅槃。中有若无，此依何立？”② 另外，世亲的《俱舍论释》也引用《五不还经》③ 来论证“中有”，认为如果没有“中有”，佛为何立“中般涅槃”名？

athaitad api na paṭhyate | itastarhi-pañcokteḥ, “pañcānāgāmina” ityuktaṃ bhagavatā | antarāparinirvāyī, upapadyaparinirvāyī, anabhisaṃskāraparinirvāyī, sābhisaṃskāraparinirvāyī, ūrdhvaṃsrotāśceti| asatyantarābhave katham antarāparinirvāyī nāma syāt | ④

若复不诵如是契经，《五不还经》当云何释？如契经说：“有五不还：一者中般，二者生般，三无行般，四有行般，五者上流”。中有

① 《杂阿含经》，载《大正藏》第2册，第196页下。

② 《大毗婆沙论》，载《大正藏》第27册，第357页上。

③ 与《俱舍论释》所引《五不还经》内容相同的《长阿含经》卷八说：“复有五法，谓五人：中般涅槃、生般涅槃、无行般涅槃、有行般涅槃、上流阿迦尼咤。”（《大正藏》第1册，第51页下）

④ Prof. P. Pradhan, *Abhidharmakośabhāṣya of Vasubandhu Vol. VIII*, Orissa: Utkal University, 1967, p.122.

若无何名中般？ ①

无论是说一切有部的《杂阿含经》，还是上座部的《相应部》，对五种不还者之涅槃都有同样的记载。那么，为什么他们在“中般涅槃”能否论证“中有”这一问题上有不同的看法？其背后的原因在于正反双方对“中般涅槃”具有不同的认识与解说。

巴利语《相应部注》解说“中般涅槃”，指其是阿那含圣者于色界中时，寿命还没有到此天寿量之一半就已经般涅槃：

> antarāparinibbāyīti, yo āyu-vemajjhaṃ anatikkamitvā parinibbāyati. ②
> 汉译：“中般涅槃”者，谓寿命未超过一半而般涅槃者。

所以在上座论师看来，“中般涅槃”与“中有”是没有任何关系的。

但是，有部论师却说：“舍欲界已，未至色界而入灭者名中般涅槃。” ③认为“中般涅槃”是已经断尽欲界之结并已舍离欲界，但还没到达色界的时候就已经入灭者。这与世亲的《俱舍论释》中的解说相似：

> antarā parinirvṛtir asyety antarāparinirvṛtiḥ| evam utpannasya saṃskāreṇāsaṃskāreṇeti yojyam| sa evānāgāmī punaḥ pañcadhā bhavati| antarāparinirvāyī, yo'ntarābhave parinirvāti | upapadyaparinirvāyī, ya upapannamātro na cirāt parinirvātyabhiyuktavāhimārgatvāt | sopadhiśeṣanirvāṇena | so'pi nirupadhiśeṣeṇetyapare | nāyurutsargāvaśitvāt | sābhisaṃskāra-parinirvāyī kila upapadyāpratiprasrabdhaprayogaḥ | sābhisaṃskāraṃ parinirvātyabhiyuktā-vāhimārgatvāt | anabhisaṃskāraparinirvāyī tvanabhisaṃskāreṇābhiyogavāhimārgābhāvāt | ④

① 世亲：《俱舍论释》，载《大正藏》第 29 册，第 45 页上。
② F.L. Woodward, *Saṃyuttanikāya-aṭṭhakathā Vol. III*, London : The Pali Text Society, 1977, p.143.
③ 《大毗婆沙论》，载《大正藏》第 27 册，第 357 页下。
④ Prof. P. Pradhan, *Abhidharmakośabhāṣya of Vasubandhu Vol. VIII*, Orissa: Utkal University, 1967, pp.358-359.

> 论曰：此不还者总说有七，且行色界差别有五：一中般涅槃、二生般涅槃、三有行般涅槃、四无行般涅槃、五者上流。
>
> 此于中间般涅槃故，说此名曰“中般涅槃”。如是应知，此于生已，此由有行，此由无行，般涅槃故，名生般等。此上流故，名为上流。言中般者，谓往色界，住中有位，便般涅槃。言生般者，谓往色界，生已不久，便般涅槃。以具勤修，速进道故。此中所说般涅槃者，谓有余依。有余师说，亦无余依。此不应理，彼于舍寿，无自在故。有行般者，谓往色界，生已长时，加行不息。由有功用，方般涅槃。此唯有勤修，无速进道故。无行般者，谓往色界，生已经久，加行懈息，不多功用，便般涅槃。以阙勤修，速进道故。①

《俱舍论释》认为“中般涅槃”指的是在“中有”位时而般涅槃（虽然，就现存梵本来说，antarāparinirvāyī, yo’ntarābhave parinirvāti 并没有“往色界”这一段话，但这有可能是因为玄奘所用的梵文本内容不完全一样，或者他是依据说一切有部的概念而加以解说）。总之，有部论师与《俱舍论释》都认为“中般涅槃者”是在正往色界的中有位时而入涅槃。因此，既然有“中般”便应该有“中有”。

据《论事》所载，“中般涅槃”是唯一反方设问上座论师的问题。主张“有中有”的部派提出：若承认有所谓“中般涅槃”，即应承认有“中有”。但上座论师并不承认，且反问对方说：如果以“中般涅槃”而立“中有”的话，对于“生般涅槃”“无行般涅槃”“有行般涅槃”“上流般涅槃”也应该立“生有”“无行有”“有行有”“上流有”等名。②

有趣的是，《俱舍论释》中也有反驳类似上座部的观点：

---

① 世亲：《俱舍论释》，载《大正藏》第29册，第124页中。

② *Kathāvatthu*: na vattabbaṃ “atthi antarābhavoti”? āmantā. nanu antarāparinibbāyī puggalo atthīti? āmantā. hanci antarāparinibbāyī puggalo atthi, tena vata re vattabbe – “atthi antarābhavo ti”. antarāparinibbāyī puggalo atthīti katvā atthi antarābhavoti? āmantā. upahaccaparinibbāyī puggalo atthīti katvā atthi upahaccabhavoti? na h’evaṃ vattabbe...pe...antarāparinibbāyī puggalo atthīti katvā atthi antarābhavoti? āmantā. asaṃkhāraparinibbāyī puggalo...pe...sasaṃkhāraparinibbāyī puggalo atthīti katvā atthi sasaṃkhārabhavoti? na h’evaṃ vattabbe...pe... (London : The Pali Text Society, 1979, p.366) anye punarāhuḥ | āyuḥpramāṇāntare vā devasamīpāntare vā yaḥ kleśān prajahāti so 'ntarāparinirvāyī | sa punardhātugato vā parinirvāti saṃjñāgato vā vitarkagato vā | tena trividho bhavatīti | prathamo vā rūpadhātau nikāyasabhāgaparigrahaṃ kṛtvā parinirvāti | dvitīyo devasamṛddhiṃ cānubhūya | tṛtīyo devānāṃ dharmasaṃgītimanupraviśya | upapadyaparinirvāyī punaḥ prakarṣayuktāṃ saṃgītimanupraviśya parinirvāti bhūyasā vā āyurūpahatya nopapannamātra eveti ta ete sarve 'pi śakalikādidṛṣṭāntairna saṃvadhyante | deśagativiśeṣābhāvāt | ārupyeṣvapi cāntarāparinirvāyī paṭhyetāyuḥpramāṇāntare parinirvāṇāt | na ca paṭhyate |

"dhyānaiścatasro daśikā ārupyaiḥ saptikātrayam |

saṃjñayā ṣaṭṭikāṃ kṛtvā vargo bhavati samuditaḥ ||"

ityetasyāyurdānagāthāyām | tasmād etad api sarvaṃ kalpanāmātram | ①

有余复说："或寿量中间，或近天中间，断余烦恼成阿罗汉，是名中般。由至界位，或想，或寻，而般涅槃，故有三品：或取色界，众同分已，即般涅槃，是名第一；从是次后，受天乐已，方般涅槃，是名第二；复从此后，入天法会，乃般涅槃，是名第三。入法会已，复经多时，方般涅槃，是名生般。或减多寿，方般涅槃，非创生时，故名生般。"如是所说，与火星喻皆不相应。所以者何？以彼处行，无差别故。又无色界，亦应说有，中般涅槃。由彼亦有，寿量中间，般涅槃故。然不说彼，有中般者。如《嗢拖南》伽他中说：

总集众圣贤　　四静虑各十

三无色各七　　唯六谓非想

故彼所执皆是虚妄。②

① Prof. P. Pradhan, *Abhidharmakośabhāṣya of Vasubandhu Vol. VIII*, Orissa: Utkal University, 1967, p.122.

② 世亲:《俱舍论释》，载《大正藏》第29册，第45页上、中。

文中的“或寿量中间……断余烦恼成阿罗汉，是名中般”与前面所说上座部论师的观点一致。《俱舍论释》批评了将“中般涅槃”解说为“寿量中间”或者“近天中间”而般涅槃的部派。因为，对方所说的三种中般涅槃与以火星作比喻的近、中、远三种中般不对应[①]。这三种都是色界，所以没有说“处行无差别”（deśa-gati-viśeṣābhāvāt）。另外，在无色界也有寿量中间而般涅槃者，但对方又不承认无色界有中般涅槃。因此，《俱舍论释》认为中般涅槃不是如对方所说的那样指“寿量中间，或近天中间”，而是指中有。

下文笔者将《论事》及《论事注》中上座论师所问难对方关于“中有”的一些问题作为探讨“中有”性质的论点，并依据有部论师的《大毗婆沙论》与《顺正理论》对相关问题的解说加以分析，借此厘清“中有”问题的争论以及正反两派蕴含的各宗观点。

据《论事注》叙述当时部派间争论的中有，其寿命有七天或七天以上；虽没有天眼和神通，却如同具有天眼和神通一样，此有情要观察母亲适合受孕的时期以及父母交合之时。这些是“中有”的基本特质，而其余的特质可以通过正反两派对“中有”的辩论得知。

## （一）“中有”与“三有”

在巴利经藏中并没有出现antarā-bhava这种“bhava”或“有”的记载，因此上座论师以kāma-bhava、rūpa-bhava、arūpa-bhava，即“欲有”“色有”“无色有”这三种佛曾说过的“有”来问难对方，说“中有”是“欲有”、“色有”还是“无色有”？另外，由于antarā是“中间”义，上座论师又问“中有”在“欲有”与“色有”的中间，还是在“色有”与“无色

① 在《分别世品》中以火星譬喻三种中般：“又经说有七善士趣。谓于前五中般分三。由处及时近中远故。譬如札火小星迸时，才起近即灭，初善士亦尔。譬如铁火小星迸时，起至中乃灭，二善士亦尔。譬如铁火大星迸时，远未堕而灭，三善士亦尔。非彼所执别有中天，有此时处三品差别，故彼所执定非应理。”（《大正藏》第29册，第45页上）

有”的中间？这些问题都被对方否认了。[①] 由此可知，东山住部与正量部认为“中有”并不属于三界中的任何一界，也并非处于哪二界的中间。

除了“三有”或“三界”的问难，上座论师更以“四生”与“五趣”来追问。“四生”即卵生、胎生、湿生、化生四种“生”；“五趣”是地狱、畜生、饿鬼、人、天五种“趣”。上座论师用这两种以“生”与“趣”区分有情的方法来问难对方，既然说“中有”不是“四生”，也不是“五趣”有情，那么它是第五生，还是第六趣呢？[②] 对此《论事注》解说：

> *Pañcamī sā yonī*ti ādīni pi yathāparicchinnayoni-ādīsu so samodhānaṃ na gacchati. atha tena tato tato atirekena bhavitabban ti codetuṃ vuttāni.[③]
>
> 汉译：“第五生”等者，为诘难者所言：(佛)所施设之“生”等，“中有”则不列于内。于是，其应为彼彼“生”“趣”等之外。

对此，东山住部与正量部则不认同，也就是说，他们认为不能说“中有”是“四生”或“五趣”中的哪一种有情，但也不能说它是“四生”与“五趣”之外的“第五生”或“第六趣”的有情。

对于这些论题，《大毗婆沙论》说：

> 居死有后在生有前，二有中间有自体起，欲、色有摄故名中有。

---

① *Kathāvatthu:*atthi antarābhavo ti? āmantā. Kāmabhavo ti? na h'evaṃ vattabbe...pe... atthi antarābhavo ti? āmantā. Rūpabhavo ti? na h'evaṃ vattabbe...pe...atthi antarābhavoti? āmantā. Arūpabhavo ti? na h'evaṃ vattabbe...pe...atthi antarābhavo ti? āmantā. kāmabhavassa ca rūpabhavassa ca antare atthi antarābhavo ti? na h'evaṃ vattabbe...pe... atthi antarābhavoti? āmantā. rūpabhavassa ca arūpabhavassa ca antare atthi antarābhavo ti? na h'evaṃ vattabbe...pe...kāmabhavassa ca rūpabhavassa ca antare n'atthi antarābhavo ti? āmantā. hañci kāmabhavassa ca rūpabhavassa ca antare n'atthi antarābhavo, no vata re vattabbe “atthi antarābhavoti. ” rūpa-bhavassa ca arūpabhavassa ca antare n'atthi antarābhavo ti? āmantā. hañci rūpabhavassa ca arūpabhavassa ca antare n'atthi antarābhavo, no ca vata re vattabbe “atthi antarābhavoti.” (London : The Pali Text Society, 1979, pp.361-362)

② 上座论师持“五趣”说，不持“六趣”说，因此这里的第六趣是指五趣之外，与另举阿修罗道的六趣说并不一样。

③ N.A. Jayawickrama, *Kathāvatthuppakaraṇa-aṭṭhakathā*, London : The Pali Text Society, 1979, p.105.

问：余有亦在二有中间有自体起，三有所摄宁非中有？

答：若有居在二有中间，轻细、难见、难明、难了立中有名。余有虽在二有中间，粗重易见、易明、易了，不名中有。

复次，若有居在二有中间，是界、是生、非趣所摄名为中有。余有虽在二有中间，界、生、趣摄故非中有。

复次，若有居在二有中间，已舍前趣未至后趣说为中有。余有虽在二有中间，而未舍前趣，或已至后趣故非中有。④

在有部论师的这套理论中，"中有"并不是直接对应着"欲界"、"色界"或"无色界"，但它为"欲界"与"色界"所摄，只有"欲界"与"色界"才有"中有"。对于"有"的区分，有部论师举出"四有"，即"死有"、"中有"、"生有"和"本有"，作为有情轮回转生的四种状态，而"中有"就是死、生二有的中间。因此，上座论师所提出的"中有是三有或三界中的哪一种？""中有处于哪二界的中间？"等问难，也无法论证没有"中有"。

另外，对于"生"与"趣"，有部论师明确解说"中有"非常轻细，难见、难明、难了，它们都是化生⑤。但"中有"非趣所摄，因为它是"死有"与"生有"的中间状态，已经舍去了前世的"趣"，也还没有到后世的"趣"。由此，对应着上座论师的问难，"中有"不是"第五生"，而是"四生"中的"化生"；"中有"也不是"第六趣"，因为它不为"趣"所摄。

### （二）"无色界"无"中有"

上座论师设问：于一切有情都有"中有"吗？东山住部与正量部否定了这个问题。《论事注》解说，由于对方认为地狱、无想及无色有情没有"中有"，因此对这道问题做出了否定的回答。《论事注》说：

*sabbesañ ñeva sattānaṃ atthi antarābhavo* ti puṭṭho, yasmā

④《大毗婆沙论》，载《大正藏》第27册，第16页上。

⑤《顺正理论》：一切地狱诸天中有，皆唯化生。（《大正藏》第29册，第467页中。）

nirayūpaga-asañña-sattūpaga-arūpūpagānaṃ antarābhavaṃ na icchati, tasmā paṭikkhipati.①

汉译：所问“于一切之有情有中有耶”者，由其不愿堕于地狱者、无想有情、达无色者有“中有”而拒之。

关于何处有中有这一问题，《大毗婆沙论》说：

何界地处有中有耶？

有作是说：“业猛利者即无中有，业迟钝者即有中有。”由此，地狱及诸天中皆无中有，业猛利故。人、傍生、鬼或有中有，或无中有，业不定故。

复有说者：“化生有情即无中有，业猛利故。三生有情，或有中有，或无中有，业不定故。”

有余师说：“若用顺定受业而招生者即无中有，若用顺不定受业而招生者即有中有。”

应作是说：“欲、色界生，定有中有——连续处别，死有、生有，令不断故。无色界生，定无中有。”②

论师们在这个问题上也有不同的意见，有些认为在地狱和天趣中都没有“中有”，这与《论事注》所载东山住部与正量部认为地狱、无想天与无色界没有“中有”的想法较接近。但就有部论师而言，欲界与色界中肯定有“中有”，只有无色界没有“中有”。那么，为什么无色界没有“中有”呢？《大毗婆沙论》说：

问：何故无色界定无中有耶？

答：非田器故。谓色法是中有田器，无色界生无诸色故，定无中

① N.A. Jayawickrama, *Kathāvatthuppakaraṇa-aṭṭhakathā*, London : The Pali Text Society, 1979, p.106.

② 《大毗婆沙论》，载《大正藏》第27册，第358页下。

有。复次，连续处别。死有、生有令不断故而起中有，无色界生，无方处别，可须连续而起中有？故无色界定无中有。①

《大毗婆沙论》的主要论点在于“中有以色法为田器”，欲界与色界都有色法，因此此二界都有“中有”，而有部论师主张“无色界无诸色”，因此没有色法的无色界肯定没有“中有”。

## （三）至“中有”之“业”

上座论师问难“有至‘中有’之业耶？”等问题，由于他们认为若真的像对方所说有“中有”的话，那么“中有”就应如同“欲有”等一样，有引有情生至“欲有”之“业”，或者是于“欲有”中的有情有生、老、死、殁、再生等这些代表有情生于“欲有”中的特性。《论事》说：

atthi kāmabhavo, kāmabhavo bhavo gati sattāvāso saṃsāro yoni viññāṇaṭṭhiti attabhāvapaṭilābho ti? āmantā. atthi antarābhavo, antarābhavo bhavo gati sattāvāso saṃsāro yoni viññāṇaṭṭhiti attabhāvapaṭilābho ti? na he'vaṃ vattabbe...pe...atthi kāmabhavūpagaṃ kamman ti? āmantā. atthi antarābhavūpagaṃ kamman ti? na h'evaṃ vattabbe...pe...atthi kāmabhavūpagā sattā ti? āmantā. atthi antarābhavūpagā sattā ti? na h'evaṃ vattabbe...pe...kāmabhave sattā jāyanti jīyanti mīyanti cavanti upapajjantīti? āmantā. antarābhave sattā jāyanti jīyanti mīyanti cavanti upapajjantīti? na h'evaṃ vattabbe...pe...②

汉译：（自）有欲有，欲有是有、趣、众生所居、轮回、生、识住、得自体耶？（他）然。（自）有中有，中有是有、趣、众生所居、轮回、生、识住、得自体耶？（他）实不应如是言……（自）有至欲有之业耶？（他）然。（自）有至中有之业耶？（他）实不应如是言……（自）有至欲有之有情耶？（他）然。（自）有至中有之有情耶？

---

① 《大毗婆沙论》，载《大正藏》第27册，第358页下。

② Arnold C. Taylor, *Kathāvatthu Vol. I*, London : The Pali Text Society, 1979, pp.362-363.

（他）实不应如是言……（自）有情于欲有有生、老、死、没、再生耶？（他）然。（自）有情于中有有生、老、死、没、再生耶？（他）实不应如是言……

从《论事》所载双方问答内容得知，东山住部与正量部认为“中有”不是“欲有”、“色有”或“无色有”，因此不具备三者应有的特性。《论事注》又解说，持“有中有”的部派认为没有单独引导有情往生“中有”的业。有情将往生于哪里，“中有”就由引生至那里的业力引生。另外，他们不认为有情于“中有”有生、老、死。①

对于“中有”的“业”与“生”等问题，《顺正理论》有相关内容的记载：

论曰：“于死有后，在生有前，即彼中间，有自体起。为至生处，故起此身。二有中间，故名中有。”如何此有，体有起殁，而不名“生”？又此有身，为从业得，为自体有？从业得者，此应名“生”。业为生因，契经说故。自体有者，此应无因，则同无因，外道论失。是故中有，应即名“生”。“生”谓当来所应至处，依所至义，建立“生”名。此中有身体虽起殁，而未至彼，故不名“生”。体谓此中，异熟五蕴，此但名“起”，不说为“生”，死、生有中暂时起故。或复“生”者，是所起义。中有能起，所以非生。所起者何？谓业所引，异熟五蕴，究竟分明。以业为生因，契经说故。此应名生者，其理不然。不说业为因皆名为生，故契经说：“有补特伽罗，已断起结，未断生结。”广说四句。由是准知，有顺中有非生有业，此业所

① *Kathāvatthuppakaraṇa-aṭṭhakathā*: *antarābhavūpagaṃ kamman* ti yadi sopi eko bhavo, yathā kāmabhavūpagādīni kammāni atthīti satthārā vibhajitvā dassitāni, evaṃ tadupagenāpi kammena bhavitabban ti codanatthaṃ vuttaṃ. yasmā pana parasamaye antarābhavūpagaṃ nāma pāṭiyekkaṃ kammaṃ natthi, yaṃ yaṃ bhavaṃ upapajjissati, tad upagen'eva kammena antarābhave nibbattatīti tesaṃ laddhi, tasmā *nah'evan*ti paṭikkhittaṃ. *atthi antarābhavūpagā sattā* ti puṭṭho pi kāmabhavūpagā yeva nāma te ti laddhiyā paṭikkhipati. *Jāyantī*ti ādīni puṭṭho pi tattha jātijarāmaraṇāni c'eva cutipaṭisandhiparamparañ ca anicchanto paṭikkhipati. (London : The Pali Text Society, 1979, pp.105-106.)

得，不说为生，故与彼经无相违过。此既与生同一业引。如何中有名“起”非“生”，岂不前说，所至所趣，乃说为生，中有不尔。①

“中有”不名为“生”，因为所谓的“生”指的是已到所应到处，但“中有”是仍未到达所应到的地方，其仅为“死有”与“生有”间暂时起殁的异熟五蕴身，并且“生”为“所起”，而“中有”为“能起”，所以不应该给“中有”立“生”名。反方认为如果“中有”同契经所言从“业”而得生的话，它即应该是“生”的。有部论师则否决说，不是所有以“业”为因缘的都是“生”，“中有”所依的不是“生有业”，因此不说“中有”为“生”，这与契经所说没有相违。

从所引《论事》与《论事注》可知，上座论师所依据的仍是“中有”不同于世尊所言“欲有”“色有”“无色有”三者。虽然其中没有更深入地探讨双方辩论所依缘由，但从这个根本问题也能够引申出“中有”是否有生、老、死，是否有引导有情生于“中有”的“业”等重要理论。而根据《顺正理论》所载相关“中有”的“生”与“业”等内容，我们更能看清正反双方辩论所依据的各宗观点。

### （四）做无间业不得“中有”

在《论事》中，当上座论师提问“做无间业者无中有？”时，对方表示承认。但这个问题在《大毗婆沙论》中记载为，堕入无间大地狱的有情也受中有身，此中说：

> 毗奈耶说，度使魔罗、伽诛药叉、提婆达多、毗卢宅迦，皆即此身陷入无间大地狱中，受诸剧苦。
>
> 问：此等为受中有身不？
>
> 答：受中有身。然，以迅速难可觉知故作是说。初一刹那死有蕴灭中有蕴生，后一刹那中有蕴灭生有蕴生。由此迅速难可觉知。

① 《顺正理论》，载《大正藏》第29册，第468页上、中。

> 有作是说：彼于佛等起重恶行，临命终时身极厚重，故此大地不能持彼。如油沃沙，即便陷入。既入地已方乃命终，受中有身后生地狱，是故说彼皆即此身陷入无间大地狱中。依初陷时而作是说。
>
> 有余师说：彼业猛利未及命终，无间地狱火焰上踊缠缚彼身牵入地狱。彼于中路方乃命终受中有身，后至地狱舍中有身方得生彼。依初去时而作是说，亦不违理。①

《大毗婆沙论》举出律藏中所记载的由作无间业而堕无间地狱的例子，都说是依那一身直接入地狱中受苦。对于这些有情是否受中有身，有三种解说。第一种说法，在死有的一刹那就生为中有身，而后一刹那中有身灭，生有身生起，过程非常迅速，所以难以了知。第二种说法，认为他们在入地狱的时候就已命终受中有身，而后生在地狱中。第三种说法，认为他们还没到命终就已经入地狱，但在中途命终受中有身，到了地狱就起生有身。这三种说法虽是不同的解说，但他们都认为堕入无间地狱的有情一定受中有身。

根据《大毗婆沙论》的记载，虽然三种说法都认为堕无间地狱的有情也有“中有”，但《论事》中东山住部与正量部并不认为做无间业者能受中有身。可见，即使都是支持“中有”的部派，但对于业力轻重不等的有情死后是否先化身为“中有”这一问题，论师们也有不同的意见。

## 三 结论

部派佛教对于“轮回”问题各有不同的见解，因而导致了种种争论。有些部派认为有情死后，为了寻找生处必须有一种自体当作媒介，因而提出细微五蕴身的“中有”。然而，主张有情死后瞬间生起的部派，理所当然对它持否定态度。主张“有中有”的部派必须设法辩论“中有”是存在的，从契经中找出各种证据，因而引申出“健达缚”“求有”“意成”等

① 《大毗婆沙论》，载《大正藏》第27册，第364页下。

“中有”之异名，而且在被反方批判的情况下，也必须对“中有”的概念设法辩护，于是“中有”的种种特质便展现了出来。

关于“中有”、“健达缚”、“求有”及“意成”名的争论可总结出两点结论。

第一，《俱舍论释》所引经文——说一切有部的《十报法经》，同与其对应的两部经典，即疑似法藏部的《长阿含·十上经》以及上座部的《长部·十上经》的内容不完全对应，尤其《十报法经》涉及“中有”的内容，并未出现于两部《十上经》中。由此可知，各部派对此经文的传诵有分歧。说一切有部《阿含》的全貌我们目前仍然未知，吉尔吉特本《长阿含》梵文本目前也尚未公布，但相关段落在《大毗婆沙论》《俱舍论释》《释论》等文献中保留了说一切有部《阿含》的引文，让我们可以一窥说一切有部《阿含》在“中有”问题上所呈现的特殊面貌。

第二，关于“健达缚”“求有”“意成”三者是“中有”异名的证据。从《大毗婆沙论》所引经文中，可以看出其内容确实隐含着“中有”的概念，而上座注释师为了服务其理论（有情以心识转生），则将“健达缚正现在前”解释为“在父母交合的时候，由于业力的运作，使有情在母胎中结生”，将“求生”解释为所有未断烦恼结而仍要生死轮回的有情，将“有情弃此身，尚未往生于彼身时”解释成极其短暂、死心已灭、结生心还没有生起的刹那时间。因此，可以看出由于各派所持的理论不一，他们对相同的经文内容有不同的意见，并且做出不同的注解。

根据南传《论事》与北传《大毗婆沙论》和《顺正理论》，从正反双方谈论“中有”问题的过程可得出它的种种特性，如“中有”属“四生”中的“化生”，只有“欲界”与“色界”才有“中有”而“无色界”没有“中有”等。另外，对于做无间业的人受不受“中有”这一问题，《论事》记载东山住部与正量部说不受“中有”，而《大毗婆沙论》却表示堕无间地狱的有情也受“中有”。可见，在同样支持“中有”的几个部派中，对“中有”的特质也有不同的意见。

责任编辑：李灿

# The Concept of Antarābhava in Buddhist Schools

*Prapakorn Bhanussadit (Cheng Mingzhen)*

**Abstract:** The concept of *"antarābhava"* is one of the most important issues in the debate among the various Buddhist schools. Those schools that advocate that "there is *antarābhava*" believe that after beings die there must be a form serving as a place of rebirth. This form they would claim is the subtle body in the five *skhandas* called *antarābhava*. On the other hand, the schools that advocate that after beings die they will be reborn in a split second of time (khana) deny the existence of *antarābhava*. Some Buddhist schools found much evidence in the Sutta and Vinaya to sources that support the existence of *antarābhava*, thus extending the definition in the canon of the terms *gandhabba* (or *gandharva* in Sanskrit) and *sambhavesī* (or *saṃbhavaiṣin* in Sanskrit) as being synonymous with *antarābhava*. In the face of criticism, those schools that advocated *antarābhava* thought had to defend their position, thus the debate between different schools regarding the existence and non-existence of *antarābhava* allowed for the more defined characteristics of *antarābhava* to emerge.

**Keywords:** Antarābhava; Buddhist Schools; *Abhidharma Mahāvibhāṣā Śāstra*; *Abhidharmakośa Śāstra*; *Kathāvatthu*

# 东南亚研究

# 中国与印度尼西亚人文交流：历史、现状与前景*

骆永昆　陈戎轩 **

【摘　要】2013 年，中国与印度尼西亚建立了全面战略伙伴关系。习近平主席在印尼提出建设“21 世纪海上丝绸之路”倡议。随后，两国合作不断升级，并且在 2015 年建立了中印尼副总理级人文交流机制，推动两国人文交流向前发展。然而，回顾中印尼两国关系的历史，不难发现中印尼人文交流面临一些深层次的障碍，比如历史问题、政治互信不足等。两国人文交流要真正走向深入需要时间和耐心。中印尼在“一带一路”框架下的合作，应推动人文交流先行。

【关键词】印度尼西亚　中印尼关系　人文交流　华人问题

* 本文为教育部国别和区域临时性任务“中国与印度尼西亚人文交流”阶段性成果，初稿曾于 2017 年 11 月 18 日在北京外国语大学举办的“2017 年中印尼人文交流机制智库论坛”上宣读。

** 骆永昆，中国现代国际关系研究院南亚东南亚及大洋洲研究所博士、副研究员，北京外国语大学中国—印度尼西亚人文交流研究中心特聘研究员；陈戎轩，北京外国语大学中国—印度尼西亚人文交流研究中心研究助理，研究领域为马来西亚、印尼内政外交。

2005 年，中国与印度尼西亚正式建立战略伙伴关系，印尼成为中国在东南亚的第一个战略伙伴。两国战略伙伴关系的根基是什么？对此，印度尼西亚前任驻华大使易慕龙（Imran Cotan）认为，两国战略伙伴的基础是人文交流。人文交流对中印尼两国至关重要，但中印尼战略伙伴关系的内涵远不止“人与人的交流”。近年来，中印尼人文交流机制的有关工作稳步展开，人文交流开始成为中印尼双边关系的新增长点。笔者作为中印尼人文交流的亲历者，切身体会到两国人文交流中存在的一些问题。本文将通过梳理中印尼人文交流的历史、现状，探讨两国人文交流中存在的问题，从而更好地展望两国关系的未来。

## 一　人文交流的定义

什么是人文交流？在中国，“人文”一词最早出现在《易经》中。《易经》中提到：“刚柔交错，天文也。文明为止，人文也。关乎天文，以察时变；关乎人文，以化成天下”[①]。这里的“人文”与“天文”相对，区别于天道自然，指社会人伦。而依据《现代汉语词典》，“人文”一词被定义为“人类社会的各种文化现象”，而交流则是指“彼此把自己有的供给对方”。[②] 由此，“人文交流”的含义可以被概括为“社会文化交流”。许利平认为，“人文交流”包括三个层次，即人员交流、思想交流和文化交流，其目的是促进国家之间人民的相互了解与认识，从而塑造区域文化认同、价值认同，最后达成对区域政治合法性的支持。[③]

中国政府高度重视人文交流工作。2017 年，中国发布《关于加强和改进中外人文交流工作的若干意见》，指出人文交流是党和国家对外工作的重要组成部分，是夯实中外关系社会民意基础、提高我国对外开放水平的重要途径。加强和改进中外人文交流工作要以服务国家改革发展和对外战

---

① 黄寿祺、张善文：《周易译注》，上海古籍出版社，2007，第 155 页。

② 《现代汉语词典》，商务印书馆，1996，第 1064 页、第 630 页。

③ 许利平：《中国与周边国家的人文交流：路径与机制》，《新视野》2014 年第 5 期，第 119 页。

略为根本，以促进中外民心相通和文明互鉴为宗旨，创新高级别人文交流机制，改革各领域人文交流内容、形式、工作机制，将人文交流与合作理念融入对外交往各个领域。①

目前，中国和印度尼西亚两国之间的人文交流正在如火如荼地展开，主要涉及科技、文化、教育、传媒、体育、卫生、青年和旅游等八个方面。这八个方面是中国和印尼双方领导人在两国人文交流机制会议上提出的，也是两国政府官方认定的中印尼人文交流的八个主要方向。②

## 二　中印尼人文交流的历史

### （一）中印尼人文交流可能发端于宗教

中印尼人文交流历史源远流长。据印尼著名历史学家雅明的研究，远在印尼的石器时代，印尼的文化就受到了中国文化的影响。③ 而我国印尼研究专家孔远志教授则认为，我国史籍中提到的最早到过印尼的中国人可能是东晋时代的高僧法显，而印尼来华的第一位使者是师会。④ 如果法显可以确认是最早到过印尼的中国人的话，那么中印尼人文交流可能发端于宗教。此外，唐代高僧义净在两国人文交流中也做出了突出贡献。公元671~695年共25年间，义净赴印度取经途中，曾3次在室利佛逝停留，前后共十余年。⑤ 义净撰写的《大唐西域求法高僧传》和《南海寄归内法传》记述了室利佛逝的风土人情，是研究印尼古代史的珍贵文献⑥，也是最早记载室利佛逝的古籍。其中，《南海寄归内法传》中记录了室利佛逝僧人的斋供，这是世界上最早对佛教斋供的记载。此外，还有多名中国高僧曾旅经印尼。据史籍记载，唐代赴外求法的高僧有60人，其中取道印尼的僧

① 《中办国办印发〈关于加强和改进中外人文交流工作的若干意见〉》，中国共产党新闻网，2017年12月22日，http://cpc.people.com.cn/n1/2017/1222/c64387-29722989.html。

② 参见《刘延东主持中印尼副总理级人文交流机制第二次会议》，新华网，2016年8月1日，http://www.xinhuanet.com/world/2016-08/01/c_1119318340.htm。

③ 黄阿玲：《中国印尼关系史简编》，中国国际广播出版社，1987，第1页。

④ 孔远志：《中国印度尼西亚文化交流》，北京大学出版社，1999，第309页。

⑤ 孔远志：《中国印度尼西亚文化交流》，北京大学出版社，1999，第16页。

⑥ 孔远志：《中国印度尼西亚文化交流》，北京大学出版社，1999，第309页。

人有 19 人，如唐代的高僧会宁在公元 664~665 年曾到达位于爪哇岛的诃陵。在那里，他与印尼僧人若那跋陀罗（Janabadra，意译“智贤”）合作翻译了佛经《阿笈摩经》。[①]《宋史·外国列传》也曾记载中国僧人在室利佛逝建立寺庙的事情。[②]

目前，在中国史籍中能够找到的最早有关中印尼人文交流的记载主要集中于宗教、语言等领域，并且以宗教交流的成果最为显著。同时，宗教交流不仅在佛教领域，也涵盖了伊斯兰教。早在公元 13 世纪以前，印尼就出现了许多华人穆斯林。[③] 这些穆斯林在推动伊斯兰教于印尼传播的过程中发挥了重要的作用。中印尼建交后，两国的伊斯兰教交流更加频繁，如 1956 年中国伊斯兰教协会访问印尼，1962 年中国伊斯兰教代表团再次应邀访问印尼，1964 年中爪哇日惹国立伊斯兰教学院院长应邀访问中国，这样的例子还有很多。[④] 中印尼之间的宗教交流持续了很长一段时间，从公元 4、5 世纪一直持续到 20 世纪 60 年代，并且没有中断过。这可能也是早期中印尼人文交流很重要的特点。

### （二）华人是中印尼人文交流的纽带

华人在两千多年前就开始在印尼定居。公元 9 世纪时，大批华侨在苏门答腊定居，唐代被认为是印尼华侨史的开端。[⑤] 从 9 世纪开始，华侨穆斯林（也包括一些非穆斯林）在推动中国与印尼文化交流的过程中发挥了突出的作用。例如，9 世纪广州的穆斯林移居室利佛逝，14~16 世纪传播伊斯兰教的九位贤人中有许多是中国的穆斯林或者有中国的血统[⑥]，为伊斯兰教在印尼的传播做出了重要贡献。再如，郑和下西洋时与印尼民众进行了宗教文化交流，在印尼流下了许多历史遗迹和传说。16 世纪，拉登·巴

---

① 孔远志:《中国印度尼西亚文化交流》，北京大学出版社，1999，第 16 页。
② 孔远志:《中国印度尼西亚文化交流》，北京大学出版社，1999，第 17 页。
③ 孔远志:《中国印度尼西亚文化交流》，北京大学出版社，1999，第 21 页。
④ 孔远志:《中国印度尼西亚文化交流》，北京大学出版社，1999，第 29 页。
⑤ 李学民、黄昆章:《印尼华侨史（古代至 1949 年）》，广东高等教育出版社，2005，前言第 1 页。
⑥ 孔远志:《印度尼西亚马来西亚文化探析》，香港：南岛出版社，2000，第 102 页。

达在淡目建立了爪哇岛上第一个伊斯兰王国，而拉登·巴达就是中国穆斯林陈文（Senopati Jin Bun）。[①]18 世纪，华人穆斯林社区开始在印尼的大城市出现。20 世纪中期，华人基督教会在爪哇成立。[②] 在早期中印尼交往的历史上，华人华侨发挥了重要的纽带作用，但印尼对此是有疑虑的，因此两国最终于 1955 年签署了废除双重国籍的条约。

### （三）苏加诺时期的历史友谊是不可忽视的

要理解中印尼两国的关系，苏加诺执政时期的两国历史友谊是不能忽视的。中印尼两国于 1950 年 4 月正式建立外交关系。1955 年万隆会议召开，周恩来总理在会议上提出了“求同存异”的方针。1962 年，时任印尼最高领导人苏加诺访华时，曾经提出了“雅加达—金边—河内—北京—平壤”反帝轴心（Axis）的概念[③]，这是把中印尼关系摆在了非常高的位置，因为除了雅加达以外，概念中提到的金边、河内、北京和平壤代表的都是社会主义国家，而中国又是亚洲最大的社会主义国家。纵观上述历史，中国与印尼在 20 世纪 50~60 年代有着相当密切的关系。然而，“轴心”概念的提出本身就隐含了一定的问题，印尼与中国等社会主义国家在意识形态上有着很大的不同，加之这一时期共产国际运动在东南亚蓬勃发展，因此，苏加诺的态度很快引起了印尼国内右翼势力的反弹。1965 年，印尼发生“9·30 事件”，两国关系急转直下，并于 1967 年 10 月 30 日中断外交关系。直到 1985 年，两国才恢复直接贸易，1990 年 8 月 8 日正式复交。

断交对中印尼两国关系产生了巨大的影响。中印尼人文交流历史悠久、内涵丰富、影响持续。“影响持续”意味着，从法显开始一直持续到断交之前，以宗教、语言为标志的文化交流是早期两国人文交流的主要内容，华人则是两国人文交流的重要枢纽。在苏加诺执政期间，两国政府和民众之间建立了深厚的感情和友谊。“9·30 事件”后，中印尼断交，人文

① 〔印尼〕西斯沃诺·尤多·胡梭多：《新公民》，雅加达：雅加达出版公司，1985，第 62 页。

② 孔远志：《印度尼西亚马来西亚文化探析》，第 95 页。

③ 〔澳〕J·D·莱格：《苏加诺政治传记》，上海外国语学院英语系翻译组译，上海人民出版社，1977，第 378 页。

交流陷入低谷。华人群体这个曾经的人文交流纽带在印尼国内受到全面的打压，华人问题由此也成为印尼内政和中印尼关系中的敏感问题。断交的23年是印尼重新塑造对华认知的23年，也是两国民众隔阂、误解加深的23年。断交期间，印尼的对华认知带有深刻的冷战烙印，这深深地影响了当今的中印尼关系，现在两国之间存在互信不足等一系列问题的根源很可能在于此。

## 三　中印尼人文交流的现状与特点

冷战结束以后，中印尼两国恢复外交关系，双方的人文交流经历了三个阶段：恢复、深化和升级。

### （一）人文交流恢复期（1990~2000年）

早在苏加诺时期，新华社同印尼当地的媒体就有了新闻传媒合作，但是由于冷战及两国断交，双方此前很多的人文交流由此中断了。1990年复交以后，两国迅速恢复了之前中断的诸多交流项目。例如，1991年1月，双方签署航运协定，开通直飞航线。1992年1月，双方签署新闻合作谅解备忘录，新华社在雅加达开设分社，人民日报社向印尼派驻记者，“印尼—中国经济、社会与文化合作协会”成立。1993年，“中国—印尼经济、社会和文化合作协会”成立。1994年，两国签署旅游、卫生、体育合作谅解备忘录，启动互派留学生项目。1997年两国成立科技合作联委会，迄今已举行两次会议。①

### （二）人文交流深化期（2001~2010年）

21世纪的第一个十年，中印尼两国交往的主题是深化。“深化”一方面指的是中印尼双边关系的深化，另一方面指的是中印尼人文交流的深化。这一时期有两个重要的时间节点，一是2005年中印尼两国建立了战

① 《中国同印度尼西亚的关系》，中华人民共和国外交部网站，2017年4月，http://www.fmprc.gov.cn/web/gjhdq_676201/gj_676203/yz_676205/1206_677244/sbgx_677248/。

略伙伴关系，二是2010年两国正式签署第一份中印尼战略伙伴行动计划。需要指出的是，两国签署的中印尼战略伙伴关系联合宣言重点强调了政治与经济合作，对人文交流尚未予以足够重视。宣言中有两个方面涉及人文交流，一是要促进文化相互尊重，开展双方旅游、艺术、新闻、体育、青年团体和民间组织的合作，确保中印尼友谊世代相传；二是加强教育合作，积极开展培训交流，鼓励相互教授对方的语言。[①]2000~2010年，两国签署了旅游合作谅解备忘录（2000年）、重签《文化合作协定》（2001年）、印尼成为中国公民自费出境旅游目的地国（2001年）、印尼举办汉语水平考试（2001年）、两国首次举办推广中文教育研讨会（2001年）、两国民航部门就扩大航权安排达成协议（2004年）、汉语成为印尼国民高中外语选修课（2005年）、印尼第一所孔子学院设立（2007年）、两国签署教育合作谅解备忘录（2010年）、两国签署海洋科技合作备忘录（2010年）、印尼举办中小学校长中文教育研讨会（2010年）等，两国人文交流的合作范围逐渐扩大、相关机制逐步确立、相关合作文件陆续签署。这一时期，中印尼人文交流没有出现品牌性、旗舰性的项目，但相关合作机制的建立为两国人文交流的深入发展奠定了坚实的基础。

### （三）人文交流升级期（2011年至今）

2011年是中印尼人文交流的重要分水岭。自2011年起，中印尼关系不断升级，两国的人文交流也随之达到新的高度。2011年，温家宝总理两次到访印尼，第一次是4月23日赴雅加达对印尼进行正式访问，第二次是因为当年印尼担任东盟轮值主席国而于11月东亚峰会期间再次到访该国。2012年，印尼总统苏西洛对中国进行国事访问，清华大学向苏西洛授予了荣誉博士学位。两国同意将双边副总理级对话机制会议由两年一次调整为一年一次。2013年10月，习近平主席到访印尼，提出了建设“21世纪海上丝绸之路”的倡议，两国建立全面战略伙伴关系，双边关系再次“提质升级”。2014年11月，佐科总统就任仅1个月后就来华出席APEC

① 《背景资料：中国和印尼关于建立战略伙伴关系的联合宣言》，人民网，2016年6月27日，http://world.people.com.cn/n1/2016/0627/c404981-28482042.html。

会议。2015 年 3 月，佐科总统正式访问中国，并出席博鳌亚洲论坛，两国启动了副总理级的中印尼高层经济对话；4 月，习近平主席访问印尼，参加万隆会议庆典。2016 年，佐科总统访华，参加杭州 G20 峰会。2017 年 5 月，佐科总统赴北京出席“一带一路”国际合作高峰论坛。2011 年以来，中印尼两国领导人频繁地互访和会晤，尤其是 2013 年习近平主席访问印尼至今，双方领导人的第三地会晤、互访和通话达十余次，两国关系迎来了一个新高潮，这在中印尼关系史上十分罕见。中印尼关系也因此成为中国与东南亚国家关系中最重要的双边关系之一。

在此期间，中印尼的人文交流取得了突破性的进展，较为突出的事件有：2011 年两国签署新的科技合作谅解备忘录，中印尼启动科技周活动；2012 年，中印尼举行教育联合工作组会议，双方互派 100 名青年互访；2013 年，中印尼举行媒体交流论坛，两国达成协议，未来 5 年将每年互派 100 名青年互访；2014 年，中印尼教育合作达到新的高度，当年印尼来华留学生达 13689 人，在全球 203 个来华留学生的来源地中排名第 6 位，在东南亚国家中仅次于泰国[①]；2015 年，中印尼副总理级人文交流机制建立；2016 年，北京外国语大学建立中印尼高校智库联盟；2017 年，中印尼人文交流研究中心分别在北京外国语大学和华中师范大学成立。此外，中印尼还签署了《中印尼高等教育合作协议》和《中印尼高等教育学历互认协议》。

总体来看，2011 年以来，中印尼人文交流呈现出以下几个特点。

第一，战略伙伴关系是人文交流的保障。中印尼人文交流深受双边政治关系的影响。两国关系在苏加诺执政时期较为密切，人文交流也因此成为双边关系的一个主要方面，类似《哎哟，妈妈》这样脍炙人口的印尼歌曲在中国广受欢迎。然而，1967 年断交后，两国之间的人文交流也随之开始减少。两国自 1990 年恢复外交关系以来，尤其是 2005 年建立战略伙伴关系、2013 年建立全面战略伙伴关系以来，中印尼之间的人文交流掀起了新的高潮。中印尼关系的发展历史表明，双边政治关系的

① 《2014 年全国来华留学生数据统计》，中华人民共和国教育部网站，2015 年 3 月 18 日，http://old.moe.gov.cn/publicfiles/business/htmlfiles/moe/s5987/201503/184959.html。

良好发展，尤其是双方领导人政治互信的增强是两国人文交流稳步向前迈进的重要动力。没有双边关系的稳定发展，中印尼人文交流或难达到今天的高度。

第二，副总理级人文交流机制引领发展。2015 年，中印尼建立的副总理级人文交流机制，是落实两国元首共识、推进共建“一带一路”的重要举措，也是指导中印尼两国人文交流的平台。自 2015 年以来，在此机制的指导之下，两国人文交流领域不断拓展，合作规模日益扩大，社会参与更加广泛。目前，副总理级人文交流机制已经同政治安全对话、高层经济对话一道，成为统筹和推动中印尼关系发展的重要支柱。①

第三，内涵丰富，教育和旅游交流突出，发展不平衡。当前，中印尼的人文交流已经涵盖科技、文化、教育、传媒、体育、卫生、青年和旅游等八个领域。在以上八个领域中，两国在教育、文化和旅游领域的交流与合作相较于其他方面更为突出。

第四，双边为主体、多边为补充。中印尼人文交流主要依靠双边机制进行，但近年来两国在中国—东盟多边框架（如中国—东盟博览会、中国—东盟青年交流、中国—东盟教育交流周）下的合作开始成为双方人文交流的重要内容。2017 年，李克强总理在菲律宾参加中国—东盟领导人会议时，提出制定《中国—东盟战略伙伴关系 2030 年愿景》，将“2+7 合作框架”升级为“3+X 合作框架”，构建以政治安全、经贸和人文交流三大支柱为主线以及多领域合作为支撑的合作新框架，这也是中国对东盟政策的又一次重要转变，为中国与印尼等东南亚国家开展人文交流提供了新的机遇。

第五，华人作用明显减弱。不可否认的是，自 2011 年以来，华人依然在中印尼人文交流中发挥着独特的作用，但与苏加诺时期相比，当前华人在中印尼人文交流过程中的重要性已经明显下降，并且在某些场合，华人已经成为一个敏感的话题，有时甚至可能干扰两国之间的人文交流。

---

①《中印尼副总理级人文交流机制第三次会议举行》，中华人民共和国中央人民政府网站，2017 年 11 月 29 日，http://www.gov.cn/guowuyuan/2017-11/29/content_5243042.htm。

## 四　中印尼人文交流面临的问题与发展前景

当下，中印尼人文交流快速向前发展，但仍然存在着几个主要的问题。

第一，政治互信不足，印尼对华疑虑较重。政治互信不足是两国断交产生的严重后果。当前，有相当一部分的印尼官员和智库专家认为，印尼对中国的认知受到了印尼对于国内华人认知的极大影响，而华人问题则是历史遗留问题。冷战后，两国关系恢复，但印尼对华的冷战思维并没有随着冷战的结束而彻底消失。随着中国的快速崛起，印尼对华的担忧和疑虑还可能进一步增强，政治互信不足仍将是中印尼全面战略伙伴关系的主要阻碍，也是两国人文交流面临的主要问题。

第二，两国间彼此认知存在语言问题。目前，印尼主要通过英语媒体和西方国家的所谓主流报道来“建构”对中国的认知，这给两国之间的交流合作带来较大的困难。印尼的相当一部分官员、精英和学者，有在英、美、澳等国的留学和工作经历，他们对西方国家的民主政治制度较为认同，说流利的英语，但大多不懂中文，不了解中国。不可否认的是，已经有越来越多的印尼人开始学习中文，他们到中国留学，并且通过中文主流媒体和在中国的亲身经历了解中国，尤其是2013年“一带一路”倡议提出以来，印尼对华认知渠道过于狭窄的问题已有了较大的改善，但总的来看，印尼对中国的认识依旧受到西方国家的深刻影响，而中国对印尼的认知也仍然不够全面、客观，留有较强的时代印记。

第三，宗教及智库交流滞后。2011年以来，两国宗教界的交流不断增多，合作内容也不断丰富。例如2014年，中方曾邀请印尼伊斯兰代表团访华，双方就穆斯林青年人才的培养进行了交流。但是相比教育与旅游，宗教交流仍是两国人文交流中的弱项。印尼是世界上穆斯林人口最多的国家，伊斯兰教对印尼十分重要，也是印尼文化的重要组成部分。宗教交流的滞后将严重制约民众之间的相互认知，阻碍两国文化交流深入发展。另外，两国智库之间的合作亟待加强，尤其是双方的联合调研难以推进。在“一带一路”建设过程中，中国不知道印尼需要什么、而印尼也不清楚中国意图的情况时有发生。两国智库若能加强合作，为各自政府提供可靠的政策建议，那么中印尼关系将得到极大的改善。

第四，媒体尤其是新媒体的交流与合作亟待加强。近年来，中国对印尼的新闻报道逐渐增多，也更加全面客观，但一些话题仍然集中于地震与反恐，容易给民众造成错误的印象。长此以往，中国民众对印尼会形成负面的认知，印尼也缺乏对中国正面的报道。同时，两国新媒体的使用习惯和政策差异也使得双方在新媒体领域的合作难以推进。

尽管面临较多的困难，但应该肯定的是自 1990 年两国复交以来，中印尼的人文交流已经取得了突破性的重要进展，具有了比较坚实的社会基础。未来，随着双边关系的不断深入发展，人文交流将成为中印尼关系中一根不可替代的支柱，与政治合作、经济合作共同支撑两国关系的发展。副总理级人文交流机制将成为两国人文交流的重要动力源，为两国人文交流注入更多正能量，增添更多新的活力。[①] 文化、教育、旅游、青年交流将继续引领中印尼人文交流发展，是两国人文交流的主要方面。同时，两国在科技、卫生、传媒、体育方面的交流将逐步做实、做强。中印尼人文交流将呈现全面繁荣的景象。

## 结　语

中印尼人文交流源远流长，具有深厚的传统和根基，但也深受双边政治关系和历史问题的影响。

一方面，中印尼人文交流受到两国领导人的高度重视，政府间关系对民间关系的发展有直接的影响。政治关系尤其是两国主要政府官员、主要政府部门之间的互知互信，是中印尼人文交流向前发展的重要保障。冷战结束至今，两国关系不断提升，双方领导人互动频繁，这推动了两国之间的人文交流蓬勃发展。

中国正在快速崛起，印尼对中国的担忧和疑虑必将影响双边关系的发

① 许利平：《新时期中国与印尼的人文交流及前景》，《东南亚研究》2015年第6期，第39页。

展和两国民众之间的互知互信。需要指出的是，除了两国政府官员外，两国的精英阶层，尤其是印尼的各界精英在推动双方人文交流过程中发挥着不可替代的作用。深化中印尼人文交流，关键在加强普通民众之间的交流，但重点是做好精英阶层的工作。对于印尼这样一个对中国有误解的国家，在“一带一路”框架下，中方应当重点推动人文交流先行。人文交流应该并且可能成为中印尼关系的重点方向和优先方向。

另一方面，历史问题（即断交问题、华人问题、印尼对共产党的认知问题等）已经成为影响两国人文交流的一个非常重要的因素，中印尼人文交流需要相当长的一段时间去抚平历史的创伤，消除彼此的误解和历史积怨，人文交流走向深入需要耐心和时间。

未来，中印尼人文交流将面临新的机遇，但一些深层次的矛盾需要两国政府和民众长期、持续地合作才能化解。中国在倡导中印尼形成“互信”之前，更要保证“互知”先行。只有真正了解彼此，才能够产生相互间的信任。

责任编辑：傅聪聪

# The Cultural and People-to-people Exchange between China and Indonesia: Past, Present and Prospect

*Luo Yongkun　Chen Rongxuan*

**Abstract:** In 2013, China and Indonesia established the Comprehensive Strategic Partnership. In Indonesia, President Xi Jinping raised the initiative of jointly building the $21^{st}$ Century Maritime Silk Road. Subsequently, the two countries strengthened the cooperation and set up the mechanism of the cultural and people-to-people exchange mechanism (PEM) at the vice premier's level in 2015. It is conducive to promoting the friendly exchange between the two countries. However, when we look back to the history of the relations between China and Indonesia, it is not difficult to find that there are some deep-rooted obstacles such as historical issues and lack of mutual trust in politics. It takes time and patience for cultural and people-to-people exchange to truly go deeper. Under the framework of the Belt and Road Initiative, China and Indonesia should give priority to the cultural and people-to-people exchange.

**Keywords:** Indonesia; Sino-Indonesian Relations; Cultural and People-to-people Exchange; Indonesian Chinese Issue

# 高棉民族起源与建国传说新探

李轩志[*]

【摘　要】神话传说是柬埔寨古代史研究中不可忽视的重要内容，不仅可以反映高棉族对宗教和文化的深刻理解，而且有助于我们梳理线索、还原历史发展的原貌。然而，目前学界对高棉起源与建国传说的了解相对有限，尚待深入研究。笔者将通过对《柬埔寨王家编年史》的研究，发掘有关高棉起源与建国传说的新史料，并对传说中所蕴含的历史线索进行深入解读。

【关键词】高棉起源　传说　甜瓜国王　《柬埔寨王家编年史》

各个国家关于古代历史的记载往往都与神话传说有着一定的关联，柬埔寨亦是如此。柬埔寨历史记载中的神话传说不仅能反映高棉族对宗教和文化的深刻理解，而且对于后人梳理历史发展线索、还原历史原貌是有积极意义的。

关于高棉民族的起源和建国，有两个版本的神话传说被中外学者所熟知：一个是中国史料中记载的外来者混填夜梦神助，降服柳叶、娶其为妻并统治高棉的神话故事；另一个则是瓜园守卫误刺国王，被迫取而代之、

* 李轩志，北京外国语大学亚非学院副教授。

登上高棉王位的“甜瓜国王”之说。尽管两个故事发生的具体年代尚不明确，但在学者们的解读下，前者被作为早期扶南建国的主要依据，而后者则被认为是高棉摆脱异族统治、建立自主国家的标志性事件。由于缺乏更多的史料和线索，史学家们对上述故事的解读仅限于此，而笔者通过对《柬埔寨王家编年史》的研究，发现了关于“甜瓜国王”的更为详细的故事版本，并以此为出发点，对故事中所蕴含的历史线索进行深入解读。

## 一 《柬埔寨王家编年史》中的“甜瓜国王”新说

《柬埔寨王家编年史》是由柬埔寨人编纂、记录14~19世纪柬埔寨历史的重要文献。作为柬埔寨人自己撰写的柬埔寨历史，它不仅向世人展现了特有的文学价值，更为重要的是，其中所辑录的历史事件对历史事实的探究以及我们对柬埔寨人历史观的认识和研究都有着深层次的含义。

通过对比发现，各个版本的《柬埔寨王家编年史》多以众人所熟知的“甜瓜国王”故事作为开篇。尽管不同故事版本在人物关系和情节上略有差异，但都传递了大致相仿的信息：一位诚实的瓜园守护者无意中用御赐的“圣矛”刺死了在位的国王，之后却被众人推上王位，成为新任统治者，从而延续了高棉王朝。其中,《高棉伟人》版的王家编年史记载得最为详细，且在之前的各类研究成果中并未见到。

佛历[①]一千五百四十二年，公元998年，塞伽历九百二十年[②]，小历

① 佛历为部分佛教国家计算纪元的方式，该计算方式以释迦摩尼去世当年为计算基准。本文所参考的文献资料中关于佛历与公历的换算方法存在一定的差异，其中《高棉伟人》以“公历年份加544年为佛历年份”为换算方法，而其他史料则采用普遍认可的“公历年份加543年为佛历年份”的换算方法。通过对比发现,《高棉伟人》的相关史料来源主要以塞伽历、小历和生肖纪年为基准，因此上述换算方法的差异并不影响本文对历史事件年代界定的分析。本文所翻译及引用的佛历纪年均遵照原文，未做修改，为避免因换算方法不同而产生的年份误差，笔者在论述时均以对应考证的公历纪年为准，下文不再另作说明。

② 塞伽历始元晚于公历78年，此处编纂者所标注的年份或换算有误，原文为“塞伽历九百三十年”，译文修正为“塞伽历九百二十年”。另该段译文中存在的明显历法年份换算错误，笔者已在译文中修正。

三百六十年，狗年，四百五十岁（此处年龄标注有误，应为四百五十三岁才符合下文之记述——编纂者注）的本涅赞（甜瓜国王）登基，前任国王为塞纳格拉王（此处年份及国王年龄有误，与后面部分不符——编纂者注）。后册封其弟本涅索为副王。关于兄弟二人的传说如下：

本涅赞和本涅索为亲生兄弟，居住于圣山西南，以种植甜瓜为生。耕作之前，兄弟二人往往于闲暇之余带当地百姓以演奏乐曲为乐。后来，塞纳格拉王前往圣山附近修建王宫，兄弟二人得知后就经常摘取甜瓜进贡国王，并为国王演奏献艺。国王对兄弟二人进贡的甜瓜甚是满意，大赞道："此瓜乃世上最甜之瓜。"遂下令两兄弟不许将此瓜卖予他人，只能作为贡品献给国王本人。

佛历一千五百二十七年，公元983年，塞伽历九百零五年，小历三百四十五年，羊年，塞纳格拉王已在位三十年。本涅赞四百三十八岁，本涅索三百三十八岁。一日，当地一户居民的水牛冲破瓜园围栏，踩坏了瓜园，吃了很多甜瓜。哥哥本涅赞见此情形，丢出堆砌炉灶的一块石头想要吓走水牛，结果石头击穿了水牛的身体致其死亡。牛的主人四处状告，指责本涅赞为杀牛之凶，法官判定本涅赞承担赔偿责任。本涅赞不服，认为其投掷石头的本意仅为吓跑偷食甜瓜的水牛，并无意伤其性命。法官难以决断，于是又呈禀朝廷高官，依旧无法决断，众人只得觐见国王，以求公正。国王命人找来另外一头水牛，又下令本涅赞将石头丢向水牛，结果这头牛也破肚而亡。见此状况，国王判定水牛之死与本涅赞无关，因为其并非有意杀死水牛，只是因为他并不知道自己丢出的石头并非寻常之物，而是一块"神铁"，所以水牛才会意外死亡。

于是国王断定：死亡乃水牛之命运，而不能加罪于本涅赞。而后国王又下令工匠将石头融化，确定为"铁石"，遂让工匠将其铸造成一支"矛头"，交于本涅赞用于守卫瓜园，并将此地命名为"王家瓜园"。本涅赞所持之"矛"则被称为"赞之矛"。

佛历一千五百三十九年，公元995年，塞伽历九百一十七年，小历三百五十七年，羊年，塞纳格拉王五十九岁，已在位四十二年，本涅赞四百五十岁，本涅索三百五十岁。此时，国王心存疑虑，认为兄弟二人不仅将甜瓜作为进贡之物，还会偷偷卖给他人，于是命其随从六七人，备好马车，深夜前往瓜园查探。国王下车后悄悄潜入瓜园正中的一处瓜丛查看，本涅赞正在像往常一样观看演艺节目，对国王的驾临毫不知情，忽见一个人影闪于瓜园田间，于是抛出御赐之“圣矛”，恰好刺中正在园中查探的塞纳格拉王。

塞纳格拉王死在了一座白蚁塚的旁边，以至于至今人们仍将此地称为“国王逝去之蚁堆”。第二天一早，王宫大臣们得知此事，立即前往瓜园按习俗安葬了国王。随后，众臣商议道：塞纳格拉之子西哈格玛早已在老挝离世，而前国王并没有其他子嗣能够继承王位。而此时的本涅赞和本涅索两兄弟，不仅寿命超长，且武器也优于常人，特别是兄弟二人也具备王室血统。不仅如此，兄弟二人还受到远近百姓的拥戴，于是众人遵照王室礼仪请求本涅赞和本涅索继承王位。不过，兄弟二人不愿接受，拒绝成为新任国王和副王，因为对以往相处已久的朋友和演艺节目恋恋不舍。

此时，王公大臣深知兄弟二人留恋之物，遂表示只要二人愿意接管王位，他们将把用于演艺之器物运回王城，供二人休闲娱乐之用。二人遂应，本涅赞成新任国王（暂不举行加冕仪式），本涅索任副王。二人乘船前往王城，暂居其中，决定三年后加冕。

登基后，本涅赞（甜瓜国王）下令将圣矛与其他圣物一并供奉，并命演艺者为百姓表演助兴。

…………

佛历一千五百四十二年，公元 1008 年，塞伽历九百二十年，小历三百六十年，狗年，甜瓜国王举行加冕仪式，正式登基。

…………

佛历一千五百九十二年，公元 1048 年，塞伽历九百七十年，小历四百一十年，甜瓜国王逝世，享年五百岁（应为五百零三岁——编纂者注）。副王、王子、众大臣按习俗安葬国王，并请副王本涅索继位。①

① 〔柬〕艾苏:《高棉伟人》(第 1 卷)，柬埔寨文化艺术部，2000，第 5~8 页。

## 二 “甜瓜国王”的身份之谜

阇耶跋摩底波罗蜜首罗（1327~？年）[①] 是目前已发现的碑铭中所提到的最后一个柬埔寨国王，尽管我们对他在位期间的情况了解得十分有限，但可以确定的是，自他以后，柬埔寨的历史记载开始由碑铭时代进入编年史时代。

关于两个时代史料的衔接问题，目前尚存诸多争论。赛代斯在《东南亚的印度化国家》一书中对柬埔寨上述时期史料衔接的模糊性做出了这样的陈述：“目前，不可能断定吴哥窟大碑铭中提到的最后一个君主阇耶跋摩底波罗蜜首罗和《柬埔寨王家编年史》中约从1350年开始提到的最初诸王之间的关系，其中的第一个国王的谥号为摩诃尼班或尼班巴特，即涅槃波陀。目前来看，古代碑铭记载的诸王与编年史诸王之间绝对存在着空白。”[②] 赛代斯在这里所提及的《柬埔寨王家编年史》，指的应该是1818年柬埔寨宫廷学者依遵国王安赞二世之命编成的柬埔寨王族的历史，该编年史的法文版本由杨保筠先生翻译，并在《南亚与东南亚资料》中刊载，记述了从1346年至1815年间柬埔寨的王位传承和王族历史的发展脉络。

如果上述记载的时间相对准确，且赛代斯的推断大致正确的话，那就意味着从1327年阇耶跋摩底波罗蜜首罗即位到1346年作为编年史开端的尼班巴特即位的约20年时间里，柬埔寨还存在着目前不为我们所知的一个或多个国王。而《高棉伟人》及其他几个内容相对详细的王家编年史版本对“甜瓜国王”和几位随后登基的国王的记载恰恰填补了尼班巴特之前的空白。

根据《高棉伟人》的记载，本涅赞之后直至尼班巴特的诸年中，共有五位柬埔寨国王在位，他们分别是本涅索（本涅赞弟弟，1048~1099年）、施里维杰（本涅赞之子，1099~1163年）、兰蓬（施里维杰之子，1163~1217年）、昂卡（兰蓬之子，1217~1225年）、苏利耶博（昂卡之子，

---

① 又译作“阇耶跋摩·波罗蜜首罗”。

② 〔法〕赛代斯：《东南亚的印度化国家》，蔡华、杨保筠译，商务印书馆，2008，第380~381页。

1225~1340 年）[①]。对于“甜瓜国王”后柬埔寨王位传承的情况，另外一个版本的编年史也认可了上述五位国王的存在，尽管其所记载诸王的登基和在位时间有所不同，但最终都把尼班巴特的即位确定在了公元 1340 年。[②] 昆赛、李添丁整理的王家编年史也认可了“甜瓜国王”与尼班巴特之间可能存在的诸王，只是采取了更为模糊的说法：“众人拥戴甜瓜国王登基，娶公主为妻，立为王后，延续至尼班巴特王。”[③]

尽管《高棉伟人》详细描述了“甜瓜国王”取得王位的整个过程，但对其出身的记载却相对有限。据米塞・德拉内整理的《柬埔寨王家编年史》，“甜瓜国王”即史料中提到的“达柴王”，他生于塞伽历五百零五年，实际上也是出身于王室，他的母亲是王室成员，由于在丛林中迷路，十分口渴而误饮白象尿，怀胎十月生下达柴王，之后与一男子组建家庭才有了达柴王的弟弟本涅索。

存放于柬埔寨王家图书馆的《柬埔寨王家编年史》（第二卷）也简要记载了关于甜瓜国王的情况：甜瓜国王于佛历一千八百三十四年，公元 1290 年，塞伽历一千二百一十二年，小历六百五十二年，虎年，佛历四月上弦十一日九时登基，时年七十岁，在位五十年后于佛历一千八百八十四年，公元 1340 年，塞伽历一千二百六十二年，小历七百零二年，龙年逝世，享年一百二十岁。[④] 根据该版本王家编年史的记载，甜瓜国王继承了塞纳格拉王之子西哈努拉的王位，而并非直接从塞纳格拉王手中接过王位。而至于塞纳格拉王，我们可以从另外两个王家编年史版本寻找线索并发掘新史料：

> 塞纳格拉王之子西哈努拉[⑤] 饲养了一只黑苍蝇，一位朝廷侍臣的孩子饲养了一只蜘蛛，二人经常一起玩耍。一日玩耍时，由于侍臣之

---

① 〔柬〕艾苏：《高棉伟人》（第 1 卷），柬埔寨文化艺术部，2000，第 10~13 页。

② 〔柬〕米塞・德拉内：《柬埔寨王家编年史》［整理自 1906 年，Adhemard Leclere（1853~1917 年）金边手稿］，1987，第 22~23 页。

③ 〔柬〕昆赛、李添丁：《柬埔寨王家编年史》（高戈寺贝叶文献誊抄稿），《柬埔寨太阳》1972 年第 5 期。

④ 收藏资料编号为 C-52，第 68 页。

⑤ 原文写作“西哈拉格玛”。

子的蜘蛛几天未进食，吃掉了西哈努拉的黑苍蝇。西哈努拉大哭不止，塞纳格拉王得知后，由于爱子心切，下令溺死侍臣之子。大神责怒于滥杀无辜的塞纳格拉王，以洪水惩罚之。塞纳格拉王乘船携藏经及圣物避难，被一强国[①]之君主名曰阿迪翁救起，带走藏经及圣像供奉于其国。王子西哈努拉病逝，塞纳格拉王则乐居于老挝，后待水退之时，他重返故地，随后发生了“甜瓜国王”误刺君王的一幕。[②]

而昆赛、李添丁等人整理发表在《柬埔寨太阳》杂志上的《柬埔寨王家编年史》（高戈寺贝叶文献誊抄稿）在上述记载的基础上进一步明确了所谓“强国君主”的身份，且描述了关于塞纳格拉王及西哈努拉王子二人截然不同的结局，载道：

洪水爆发后，塞纳格拉王不幸去世，守护人欲乘船携藏经及圣像北上，阿瑜陀耶之阿迪拉王得知柬国遭遇水灾，遂派兵将圣物截获，请回供奉，连同守护人一并带回阿瑜陀耶。水退后西哈努拉王子返回故地，后被“甜瓜国王”误杀，而“甜瓜国王”则在众人拥护下迎娶公主，登上王位。[③]

尽管不同版本王家编年史所记载的故事情节有一定的差异，但其记载的内容却是各有侧重、互为补充，综合来看可以形成一个有机的整体，更加清晰地描述了“甜瓜国王”所处的时代背景及其与前王和周边国家的关系。

## 三　解读“甜瓜国王”之说

不同版本的《柬埔寨王家编年史》对于“甜瓜国王”的记载都含有神

① 原文直译为“老挝西部”某国。

② 〔柬〕米塞·德拉内:《柬埔寨王家编年史》［整理自1906年，Adhemard Leclere（1853~1917年）金边手稿］，1987，第20~21页。

③ 〔柬〕昆赛、李添丁:《柬埔寨王家编年史》（高戈寺贝叶文献誊抄稿），《柬埔寨太阳》1972年第5期。

话传说的成分，这种以神话传说填补历史空白的做法在许多东南亚国家著史时是经常出现的。即便如此，不同的故事版本依旧传达了大致相仿的信息：阇耶跋摩底波罗蜜首罗后的柬埔寨一定是发生了一场宫廷政变，高棉王权易主，非王室正统的"甜瓜国王"取得王位，延续高棉王权。王家编年史编纂者们认为，塞纳格拉王及其子的蛮横无理和滥杀无辜导致整个国家遭受了洪水的侵袭，同时也令国家丧失圣物，国王流亡他乡。而被"甜瓜国王"杀死的正是复位后的塞纳格拉王或其子嗣，听起来更像是无德的国王得到了应有的惩罚，而随后的"甜瓜国王"则以迎娶公主的方式使高棉王权得以延续。编纂者们努力使其记载的历史故事听起来更为合理，无德国王遭受惩罚，寿命过于常人、品德高尚的新王受到拥戴。当然，他们还用本涅索、施里维杰、兰蓬、昂卡、苏利耶博五位国王填补了"甜瓜国王"与尼班巴特王之间的空白，使整段历史从时间的衔接上看起来更加完整。

《柬埔寨王家编年史》中所提到的几位国王，在历史上是否真实存在，他们的关系又是否如叙述的那样，目前由于缺乏佐证，我们很难确定其真实性和可靠性，只能从王家编年史记载的内容本身出发，加以分析和推断。

第一，"甜瓜国王"并不是第一个出现在柬埔寨传说中的看守瓜园的"弑君者"。柬埔寨还流传着一个古老的关于留陀跋摩[①]的传说：很早以前，柬埔寨为异族人所统治。一天，异族君主身着便服率领侍从出猎，在追逐猎物时与侍从们失散而迷了路。正午时分，烈日当头，君主又累又渴，来到一个农民的园子里，看见鲜嫩的黄瓜，就摘下大吃起来，正好被在田里劳动的、被人们誉为"瓜王"的留陀跋摩发现。他见闯入瓜园者未作任何请求就偷吃其瓜，认为是专来偷瓜的，就按村规用锄头把国王打死了。待国王侍从找来时，留陀跋摩理直气壮地说偷瓜者死罪是村规，这是按村规行事，他并无罪过。侍从们既无法治留陀跋摩的罪，又无法回去交代，如果传出去，国中无主会出乱子。侍从们经商量决定，干脆拥戴"弑君者"为王，高棉人为王总比异族人为王要好！留陀跋摩被带回王宫，王后考虑

① 又译作"鲁陀跋摩"。

到自身利害，只好接受这一事实。这一种瓜农民经过在宫中接受种种礼仪训练之后，在满朝文武高呼万岁声中，登上了国王的宝座。据说那把击毙异族统治者的锄头，至今还保留在金边的王宫中。[①]目前我们尚不知晓“甜瓜”对于柬埔寨国民而言有何特殊的意义，但如果两个传说有所关联的话，那么从记载的内容上看，尽管留陀跋摩和“甜瓜国王”身份不同，一个为平民，一个为庶出王族，但相同的是他们都不是王位的正统继承人，而相似的故事情节设计能够使他们的弑君行为更趋“合法化”，破除人们对王位非正统继承的不满，从这一点上来看，上述记载是合乎情理的。

第二，“甜瓜国王”的故事充满着神话色彩，正因为如此，其身份至今还是一个谜团。有的柬埔寨史书把他定义为“一个发动了一场宗教或是政治变革的普通人”[②]。如果说“甜瓜国王”故事所描述的情节和内容可以让这段历史听起来更为合法及合理，那么接下来出现在王家编年史中的五位国王及其相互关系，便可以起到更好地“美化”作用。本涅索作为“甜瓜国王”的弟弟，以其过人的品行得到王兄的信赖，得以继承王位，显然是众望所归，随后又以其高尚的品德将王位归还王子，而之后的诸王则以正统的“父子相传”的方式完成了王位的更替，显示了高棉王位的平稳过渡和延续。国王们都有着超于常人的寿命[③]，最长的在位时间甚至超过了五十年，这就可以让人们对之前易主选择的正确性更加确信无疑。之后五位国王的记载是没有历史根据的，也没有在其他国家的史籍之中发现相关记载，从其名号或在位时间来看，我们也不能把他们和已知的出现在 14 世纪初期的柬埔寨国王联系起来，但他们确实可以填补一段时间上的空白，并且让宫廷易主的“变革”或是“政变”听起来更为“合理”，尽管这种“填补”显示出很强的主观性，而且从具体时间上来讲显

① 《瓜王当国王》，载《吴哥的传说：柬埔寨民间故事》，李艾译，新华出版社，1985，第 51~53 页。

② 〔柬〕迪索帕：《柬埔寨历史》，胜利出版社，2012，第 148 页。

③ 关于国王的寿命，《高棉伟人》一书的编纂者解释道：“甜瓜国王”的寿命异于常人，使人对其准确性抱有怀疑，但此书编纂委员会负责人俊纳僧王强调，如果删除或是修改关于原文所记载的有关国王寿命的内容，则无法真实反映历史的记载内容，或将影响日后的研究，因此应完全保留原文的记载。

然是不可信的。

第三,《柬埔寨王家编年史》记载中出现的另外一个国家,一说为老挝西部某国,一说为阿瑜陀耶,也给我们透露出重要的信息。"甜瓜国王"的宫廷变革不仅仅是高棉王族的内部纷争,同时也伴随着外来因素的介入和影响。如果说13世纪中期至14世纪的吴哥帝国随着素可泰的兴起而逐步走向衰落,特别是14世纪中期阿瑜陀耶建国后,吴哥帝国的版图不断受到泰族的侵蚀和挤压,则昆赛和李添丁整理的王家编年史中关于吴哥藏经及圣像流于阿瑜陀耶的记载似乎是合理的。若事实确实如此,且在时间上又是吻合的,则上述事件应该发生在14世纪中期,也就是自阇耶跋摩底波罗蜜首罗到尼班巴特的某个时间段里,甚至可以推断,被"甜瓜国王"杀死的那位柬埔寨国王,很有可能就是上面提到的阇耶跋摩底波罗蜜首罗,这也间接支持了柬埔寨学者的主流观点。①

## 四　余论

在新增史料的基础上,笔者对"甜瓜国王"及相关历史事件进行了大胆推测和充分解读,特别是其中关于柬暹、柬老关系的论述,在此前的研究成果中并未见到。当然,由于缺乏佐证,相关论断还有待进一步考证。

首先,在目前所见到的王家编年史料中,尤其是在开篇部分的记载中,素可泰、阿瑜陀耶往往是混用的,因此,即使上述记载的历史事件真实存在,我们也无法确定其提到的带走藏经和圣像的就是"阿瑜陀耶王"。如果与其产生联系的是"素可泰"而非"阿瑜陀耶",那么上述事件可能发生在更早的时间里。

其次,从记载的内容来看,吴哥帝国与柬国发生关系的过程是和平的,没有战争和抵抗,甚至有"解救高棉王""请回圣像"的说法,这似乎也不符合我们对吴哥帝国后期与素可泰、阿瑜陀耶之间发生的"侵略

① 在柬埔寨学者迪索帕的《柬埔寨历史》一书中,阐述了柬埔寨著名历史学家登涅关于"甜瓜国王"的推断,"被他(甜瓜国王)所杀死的那位国王,正是阇耶跋摩九世(1327~1336年)",这里所提到的"阇耶跋摩九世",根据时间推断,应该就是阇耶跋摩底波罗蜜首罗。

与反侵略”“进攻与反攻”关系的传统看法。如果吴哥的圣物被他国掠走，那么塞纳格拉王或其儿子西哈努拉王在重新取得统治地位后，都会竭力取回圣物，但王家编年史中并没有提及此事，而整理自1906年Adhemard Leclere的编年史手稿又告诉我们，带走藏经和圣像的那个国家，是位于老挝西部地区的一个古国，这又为我们提供了一个新的线索。根据相关记载，吴哥与早期老挝国家并不是毫无联系，澜沧王国的创始人法昂就与吴哥有着莫大的关联。

关于法昂与吴哥帝国故事的标准版本是：法昂和他的父亲被驱逐到吴哥，然后法昂作为一个征服者从吴哥返回，并且带来了小乘佛教。① 据说，法昂在柬埔寨的宫廷里学到了许多东西。当他十六岁时，柬埔寨国王把女儿巧肯雅公主嫁给他，想以此来笼络他，使他成为自己的同盟者，一起去抵抗当时势力日益胜过自己的泰族人。② 随后，法昂带着其岳父给他的一支军队，开始了北征之旅。至于法昂离开吴哥的具体时间，众说纷纭，目前我们尚不能就其出征的确切年份下定论。一说为1349年，法昂与妻子告别了吉蔑宫廷，率军队北征。③ 而泰国学者则把上述事件的发生时间提前了二十年，姆·耳·马尼奇·琼赛在他所著的《老挝史》一书中写道：据泰国历史记载，他（法昂）的岳父是西里春达腊王。他给法昂一支军队随同出征，法昂于1329年离开了那空通。④ 这位泰国学者还写道：根据相关记载，1357年，应该是那空通陷落的前夕，法昂派了一个代表团携带贡品和礼物去谒见他的岳父，请他帮忙派一些博学的僧侣并赠送一些佛骨。柬埔寨国王同意了法昂的要求，选派了两个高僧拍摩诃帕斯曼和拍摩诃德伐兰卡，以及二十名其他僧侣和三个通晓三藏的居士，名为诺腊星、诺腊德和诺腊萨。他还送给法昂一尊著名的勃拉邦佛，一部三藏经和一棵菩提

① 〔英〕格兰特·埃文斯：《老挝史》，郭继光等译，中国出版集团东方出版中心，2011，第9页。

② 〔泰〕姆·耳·马尼奇·琼赛：《老挝史》（上册），厦门大学外文系翻译小组译，福建人民出版社，1974，第72页。

③ 申旭：《老挝史》，云南大学出版社，1990，第135页。

④ 〔泰〕姆·耳·马尼奇·琼赛：《老挝史》（上册），厦门大学外文系翻译小组译，福建人民出版社，1974，第75页。“那空通”为“吴哥通”的旧译。

树的树苗，此外还有挑选出来的工匠和五千名随从人员。①

若上述记载相对准确，则法昂离开吴哥向北进发的第一站，正是现今老挝的西部地区，这与《柬埔寨王家编年史》中关于老挝西部的某个古代国家从吴哥国王那里以“和平的方式”带走佛像和藏经的记载又不谋而合。当然，两个版本故事中主人公的遭遇相差甚远，一为吴哥国王落难，一为法昂被放逐，而且从泰国史料和《柬埔寨王家编年史》对上述两个事件中国王名号的记载来看，也无法将“西里春达腊王”和“塞纳格拉王”联系起来。从目前掌握的资料来看，上述推断是有一定合理性的，但由于缺乏其他佐证，我们尚不能对相关事件的发生年代和具体情况得出最终结论，不过故事情节的相似之处也暗示着它们之间或许存在着某种偶然或必然的联系。

责任编辑：康敏

① 〔泰〕姆·耳·马尼奇·琼赛:《老挝史》(上册)，厦门大学外文系翻译小组译，福建人民出版社，1974，第84~85页。

# A New View of the Origin of Khmer Nationality and the Founding Legend of the Khmer Country

*Li Xuanzhi*

**Abstract:** Myths and legends are important elements that can not be ignored in the study of ancient Cambodian history. They not only can reflect the Khmer's deep understanding of religion and culture, but also can help us to look through the historical development clues and restore the original history. However, the current academic understanding of the origin of Khmer and its establishment is relatively limited, needing further study. The author will explore the new historical materials about the founding legends and the history of Khmer Country through the study of *The Cambodian Royal Chronicles*, and deeply interpret the historical clues in the legend.

**Keywords:** Origin of Khmer; Legend; Cucumber King; *Khmer Royal Chronicles*

# 中越古代兵制比较研究

## ——以越南为主线

左荣全 *

【摘 要】古代越南曾在不同时期借鉴和模仿中国的兵制，同时又根据越南的国情做了调适。由于地理、文化等方面的差异，同一兵制内容在两国有着不同的历史发展进程，发挥的作用亦不尽相同。本文拟以越南古代兵制为主线，就两国古代的统兵机构、禁军、地方军、兵役制度等内容做一比较。

【关键词】中国 越南 兵制

中越古代兵学文化交流既深且广，尤其是在兵制方面[①]。从前黎朝黎龙铤“改定文武官制及朝服，一遵于宋”[②]开始，到陈朝时枢密院领禁军，再到兵部之设，从“李初兵制，大略效唐之府卫、宋之禁厢”[③]，到明之卫所和五军都督府，表明越南在不同时期对中国兵制都有着借鉴和模仿。不

* 左荣全，洛阳外国语学院亚非语言文学系博士研究生。

① 越南丁部领于公元968年建立丁朝，此后经历九个朝代，即前黎朝、李朝、陈朝、胡朝、黎朝、莫朝、后黎朝（郑王和阮主）、西山朝、阮朝。中国兵制相关内容主要集中在唐、宋、明等时期。目前学界尚无专论中越兵制比较的文章。

② ［越］潘清简：《钦定越史通鉴纲目》正编卷一，顺化：阮朝国史馆，1884，第40页。

③ ［越］潘辉注：《历朝宪章类志·兵制志》（卷之三十九），汉喃研究院藏书号：A50/4，第8页。

过，越南并非对其完全照搬，而是根据国情做了调适。由于地理、文化等方面的差异，同一兵制内容在两国有着不同的历史发展进程，产生的效果亦不尽相同。本文拟以越南古代兵制为主线，探讨中越两国古代在军事统御机构、禁军、地方军、编制和兵役制度等方面的异同。

## 一　军事统御机构比较

越南古代统兵机构大体经历了五个阶段：丁朝、前黎朝、李朝为尚书省；陈朝、胡朝为枢密院；黎朝、后黎朝为兵部＋五军都督府；莫朝、阮主、西山朝为兵部；阮朝为机密院＋兵部。与中国采用这些统兵机构的朝代相比，越南对尚书省、枢密院的采用稍晚一些，兵部＋五军都督府的采用差不多同时期，机密院（取法宋朝枢密院和清代军机处）之设亦稍晚一些。尚书省统禁军，在越南沿袭了较长的时间，包括丁、前黎、李三朝以及陈朝的前期与中期。前黎朝的政权组织和官职部分模仿宋朝制度，但没有材料提到尚书省。1128年，李朝置尚书省外郎。当时越南负责军民事务的是各种名义的宰相，如前黎朝的总管知军民事，李朝的辅国太尉，而尚书省外郎是文班要职。陈朝明确设立尚书省，其主官是行遣尚书，即低于宰相的亚相。黎朝时，尚书省的主官是尚书令，又称密院参知。尚书省负责协助宰相指挥百官、向皇帝提供参谋意见，其中包括军事内容。

枢密院为全国最高统兵机构在中国古代实施的时间较长。枢密使的设置始于唐代宗永泰年间（765~766年），后梁改枢密院为崇政院，后唐又改崇政院为枢密院，设枢密使二人，由士人、宦官相互充任。后周时，文臣出身的枢密使专掌军机而不统兵，到北宋形成以文官出任枢密使的制度。宋朝在中央实行以枢密院掌管军政军令、三衙分领马步军的统御体制。《宋史·职官志二》载："枢密掌兵籍、虎符，三衙管诸军，率臣主兵柄，各有分守。"枢密院长官，有时称知枢密院事，简称知院，其副职称枢密副使，或同知枢密院事。元朝时皇帝是最高军事统帅，通过枢密院管理和指挥全国军事。《明史》载："至正二十一年三月丁丑，改枢密院为大都督府”[①]，这样一来枢密院在中国的废止时间为1361年。

越南李朝时就设立了枢密院，又称内密院，是监军民事之官，由左、右使管领，如1028年，李道纪获任左枢密使。陈朝时官职名为知枢密院事，或枢密大使。但枢密院领禁军，明确始于陈裕宗绍丰二年（1342年），史载:“旧制，禁军属尚书省。至是，以枢密领之。忠彦选诸路丁壮充禁军缺额，定为簿籍。枢密领禁军自此始。”[②]枢密院官参议朝政，负责监督朝中机密之事，包括军事。禁军兵权开始转到枢密大使手中，胡季犛获任该职的1371年因此才具有标志性意义。黎朝初期，辅助皇帝管理军队的机构仍如以前一样，枢密院直到宜民帝改制的1460年才废止。

兵部之设，在中国始于三国曹魏五兵制；隋朝合为兵部，以尚书为主官，侍郎为次官；迄至清末，此制历代皆沿袭，只是职权不尽相同。例如，宋朝尚书省仍设有兵部，但其主要职权已转属枢密院，兵部仅掌管一些具体军事工作，而元朝时兵部的职权范围更小。洪武十三年（1380年），明朝改革中央机构，主要内容有二：一是废中书省及丞相制，将丞相的权力分属吏、户、兵、礼、刑、工六部；二是撤消大都督府，分设中、左、右、前、后五军都督府。兵部和五军都督府共掌军事，构成中央最高军事统御机构。都督府管军籍、军政，有统兵权；而调兵权则归于兵部，兵部设尚书一人为长官，左、右侍郎各一人为副，主要职责是制订军事计划，管理武职人员，组织军队校阅和传达皇帝命令、调动军队等。兵部下设武选、职方、车驾、武库四个清吏司，每司郎中一人、员外郎一人，主事二人，负责业务工作。五军都督府都设在京师，每府设左右都督、都督同知各一人，都督佥事若干，其办事机关为下属经历司，由经历、都事等掌管业务。都督府的主要职责是领导、管理全国各都指挥，清使司（简称都司）、卫所官兵，负责这些军队的训练、纪律、补给、屯田等事务。各都督府互不相属，都直接与兵部联系，在兵部与都司之间，有承上启下的作用。清朝时，1631年设兵部，1644年设尚书，由满汉蒙族官员分掌武选、车驾、职方、武库四个清吏司，大体与明朝兵部组织相同，但兵部要听军

① （明）张廷玉等:《明史》卷一,《本纪第一·太祖一》，中华书局，1974，第9页。

② 〔越〕潘清简:《钦定越史通鉴纲目》正编卷九，顺化：阮朝国史馆，1884，第42页。

机处（非正式编制，1730 年成立）号令，权限极小。兵部废止时间，则是在清光绪三十二年（1906 年）。

越南兵部之设亦较早，如 1084 年，李仁宗遣兵部侍郎黎文盛如宋永平寨议疆界。李朝出现“兵部侍郎”后，陈朝和胡朝设有兵部尚书，尽管如此，兵部组织尚未见于史料记载。1460 年，宜民帝改革机构，分设六部、六科及府县各官：“国初，建官唯置吏、礼二部，户、兵、刑、工并六科犹未备设。在外五道各置行遣知军民事，又分设府、路、镇、县、州官以隶之。至是，宜民始增置户、兵、刑、工，与吏、礼二部为六部。设中书科、海科、东科、西科、南科、北科为六科。议改置府、县、州官。”① 从此，兵部监掌兵政，统筹全国的安全、国防和战争。至后黎末年，兵部增加了任务：组织科举考试、选举指挥员并呈交皇帝审阅；组织生产、维修和配发兵器；管理分田地和发俸禄、抚恤金。兵部的最高官员是尚书，辅佐兵部尚书的有左、右侍郎。与中国古代兵部不同的是，越南兵部机构仅设一个常设机关和两个专门机关，分管兵部的各项专门活动。兵部常设机关称为兵部司务省，由兵部司务官负责日常工作，可以将此视为“兵部办公室”。兵部专门性质的工作由武库青吏司、军务青吏司分管，这两司由一名郎中和一名员外主管。武库青吏司负责兵戎器械，皇帝护驾、仪仗，丧葬等祭礼日的安全保卫；军务青吏司负责军中的选拔考核、训练和筹划各种行军活动。

从黎圣宗时起，越南置五府军。朝廷在兵部之外另设五府都督机构，直接监理各府军务，当时各府军兵的直接指挥权在五府左右都督。各府相对独立，但都接受朝廷的管理，每府相当于一个“军区”，负责一个地区的军政，各府由该府都督统率。各府指挥班子包括 4 人：左都督、右都督、都督同知和都督佥事。每府都督监管所属 6 卫，每卫设总知、同总知、同知佥事。卫之下设所（每卫 5~6 所），各所均设有管领、副管领、正武尉和副武尉。在所之下是伍，由总旗等主管。这就是黎朝府军的行政管理机构和官吏系统，也是越南对明朝初期军事组织的继承和模仿，后黎朝大体

① 〔越〕潘清简：《钦定越史通鉴纲目》正编卷十九，顺化：阮朝国史馆，1884，第 1 页。

沿袭了这些制度。

1744 年，广南阮福阔正王位，“改记录为吏部，衙尉为礼部，都知为刑部，该簿副断事为户部。增置兵、工二部，以分职掌”[①]。其中，兵部皆由户部兼领，如《大南实录前编》载“黎光代为户部兼兵部”“户部兼兵部阮承绪卒”“陈廷悳为户部兼兵部”等。西山朝置五军，即中军、前军、左军、右军、后军，各置都督统领，至于更高层级的管理机构，目前暂不详。阮朝时，嘉隆帝设立兵部，兵部管理诠选武官，校阅军士，调遣军队戍守或征战，拣选兵丁，考核军中的功过。1834 年，明命帝仿宋朝枢密院和清朝军机处，设立机密院，凡遇军机大事，四柱大臣（勤政殿大学士、文明殿大学士、武显殿大学士、东阁大学士）至此商议，成泰年间，法国派遣的中圻钦使驻扎于此，维新年间，改为辅政府。越南沦为法属殖民地以后，兵部尚书和兵部已名存实亡，但作为一个机构，直到阮朝灭亡后，兵部才不复存在，因此其废止时间迟至 1945 年。

## 二　禁军比较

针对唐末五代以来“帅强”和“兵骄”起而作乱的状况，中越两国都通过增强禁军，居中御外，改变了唐后期以来全国军事部署外重内轻的现象。禁军成为实现国家统一、左右政局的可靠力量，但中越古代禁军既有相似，也存在差异。

治军思想有差异。中国自后周世宗（柴荣）整顿制度，开始消除藩镇起而作乱的隐患。北宋通过藩镇劲卒选送中央禁军，既消除了割据隐患，又解决了禁军兵源问题，同时采取“内外相制”[②] 和“兵无专主”（更戍法）

① 〔越〕张登桂：《大南实录前编》卷十，顺化：阮朝国史馆，1844，第 5~11 页。

② （宋）李涛：《续资治通鉴长编》卷三二七，记述宋神宗之言：“艺祖（太祖）养兵止二十二万，京师十万余，诸道十万余。使京师之兵足以制诸道，则无外乱；合诸道之兵足以当京师，则无内变。内外相制，无偏重之患。天下承平百年，盖因于此。”不仅如此，对屯驻于京城之内的亲卫诸军与驻屯在畿辅地区的禁军，在部署上，也使之互相制约。京师之内，有亲卫诸兵，而京师之外，诸营列峙相望，使京城内外相制；府畿之营，屯驻数十万众，以防京城与天下之兵，使府畿内外相制。

的统御制度，对禁军加以制衡，其后各朝都有类似机制。越南历代皆是从兵源上着手解决问题，采用从帝王龙兴之地征召的方式。例如，陈朝从陈姓祖籍地（天长路）或对陈姓有功的其他地方（龙兴、洪、快、长安、建昌等各路）征召，头等丁壮选入禁城宿卫的天属、天刚、彰圣和拱辰军；莫朝从海阳招募禁军；后黎朝将清化、义安视为中兴之地，信任从这两地所召之兵并给予优待，称为“优兵”①。朝廷对“优兵”极为优待，制定了《优兵廪禄例》，有颁给社民，或二社、一社不等。1741 年，照所给社民多少之数，量授职品有差。② 给公田以养之，加职色以优之，在越南古代兵制中颇为特殊。清义优兵数量庞大，且骄纵无度，为后黎朝乱象、衰亡之源。优兵曾制造过严重的祸端，例如，黎嘉宗德元元年（1674 年），“乱兵杀陪从阮国桢，掠毁参从范公著宅”，此纲下之目载：“夫黎自中兴以后，专倚清义优兵，已成偏重之势，遂至如此骄纵。犹不能齐以纪律，因循苟且，将骄卒悍，终至于亡。” ③ 不过，优兵之乱毕竟是少数，越南的解决方式总体上还是有效的，符合越南国家较小、禁军规模较小的国情。

军额差异较大。中越两国古代禁军都是常备主力军。中国历代禁军数量皆较庞大，如宋朝时禁军有十万。越南丁、前黎、李朝的禁军约三千人，如李圣宗（1054~1072 年）时设十六卫，按每个卫二百人计算，此时期的禁军约三千二百人。黎朝圣宗时加强京城保卫，设立一百力士司宿直金光殿，此外又置殿前六卫。如果按每卫五至六所、每所四百人计算，则御前六军约一万二千八百人。

禁军指挥官。越南丁、前黎、李、陈朝禁军的指挥官都是殿前指挥使。而在中国，“殿前都指挥使”之名，始于后周太祖时期。后周世宗时，殿前军成为与侍卫亲军并驾齐驱的一支禁军。后晋时，侍卫亲军都指挥使居朝掌军，出征则统兵作战。后梁始有侍卫亲军与侍卫亲军都指挥使之号④。越南

① 后黎朝之兵有优兵、一兵两种。从清化、义安征召的兵称为“优兵”；黎裕宗保泰三年（1722 年），开始从山南、京北、海阳、山西四镇召兵，称为“一兵”。

② 〔越〕潘清简：《钦定越史通鉴纲目》正编卷三十九，第 8 页。

③ 〔越〕潘清简：《钦定越史通鉴纲目》正编卷三十三，第 36~37 页。

④ 张其凡：《五代后周禁军考述》，《安徽师大学报（哲学社会科学版）》1989 年第 3 期，第 352~359 页。

由于没有注意分权，导致殿前军指挥使的权限过大。殿前军指挥使常常因掌握禁军，取皇帝而代之建立新朝，黎桓、李公蕴都是如此，陈朝的实际建立者陈守度亦为殿前军指挥使。陈朝后期枢密院领禁军，禁军指挥官的权限才大为削弱。胡季犛改从枢密大使之职走上篡权之路。

禁军军号。越南历代禁军的称谓虽有变化（如丁、前黎、李朝时称殿前军，黎朝称铁突、禁卫，后黎朝称优兵或清义兵、三府兵，阮主时称羽林军，西山称侍候亲军，阮朝时京兵包括亲兵、禁兵、精兵三部分），但不变的是都有两个字的军号，所选字眼相近，一些军号甚至与中国五代、宋朝时的军号相同。如越南李太宗设的禁军十卫（广圣、广武、御龙、捧日、澄海），陈朝禁卫军编成六个军（天属、天刚、彰圣、翊圣、神策、拱辰），中国后梁的禁军，前后计有左右龙虎、左右羽林、左右神武、龙骧、天兴、广胜、神捷、天武、天威、英武等军。其中，“捧日”“神策”“拱辰”“英武”等军号称谓，在两国禁军中都有。

禁军刺字。禁军刺字之俗，是中国五代、宋朝时的一大特点，具有防止逃窜和加强各类军队识别的双重目的。后梁太祖朱温为藩镇时，为了防止士卒逃亡而刺字。士卒应募入伍后，在脸、手、臂等处先刺字，后墨污，终身不褪，故招募士兵，往往称为“招刺”。岳飞设置的横江水军也于左手背上刺“横江水军”四字。当兵刺字，是一种耻辱的标志。由应募出身的名将狄青，宋仁宗曾要他敷药除字，狄青表示愿留字以鼓励士卒。越南丁、前黎、李、陈朝时禁军在额上刺“天子军”三字，如黎桓时“选其骁健者补宿卫，谓之亲军，皆黥额，涅‘天子军’三字”。[①] 陈朝时有所扩大，如在额头刺所属军号，或在肚子、腰、大腿上刺纹龙等。可能由于百越文身遗俗等原因，越南史书里没有提到刺字是为防止逃跑，更没有认为是耻辱，字里行间倒还透着些许尊崇的意味。社会上还有人效仿禁军的纹样，朝廷不得不下令禁止，如1118年，“禁私奴墨刺胸脚冒用禁军样者”[②]。1323年，刺字规定被废除，仅独立禁卫都还在士卒额头刺军号（如真尚都、真金都等）。

---

① 《钦定越史通鉴纲目》前揭书，正编卷一，第21页。

② 《钦定越史通鉴纲目》前揭书，正编卷四，第9页。

## 三　地方军比较

地方军，即各路、镇、道、省之军，其发展完善要以封建国家及其行政机构的发展完善为前提，受各地区居民条件和军事地理位置的影响。因此，军队的组织编制和数量，也受限于每个地方、每个历史阶段的需求。各路、镇、道、省之军，是越南国家武装力量系统中的地方军事组织。作为地方战斗力量，主要是在本地作战，但当国家需要时，可以像朝廷的其他机动力量一样调动。在各种军队组织系统中，地方军数量最为庞大。他们既参加生产，又按照寓兵于农的政策，上番戍守和训练。地方军事组织在地方安全保卫以及共同抗敌卫国事业中具有重要地位。

厢军与四厢军。中国古代军队中有左、右厢之分，原为左、右翼之意。《资治通鉴》卷二一五引述唐玄宗攻突厥说："破其左厢军阿波达干等十一都，右厢军未下"，意为仅攻破突厥的左翼，而右翼没有攻克。后周时，逐渐形成厢、军、营、都的组织系统。如果按照五百人为一指挥，五指挥为一军，十军为一厢的编制，则每厢应为二万五千人[①]。大约中唐以后，左右厢已成为军队中固定的编制，但仍保留左、右翼的原意。如唐肃宗至德二年（757年），"择善骑射者千人为殿前射生手，分左、右厢，号英武军"（《文献通考·枢密院》）。五代时，左、右厢的编制更加普遍，而且是军队的战略单位，厢的统兵官有都指挥使一员，殿前司的铁骑、控鹤和侍卫司的龙捷、虎捷等四大主力部队，都分左、右厢，而且各有统兵的主帅（都指挥使）。

关于北宋时的厢军，《乐全集》卷二十四《论国计事》记载："太祖皇帝制折杖法，免天下徒，初置壮城、牢城，备诸役使，谓之'厢军'。后乃辗转增创军额，今遂与禁军数目几等。"厢兵最初是由藩镇旧兵与杂役新军合并建置的，禁军是中央的正规军，厢军是正规军中的地方杂役军。厢兵的来源大致有三：一是招募，健勇者募充禁兵，不及尺度而稍怯弱者

① 中国军事史编写组编《中国历代军事制度》，解放军出版社，2006，第307页。

籍之以为厢兵；二是由罪犯充当；三是禁军中被拣退者降为厢军（谓之落厢）[①]。宋朝设置厢兵主要用于劳役，而不训练以备作战。厢军具有工兵的性质，如壮城军用于修筑城池，作院军用于制造武器，桥道军用于建桥修路，船坊军用于建造舰船，清河军用于疏浚河道等。厢兵的数额庞大，在州郡，厢军的地位低下，俸给极微。厢兵的隶属系统，"内总于侍卫司"，名为内属，实为外军。需要注意的是，宋朝没有厢一级编制，而有军、指挥和都三级编制，即与禁兵一样，以指挥为基本建制单位。

越南前黎、李、陈三朝时都采用厢军之制，称作"四厢军"。史籍中较早的记载为1005年，黎龙铤"以李公蕴为四厢军副指挥使"[②]。越南厢军的来源主要是寓兵于农的更番赋役，但也有一部分来自罪犯，史籍记载："定徒罪差异法。中罪徒早社，宏者刺面六字，耕公田，人三亩，每年输粟三百升。徒牢城兵者，刺项四字，除治芜草，隶四厢军"。越南厢军的任务，《钦定越史通鉴纲目》注释道："厢军：所以守城门者，非禁卫比。"[③]"增筑升龙城。城外四门，四厢军轮守"[④]。越南厢军最初的任务，可能主要是守城门，于是就依托四个城门进行分布，故称"四厢军"。至李陈时期，四厢军的职能有所扩大，除驻守都城城门外，还驻守地方各路。例如，陈朝厢军就是在京城和各地方组建，编制成"都"（每个都辖十伍，每伍有五至八人）。越南厢军实施寓兵于农政策，到期上番戍守、训练、服役，每个服役、警戒期限（通常为一两个月）后回家种地，以便能自给自足。和平时期担负戍守和劳动，发生战争时参加战斗或服务战斗，这种半专业的军事力量地位相当重要。

乡兵。由于基层社会有许多相似性，因此乡兵在中越两国历史上都曾长期发挥作用。中国不少朝代都曾组织过乡兵。唐朝自武则天时开始在部分地区征发团结兵，安史之乱后，团结兵设置增多，他们是在当地服役而又不长期脱离生产的地方民兵。五代十国征战频繁，征发地方民兵越来越多，有乡兵、乡社兵、民兵、义兵、团军等不同称呼。五代乡兵的建立大

① 冯东礼、毛元佑：《中国军事通史》第十二卷《北宋辽夏军事史》，军事科学出版社，1998，第110页。

② 《钦定越史通鉴纲目》前揭书，正编卷一，第38页。

③ 《钦定越史通鉴纲目》前揭书，正编卷六，第8~9页。

④ 《钦定越史通鉴纲目》前揭书，正编卷六，第8~9页。

致有三种情况：第一，由朝廷发布命令，在全国或部分地区集中征发；第二，各地节度使、刺史因军事需要，在境内征发乡兵；第三，各地乡社为保卫地方治安而组织乡兵。944 年，后晋缘河巡检使梁进领导乡社兵从契丹手中收复德州（今山东陵县）。胡三省在《资治通鉴》的注中说："乡社兵，民兵也。时契丹寇掠，缘河之民，自备兵械，各随其乡，团结为社，以自保卫"①，对乡社兵的性质、器械来源、任务作了明确的叙述。

越南乡兵是源自远古时期的地方军事组织，既带有自愿性质，又被国家体制化，以便所有民众都可以参与，曾经为抗敌卫国事业做出过重大贡献。如果国家政权进步，懂得组织和动员，则村社乡兵是数量庞大的就地击敌力量；如果与其他军事组织配合，还可形成全民战争的强大阵势，举国迎敌，保卫家乡。越南基层社会的村社特色比较浓厚，其在军事领域的集中体现就是乡兵。越南乡兵主要分布在村社、村邑、峒册，为保卫地方辖区而战。各村社多有尚武传统，平时注意村社的军事建设，在长期的军事实践中，形成了一套颇具村社特色的战术。这种战术在近现代被加以改造利用，称之为战斗村，是越南军事艺术的重要组成部分。

诸侯王养兵，此仅见于越南前黎、李、陈三朝。前黎朝时，黎桓于991~995 年将诸皇子、义子分封至各道，镇守一方。王侯可以在封地养军队，称作王侯军（又称王府军）。王侯军是诸侯王的私人军队，也是各道（1002 年改为路、府、州）的骨干部队，但原则上还是受皇帝调遣。当发生战争时，朝廷就动员壮丁补充到军队中来。李朝时，每个王侯只允许拥有约五百人的军队，而在陈朝，每个王侯允许招募一千人的军队（根据1254 年朝廷的规定）。王侯军发展迅速，在陈朝军队中占很高的比例。此后各朝代，王侯不再有养兵特权。

## 四　编制比较

在从丁朝至阮朝漫长时期的诸多军队编制单位中，越南采用很多中国

① （宋）司马光撰、（元）胡三省音注《资治通鉴》卷二八四，中华书局，1956，第 9270 页。

古代的编制单位，不过具体军额有所不同；此外，也有一些编制单位，如“奇”“选”是中国古代所没有的编制单位。《大越史记全书》载：“甲戌五年（宋开宝七年）定十道军，一道十军，一军十旅，一旅十卒，一卒十伍，一伍十人。”[①] 卒是中国古代军队编制单位，春秋时以一百人为一卒。卒伍则是周朝军队编制，五人为伍，百人为卒，以后泛指军队；五卒为一旅，即五百人。丁部领的卒伍之制与古法稍异，伍为五人，卒仍为一百人，旅为一千人。

前黎朝、李朝、陈朝都有厢军，军队的编制为军、都、甲、队；中国后周采用厢、军、营、都四级编制，宋朝采用军、指挥和都的三级编制。这说明，中越两国厢军编制略有不同，中国厢军以“指挥”为基本单位，越南厢军以“都”为基本单位。“都”的编制单位始于五代，当时各都采用两字军号，其统将称都将、都头。晚唐及五代前期，有不少亲军和特种部队也称都，兵力大小不一。《五代会要·京城诸军》记载：“凡五百人为一指挥，其别有五都，都一百人，统以一营居之”，这是最后形成的正规编制。宋亦有都，在军和指挥之下，都一级的统兵官，马兵为军使和副兵马使，步兵为都头和副都头。

后黎朝时期兵制的一个较大变化是将全国府卫改为奇（相当于团）、队（相当于连）。景兴九年（1748 年），废除卫所制，改置奇、队，史籍记载：“命卫兵各隶其镇，分置奇、队，以二百人为奇，听一半留军，一半归农，互相更代。留军者给口粮钱，月六陌，拣其强壮者操演；其后又给倍之，有事征讨加给，与优兵同。”[②] 这样，步军编制单位是营、奇、队（营、奇、队之间没有组织上的统属关系），营有一百六十至八百人、奇有二百至五百人、队有十五至二百七十五人。水军按船进行编制，根据船的种类，每船二十至八十六人，一些船合起来编成奇队、船队。奇、队军额不一，一种说法是：三百人为一队，四百人为一奇。中国古代军队未出现过“奇”这一编制单位，中越古代编制由此开始出现较大差异。

西山朝军制，1775 年，阮惠设五军，即中军、前军、左军、右军、

① 〔越〕吴士连：《大越史记全书》（内阁官板），河内：社会科学出版社，1998，第 92 页。
② 《钦定越史通鉴纲目》前揭书，正编卷四十，第 25 页。

后军，这是最高一级的军事单位，其下还有道、奇、队，多按“五五制”编成，应该说沿袭了洪德时期的一些制度。考古收集到西山军官之印，如“二卫率忠良三校忠良将”之印，这名忠良将属于第三校军，率忠良第二卫，说明西山军有“率”的编制。唐初军府分别隶属于十二卫和六率，十二卫各设大将军一人，直接听命于皇帝；六率各设率一人，隶属于太子。

广南阮主时，基层单位是“选”，一选由同一村庄或邻近村庄抽调来的三十至五十人组成，二至五个选为一队，由若干队组成一奇，但是在较少的场合下，也可以由六至十个选组成一奇，中间不设队这一级。最大的集团是营，这是省一级的军队。至于武官，则设掌营、掌奇、该奇、该队等官，以管军事。阮朝明命年间，亦在各省设奇兵，北越称奇，南越称卫；每奇五百人，奇下设队、拾、伍，每队五十人，每拾十人，每伍五人。

## 五　结语

通过上述比较可以看出，古代越南不同时期对我国兵制的借鉴和模仿都比较多，有的内容是大体效仿，但更多的内容都根据越南国情做了调适，即不是简单照搬。越南在古代统兵机构方面改动较少，属于大体效仿；在兵役制度方面，取法隋朝府兵制、明朝卫所制，而按期更番的寓兵于农制度几乎伴随了越南自主封建时期的始终。丁、前黎、李和陈四朝，殿前军指挥使具有五代时的特征，因此朝代更迭亦由他们发起。禁军多从帝王龙兴之地征召，军号、刺字等内容同中有异。地方军分为三个阶段，从前黎朝至陈朝取法厢军编制体制；从黎利建立黎朝以降的三百多年里，主要取法明代卫所制的编制体制；1748 年以后，改卫所制为奇队制，此后广南，以及阮朝都采用奇队制，但这三个阶段都实行寓兵于农和更番。编制单位方面，多数编制单位我国此前都曾用过，只有“奇”“选”我国古代不曾作为编制单位，因此，中越古代军队编制出现较大差异，始于“奇”“选”之设。从丁朝至阮朝的自主封建时期，越南都曾编制大量象兵，这是中国不曾有的。黄高启认为，越南马骑兵始于李朝：“以骑射为第一额，我国有马兵始于此”[1]。由于地理、文化等方面的差异，同一兵制内容在中越两国有着不同的历史发展轨迹，其效果亦不尽相同。

古代越南疆域较小、人口较少，而兵学实践活动则频繁而多元。越南封建朝廷因地制宜建立起符合当时国情的兵制，而且一些方面不乏优越性。宋神宗时人蔡延庆就曾学习仿行越南李朝的行军布阵之法：“延庆偿仿安南行军法，部分正兵[2]、弓箭手、人马，团为九将。每将步骑器械皆同，分左右前后四部，合百队，队有驻战、拓战。其番兵人马，分为别队，毋得相杂，以防其变，各随所近分隶，老弱留处城寨。具为书以上，神宗善之。李朝兵法见取于中朝如此。”[3] 这也说明，文化的交流从来都不是单向的，而是双向的。越南古代兵制为现代国家的武装力量建设、国防建设积累了一些好的经验，例如“军事立国”“寓兵于农”“全民皆兵”等。从现代越南的全民国防、全民皆兵、国防经济区、区域防御等思想可以看出，古代兵制对现代国防仍有强烈的影响。这些现代国防思想之所以符合越南国情、紧贴越南社会、深入人心，是因为其有着传统兵制的深厚渊源。

责任编辑：米良

① ［越］黄高启：《越史要》（卷二），维新甲寅冬，第 16 页。

② 正兵：正规军。人马团：骑兵。驻战：防守作战。拓战：进攻作战。

③ 《钦定越史通鉴纲目》前揭书，正编卷三，第 24 页。另《宋史·蔡延庆传》（卷二百八十六）亦载蔡延庆曾获得《安南行军法》，因仿行越南兵制。

# A Comparison on Sino-Vietnamese Ancient Military Mechanism—With Vietnam as the Main Line

*Zuo Rongquan*

**Abstract:** Ancient Vietnam always referenced and imitated Chinese military mechanism, while doing some adjustments in accordance with Vietnam's own conditions. Due to the differences in geography, culture and other aspects, a same military mechanism always had different historical development course and played a quite different role in the two countries. This paper, with ancient military mechanism of Vietnam as the main line, makes a comparison on the contents of ancient garrison agencies, imperial guards, local troops and military service system between the two countries.

**Keywords:** China; Vietnam; Military Mechanism

# 泰国电影中消费主义观念与传统生活方式的对抗

田　霖*

【摘　要】泰国著名导演查崔查勒姆·尧克尔和彭力·云旦拿域安的数部作品都通过描绘乡村青年在都市中的遭遇来反映泰国传统文化在外来消费主义冲击下的弱势地位，甚至更进一步反映泰国整个国家在踏入全球化市场时的窘境。同时，通过“返回乡村”的主题，这些电影作品也倡导向自给自足、简单纯朴的传统生活方式回归。通过对两位导演不同时期的创作背景和作品文本进行比较，本文试图从若干部类似主题的电影入手，观察20世纪下半叶泰国传统文化与消费主义的对抗对泰国的都市和乡村文化产生了怎样的影响。

【关键词】消费主义　传统文化　自给自足　泰国电影　经济危机

消费主义是一种20世纪产生于西方的社会文化和生活方式，它鼓励人们以赚钱和消费为人生的最高目的，而泰国地处鱼米丰美的东南亚地区，在季风的吹拂下产生了以农业为中心的自给自足的传统生活方式。从

* 田霖，北京大学外国语学院2015级博士研究生，北京外国语大学亚非学院讲师。

20 世纪 70 年代中期至 1997 年亚洲经济危机，由于西方的文化影响以及本国采取的开放型经济政策，泰国社会受到外来的消费主义冲击较为剧烈，并与传统生活方式及观念产生了激烈的冲突。消费主义的蔓延像是一张大网，都市是其中网结的连接点，受到外来文化冲击最为直接；而乡村则像是这一张大网的网眼，成为传统文化最后的栖息地。城市与乡村的冲突从一定角度来看，其实也是消费主义与传统生活方式的冲突。

从 20 世纪 70 年代起，泰国电影进入了高速发展期，其中许多反思社会现状的影片都注意到上述这种冲突。本文选取了查崔查勒姆·尧克尔（Chatrichalerm Yukol）和彭力·云旦拿域安（Pen-Ek Ratanaruang）两位著名泰国导演的四部作品进行分析。这些电影时间跨度达 30 余年，但在其中我们可以发现相近的主题和类似的故事框架：乡村青年为了追寻更高的生活品质来到都市中，在遭遇坎坷之后回到乡村的怀抱。在此框架下，我们可以观察到城市与乡村、现代与传统、消费主义与自给自足等几组对立的概念，通过描绘乡村青年在都市中的遭遇来暗示泰国传统文化在外来消费主义冲击下的困境，进一步反映泰国在融入全球化进程和保持民族特性之间的两难选择。

## 一 查崔查勒姆·尧克尔的创作背景与作品分析

查崔查勒姆·尧克尔是泰国最著名的导演之一，他于 2001 年创作的《素丽瑶泰》占据泰国电影史票房首位长达十余年，而此后的《纳瑞宣国王》系列电影也有着极为优秀的票房成绩。查崔查勒姆·尧克尔在美国求学时选修电影，是美国著名导演弗朗西斯·科波拉的同学。他从 20 世纪 70 年代开始了导演生涯，是第一批关注泰国社会现实的导演之一。他一改 20 世纪 60 年代泰国电影一味追求娱乐、粗制滥造的风气，开创了泰国电影 1972~1986 年的“黄金十五年”。本文将分析的《旅馆天使》（*Hotel Angel*）、《公民 2》（*Citizen II*）是他职业生涯的早期作品，分别创作于 1973 年和 1984 年，都以敏锐的视角关注了泰国在现代化进程中消费主义观念与传统文化及生活方式的冲突对抗。

## （一）创作背景

第二次世界大战结束后，泰国产生了明显的亲美倾向，尤其是1957~1972年，长达十五年的军政府专政时期更是被称为泰国现代史上的“美国时期”。从20世纪50年代初至20世纪70年代初，美国对泰国的经济援助大约6亿美元，军事援助达9.5亿美元。[①] 经济和军事两方面的援助刺激了20世纪60~80年代泰国经济的快速发展，也剧烈改变了泰国的城乡文化氛围。美国在泰国的经济援助以交通发展为核心，通过协助指导修建铁路、公路乃至航空系统，加强了泰国中央对地方的控制与监督，政府权力辐射范围被扩大至偏远的农村地区。同时，泰国处于经济政策从农业向工业的转型过程中，以求成为现代化的工业国家，农业在经济中受到的重视程度下降，导致农民的生活愈发困难。以上多方面的因素导致大量农村劳动力涌入曼谷的贫民窟以求生存、求发展，从20世纪60年代开始，曼谷每5年的人口平均增长率都处于20%~25%的高位，直到20世纪80年代后才有所放缓。[②]

这个时期泰国社会中的财富越来越向少部分人集中，富裕起来的人向往美国式的消费主义生活方式，向美国移民的泰国公民数量也在不断攀升。同时，泰国中央政府的军人政权贪腐现象严重，经济发展的红利并没有使广大贫民的生活获得改善，反而逐渐导致社会的进一步分化。富人与来自农村地区的穷人生活在同一座城市中，收入分配的不公被激烈地呈现出来，引发了人民对政治社会制度的不满。1973年在学生运动的引导下，泰国爆发了激烈的社会变革。控制泰国十余年的军政府统治被推翻，泰国民众对民主自由的诉求被热烈激发。

在这种社会气氛下，一大批电影人开始用镜头关注社会问题，真正发挥电影作为大众传媒在社会中的监督作用，从而开启了泰国社会思想电影的黄金年代。这些电影人中有许多都深受西方电影文化尤其是好莱坞电影

① 贺圣达、王文良、何平:《战后东南亚历史发展（1945~1994）》，云南大学出版社，1995，第243页。

② 详细数据参见以下关于曼谷人口的统计，http://worldpopulationreview.com/world-cities/bangkok-population。

的影响，却利用从“新好莱坞”风格中汲取的叛逆、反抗的精神，反过来试图消解西方对泰国带来的不良文化影响，查崔查勒姆·尧克尔便是其中的领军人物。

## （二）消费主义的外部来源

在1973年的作品《旅馆天使》中，查崔查勒姆·尧克尔通过乡下女孩马丽（Malee）在曼谷的遭遇来呈现城乡冲突。故事发生在20世纪70年代，女主人公马丽来自泰国北部的村庄，与来自大城市的男友私奔到曼谷后，被抛弃在一个名为旅馆实为妓院的地方。她不情愿地接受了妓女的工作，金钱的刺激和物质的享受让她最终动摇，开始帮助老鸨说服新骗来的女孩。然而，一个与她同乡的女孩宁死不从跳楼而亡，深深触动了马丽。最后在经历一系列磨难后，马丽终于脱掉了漂亮的短裙，换上了朴素的衣服，走上了正道。

从人物塑造角度来看，马丽内心最激烈的冲突就是时常怀念故乡却又难以割舍城市生活优越的物质条件。比如在一次变故中，她逃亡出旅馆，坐在贫民区的废墟上幻想自己回到故乡在田野中奔跑，与村民们开心地打招呼，而回过神来时，她却发现手中紧握着皮条客送给她的收音机。她内心盼望着回到温暖的故乡，但在逃亡时手中却放不下都市消费文化的象征，在两者之间犹豫不定，最终继续留在都市中做妓女。在尝到消费主义物质享受的滋味后，她已经难以回到简朴的农村生活中，但代价是牺牲了传统的价值观和道德观。

从拍摄技法来看，乡村部分的镜头大多在开阔的空间和明亮的光线下，而在曼谷的故事情节大部分发生在夜晚或是昏暗狭小的室内。开阔的空间中，镜头距离较远，人物之间的差异不强，关系趋于平等；而狭小的空间中，导演常常通过不同的场面调度，比如站立和蹲坐的姿势，强调角色之间的力量对比以及阶级划分。凭借镜头和色彩，导演直观地展现出两者间人际关系和情感的强烈对比，我们清晰地看到乡村环境中的平等与真情实意，也看到城市中鲜明的等级划分和冷漠无情。

导演通过一些细节暗示了都市中消费主义的来源。本片的故事围绕着卖淫行为展开，从一定程度上说，泰国色情产业的兴盛与驻扎在此的美军部队有着密切的联系。影片中来旅馆消费的嫖客中多次出现外国人的面孔，包括旅馆的招牌也是用英文书写的。色情产业本质是以金钱换取欲望的满足，是一种对传统道德的践踏，导演通过简单的细节将这种罪恶的源头指向了社会外部，认为泰国社会是在外来的观念影响下逐渐放弃了传统的文化价值和生活方式。他希望人们能像马丽一样幡然醒悟，拒绝外来的物质诱惑，回归淳朴的泰式生活。

然而，1984 年问世的《公民 2》则表明，导演的期待落空了。消费主义的观念已经内化于泰国社会之中，本土上流社会和中产阶级与庞大的贫民阶层之间严重割裂，社会的主要冲突已经集中在贫富阶级之间。泰国传统社会中的村舍集体生活是以富人对穷人基本生活条件的保障为基础的。只有在危难时向周边的邻居伸出援手，一个富人才能够得到认可，成为社会生活中的一份子。[①] 这样的机制并不仅仅是利益的交换，而且是一种带有人情味的社会保障。然而，城市生活、消费主义给富人带来极致的财富，同时也带来了极致的权力，他们不再需要得到大众的认可，也就不再有义务保障底层人民的生存。

《公民 2》用了大量篇幅展现这种泰国城市中的社会分化，这部电影是导演 1977 年的作品《公民》的续集。在前作中，主人公杜蓬（Tongpun）就是一个典型的被都市体系吞没的乡下农民：他带着妻儿来到曼谷定居，结果妻子离开他去给美国大兵当情妇；他用自己的全部积蓄买的出租车被盗窃集团偷走，寻车过程中他杀死了坏人并打算破坏犯罪集团的车库，结果被警察抓获；他自己进了监狱，儿子也被少年教养院带走。[②]《公民 2》的剧情发生在杜蓬出狱后，重入社会的他认识到来到曼谷是一个错误，打算回到农村老家去。但为了将儿子接出少年教养院，他必须达到一定的要求以证明自己适合做孩子的监护人，只得在城市的贫民窟中继续挣扎。他

① 〔美〕詹姆斯 · C. 斯科特：《农民的道义经济学：东南亚的反叛与生存》，程立显等译，译林出版社，2013，第 52 页。

② 〔泰〕帕塔玛瓦迪 · 乔优沃恩：《查崔查勒姆 · 尧克尔王子 20 世纪七八十年代电影中的社会表象》，辛艺桐译，《当代电影》2011 年第 5 期，第 127 页。

偶遇了一个以偷窃为生的贫民窟少女，以自身的正直影响她改邪归正。在情况稍有好转的时候，他又被卷入黑社会的争斗。幸好这次他证明了自己的清白，并且揭露了腐败涉黑的参议员。最后，他终于带着儿子和贫民窟少女坐上了回家的大巴车。

影片为观众呈现了都市中权贵阶层和贫民阶层之间的巨大生活差异：贫民窟单调而绵延不绝的破败棚屋让人感到压抑，儿童成群结队偷盗，妓女四处游荡酗酒，无所事事的青年听着美国的流行音乐、跳着怪异的舞蹈；在阶层金字塔的另一端，城市中的权贵和富人阶层的生活则荒淫无度，他们在赌桌上豪掷千金，住豪宅、开豪车，有私人保镖来保证他们的安全。影片中有一幕凸显了两个阶层之间积累的敌意：杜蓬走路时分了神被一辆正常行驶的豪车撞到，周围的民众立即激动地围了上来，要求车主给杜蓬巨额赔偿，仿佛他们是受害者一样。虽然明知杜蓬是违反交通规则的人，但他们都将矛头指向司机，希望能够借这难得的机会去争取他们无处诉求的正义和公平。

虽然在本片中并未见对杜蓬的家乡乌隆的描绘，但在整部影片中，乌隆始终是杜蓬解决所有问题的希望，象征着导演对泰国社会回归传统、找回人情味的期待。导演借杜蓬的口说出了影片传达的态度："我来曼谷找工作，从一开始就是个错误。虽然在乌隆可能没有足够的粮食和水，但是那里有足够的爱和关怀。"在影片的最后，杜蓬带着儿子和女孩坐上了大巴车，他们疲惫的脸上露出了幸福的笑容。在大巴车驶过镜头的同时，背景的颜色一下从黑暗的夜晚变成了明亮的朝阳，象征着他们返回乡村后的幸福生活。

两部电影的创作相隔了十年，而此期间泰国都市受到外来文化的影响，现代化的脚步不断向前。曾经向往的西方生活方式，离泰国的都市居民越来越近。消费主义作为一种外来的文化冲击逐渐融入了泰国的都市文化，一步步排挤着传统的价值观和生活方式，互助共享的传统经济模式被现代化契约经济所替代，更有人利用社会的动荡以不法手段谋取利益。这一切造成的结果就是社会不公以及阶级割裂。从两部电影的结尾也能看出导演对于该问题的立场：《旅馆天使》的结尾，马丽脱下鲜艳的衣裙换上朴素衣衫，脚步轻快地转身离去，却没有交代她究竟是留在城市中做了工人还是回到了故乡，留下了一个开放性的结局；而《公民 2》的结局处理得相当直白，主角踏上了幸福的回归之路，前途一片光明。导演查崔查勒姆·尧克尔在城市消费主义与传统文化观念的对抗中给出了更加明确的态度：回归传统才是谋求幸福的正途。

## 二 彭力·云旦拿域安的创作背景与作品分析

泰国电影于 20 世纪 90 年代在好莱坞的压力下遭遇了巨大的危机，本土电影年产量连年下降，甚至降到 10 部以下。在危急关头是“新时期”电影浪潮将泰国电影产业拉出了泥潭。彭力·云旦拿域安就被认为是这一浪潮的领军人物，他于 1997 年亚洲经济危机期间开始了自己的创作生涯，在泰国电影复兴的道路上留下了不可磨灭的印记。他 1999 年的作品《69 两头勾》（*6ixtynin9*）以及 2001 年的《走佬唱情歌》（*Monrak Transistor*）都代表泰国参与了奥斯卡最佳外语片的角逐，可以代表当时泰国影坛的最高水准。

### （一）创作背景

1997 年，一场巨大的经济危机从泰国爆发并席卷了整个东南亚区域，甚至波及全球金融市场。这场危机的起因与泰国过于外向和激进的经济政策有重要联系。20 世纪 90 年代初，泰国开放了资本市场，引入了大量的外国资金，造成了巨大的经济泡沫。当虚假繁荣被戳破时，外国资金的大规模离场造成了空前的灾难。有学者认为：“在经济繁荣的顶峰，全球化给了泰国这个后起之秀一个迎头赶上的机会；而在危机来临时，全球化则给了泰国迎面一脚。”①

20 世纪 90 年代的金融开放政策，使得泰国在外向型经济的道路上更进一步，然而对外部风险的防范并不充足。从 20 世纪 70 年代开始，在泰

① Baker C, Phongpaichit P, *Thailand's Boom and Bust*, Chiang Mai: Silkworm Books, 1998, p.323.

国生根发芽的消费主义思想和对经济发展的过度热情，使得泰国较为盲目地进入了全球化市场以追求更大的利益，造成的结果则是灾难性的。在受挫之后，泰国社会自然产生了一种“退行性”的心理防御，即对传统的文化和生活方式的怀念。

泰国国王拉玛九世在 1997 年 12 月的寿辰演讲中，正式提出了实行“充足经济”[①]的号召，主张在经济发展的道路上退一步，将外向型的经济结构转变为内生型，发挥广大农村地区的巨大潜力。其实早在 1974 年，拉玛九世便在演讲中提出了相关思考：“别人如何说都不重要，他们或许说我们老套、过时，但我们是有足够的条件去生存和生活的，我们应当去努力实现自给自足。我们或许不会拥有极度的繁荣，但我们会有一个可持续的和平的国家。”[②]1997 年经济危机后，这一思考被丰富成完整的理论体系，以应对危机后的发展困境。“充足经济”号召人民发展农村，以自给自足为基本目标，稳步发展经济。

然而，根据泰国内政部的人口统计数据，1997 年和 1998 年曼谷的人口增长率分别是 0.354% 和 0.768%，比前后几年的数据都更高一些。[③]这在一定程度上说明，已经接受了现代消费主义文化的都市居民难以再回到传统的田园生活，所谓的“回归”乡村，只是一种心理上的压力疏解。电影在这时便提供了一种释放都市居民心理压力的通道，彭力·云旦拿域安的两部作品都以“回归乡村”为主题，为已经适应了现代都市规则的观众展示了一种放弃追逐利益、远离竞争压力的新生活方式，以排解其现实生活中的苦闷。接下来，我们将观察其作品如何创造这种逃避压力的方式。

### （二）重历创伤与构筑“桃源”

《69 两头勾》上映于 1999 年，故事的开场是一批金融公司的员工抽签

① 泰语原文 เศรษฐกิจพอเพียง，也有人译为“适度经济”“知足经济”“自足经济”等，详见周方冶《全球化进程中泰国的发展道路选择——“充足经济”哲学的理论、实践与借鉴》，《东南亚研究》2008 年第 6 期，第 36~45 页。

② Ministry of Foreign Affairs, *The Philosophy of Sufficiency Economy*, Bangkok：Amarin Printing Publishing PLC, 2015, p. 31.

③ 详细数据参见以下关于曼谷人口的数据统计，http://stat.dopa.go.th/stat/statnew/statTDD/。

决定谁被裁员的场景，女主角桐（Tum）中签失去了工作，表面上平静的她内心接近崩溃，在梦中通过不同的方式自杀。简单的背景交代，将经济危机下泰国社会中压抑、崩溃、人人自危的情绪清晰地展现出来，在这种情绪之下，平凡的普通人也会做出出格之事。桐早上醒来发现门口放了一个装有一百万泰铢的方便面箱子，这笔钱本是黑社会送给 9 号房中一名官员的贿赂款，只因为她房门上的数字 6 因为螺丝松动掉下来变成了 9，才造成了这场误会。桐一时糊涂决定留下这笔钱，还失手杀死了前来追款的黑社会分子。从此，身不由己的她被各方力量推着卷入了一个深深的旋涡，不得不独自与黑社会、邻居、警察等各方力量对抗以求生存。最终，她扔下城市中的一团乱麻，驱车回到乡下母亲的家中。

这一带有昆丁·塔伦蒂诺色彩的事件可以看作泰国经济危机的缩影。一百万泰铢象征着来自外国的大量资金引入，方便面箱子的包装更是点出了这些投资其实都是快速牟利的手段，并不带有任何营养能够滋养泰国经济的发展。不义之财让主人公陷入了多方势力的角力之中，正如泰国在金融大鳄和国际市场的压力下孤立无援、无力自保的处境。在一次次危机的冲击下，女主角的心态从最初的惊慌失措转变成冷漠麻木，开始时失手杀人的她最终丧失所有道德底线，为了巨款拔枪杀人。作品通过刻画女主角的心理变化，影射当时泰国在追逐金钱利益的道路上越走越远，逐渐抛弃了自给自足、追求内心安宁的传统观念。

导演对泰国激进开放型经济发展的不满同样暗含于剧情中：在陷入危机以后，女主角唯一的想法就是做一本假护照赶紧逃到外国去，为此她特意写信告别住在乡下的母亲，这个决定反而导致她越陷越深。这正是创作者想表达的观点：做假护照、告别母亲都暗示着泰国忘记了自己的身份和自己的根基，在危机来临时没有脚踏实地、保持传统的心态，一味向外界寻求解决方案是毫无益处的。导演通过片中人物的话点醒观众："他们（外国人）以为泰国人只有两种职业：女的都是妓女，男的都是毒贩子。"这种充满偏见和自嘲的说法，给了对全球化仍抱有希望的泰国人一记耳光：原来泰国从来没有被世界真正接纳过。

女主角向国外逃亡的希望一次次落空，最后她发现真正的出路其实是回到乡村，追逐这笔钱财的各方力量由于机缘巧合都在女主角的公寓中火拼身亡。女主角幡然醒悟，把钱和尸体都扔进了池塘，象征着她把欲望和负担全都抛下。她开车离开曼谷，迎着黎明踏上了返乡的路。这个结尾与《公民 2》的结尾有异曲同工之妙，主角在经历了挫折后最终获得解脱。

《69 两头勾》可以说是一次对泰国经济危机艺术化的回顾和审视。观众在跟随电影中的人物经历创伤的同时，也在潜意识中对自己在真实生活中所遭受的不幸进行着审视，当最终主角获得解脱时，观众自己内心的压力也随之减轻。而 2001 年的作品《走佬唱情歌》，除了这种“重历创伤—获得解脱”的模式以外，还增添了另一条发生在村庄的故事情节线，通过开阔的自然空间和闲适的乡村生活方式为观众提供了一种“治愈机制”，一个逃离都市压力的世外桃源。

男主角潘（Pan）与妻子莎道（Sadaw）本生活在恬静祥和的小村庄中，但被征兵服役的潘为了去曼谷闯荡做一名传统民歌歌手逃出了部队，害怕被抓的他不敢回乡下，只得在曼谷挣扎。好不容易即将踏上星途时，他又因为失手杀死性骚扰自己的老板而不得不再次出逃，最后经过一系列的阴差阳错而进了监狱。出狱后，他再也不抱任何天真的希望，回到了农村的家，获得了妻子的原谅。

虽然故事情节发展主要跟随男主角潘的视角，但是影片的情感中心还是集中在妻子莎道身上[①]，因而对乡村传统自给自足生活方式的展现成为影片的一个重点，并且与城市中追逐利益、欲壑难填的消费主义文化形成了鲜明的对比。但电影刻意地忽略了乡村生活的贫苦和艰难，用许多夸张化、理想化的场景设置去突出其和谐、美好、传统的一面，比如乡村女性人人穿纱笼裙，晚上所有村民在一起跳舞办晚会，潘在绿色的水中畅游（模仿《猜火车》中主角从马桶进入水底的镜头）等。

导演一边从正面描绘乡村生活方式的美好，一边将城市消费主义文化塑造成反面加以对比。比如，潘擅长唱的泰国传统民歌 *Luk Thung* 是整部影片反复出现的音乐母题，象征着泰国的民间文化传承，然而对于曼谷的

---

① Knee A, “Gendering the Thai Economic Crisis: The Films of Pen-ek Ratanaruang”, *Asian Cinema*, Vol.14, 2003, p.117.

音乐公司老板来说，音乐其实无关紧要，他们掌握着捧红歌星的权力，并以此换取金钱和女色（甚至还有男色），暗示城市消费主义文化对泰国传统道德观念的彻底抛弃，转而拥护权力至上、金钱至上的价值观。富人被塑造成冷漠、伪善的形象，比如在影片一个片段中，衣衫褴褛的潘和朋友无意闯入了一个富人的宴会，发现所有富人都刻意扮作穷人模样以求感受底层人民的疾苦，然而他们的破衣烂衫下却还戴着珠宝首饰，刻意弄脏的手还拿着美酒美食。潘和朋友被评为此次扮穷大赛的冠军，结果因为吃得太多露了陷，被这群“富有爱心”的人一顿痛打。在这样犀利的讽刺背后，是创作者对都市权贵阶层唯利是图的不满，也是对现代消费主义观念践踏泰国传统文化的控诉。

在潘历尽艰辛回到故乡后，整部影片展现了一个完整的离家、受难、回家的过程，分别代表着泰国走向世界、在全球化浪潮中受挫、再回归传统的过程，导演在一次采访中这样说道：

> 观众会不会意识到潘就是泰国的模型？我想，农民生活已经蛮好的了，你一捕，网兜就装满了虾，生活这么简朴，难道还不满意吗？还要去当劳动者，要成为新型工业化国家，要成为第五只老虎[①]，我不相信泰国是否像潘那样幸运，因为他还来得及回过头，而我不认为泰国社会将来得及转身。[②]

导演本人对泰国社会的转身持悲观态度，而事实上经济危机后的几年，曼谷人口增长率不降反升，人民并没有因经济危机而丧失对都市生活的热情。而电影中对乡村生活方式的美化仅仅是为观众提供了一个美好的幻觉，不论在城市中受到什么样的挫折，总会有一个世外桃源般的故乡可以当作避风港。虽然仅是幻觉，但也可以慰藉当时泰国社会中无数受伤的心灵。

---

① 中文里“亚洲四小龙”的说法在泰语中实际被译为“亚洲四小虎”，所以导演才会采用第五只老虎的说法。

② 李淑云：《中国和泰国当代电影之比较研究——论张杨与彭力云旦拿域安的作品及思维异同》，浙江大学人文学院，硕士学位论文，2008，第23~24页。

## 三　结论：消费主义的胜利

本文所涉及的四部作品有一个共同的主题，即现代的消费主义文化与泰国传统生活方式观念的冲突。这场旷日持久的对抗在两位导演的电影中从 1973 年的《旅馆天使》到 2001 年的《走佬唱情歌》延续了近三十年。从这些不同时期的作品里，我们能够在一定程度上看到这一对抗在泰国社会中的发展、演变以及最新的进展。

在 1973 年的《旅馆天使》中，我们能看到主人公马丽是为追随爱情主动来到城市中，但因为被爱人欺骗，以一个被动的姿态陷入了城市中的阴暗面，渐渐难以抵抗物质享受带来的快乐，从而沦为消费主义观念的奴隶。这其实与泰国现代化改革的进程在一定程度上相似。泰国从未完全成为西方列强的殖民地，其最初的现代化进程主要是在皇室领导下自上而下进行的社会改革，体现出一种主动追求现代化的姿态。然而，在进入 20 世纪下半叶后，随着第二次世界大战后世界格局的改变，泰国成为日本、美国等强国的跟随者，被动受到这些国家政治、文化、军事等多方面的影响。日本在二战时的侵略、美国在二战后的驻军，都是泰国被动接受外来文化影响的重要原因。

不过到了 1984 年的《公民 2》，我们发现影片中的外来元素几乎消失了，在城市的舞台中对抗的双方分别是泰国底层人民和本土富人阶层，影片所抨击的也是城市中泰国富人的挥霍浪费、钱权勾结、麻木不仁。这反映了消费主义观念在这十年左右的时间里，已经从一种外来的文化冲击内化为泰国社会的内在属性，并与其传统的社会文化和生活方式共存。然而，由于消费主义观念和传统文化之间的矛盾，两者难以长期共存，必定通过对抗最后划定各自的地盘。结果便是消费主义占据了城市，而以主人公杜蓬为象征的传统生活方式坚守者则“逃”回了乡村。

到了 1999 年的《69 两头勾》和 2001 年的《走佬唱情歌》，我们看到了消费主义观念占据城市数十年后，泰国社会对传统观念的回望和眷恋。《69 两头勾》是泰国经济危机的一个缩影，展示了一味追求金钱利益带来的后果；而《走佬唱情歌》则是处于城市氛围中的泰国社会，对曾经存在过的传统生活方式一次美化后不着边际的想象。从主人公身份的变化，我们可以看出这两部影片与20世纪70~80年代的两部影片的受众认同的变化。查崔查勒姆的两部影片主人公都是真正来自农村、进入城市底层挣扎的人；而《69两头勾》的主人公是一个办公室白领，乡村对她只不过是老家、避难所，而非真正内心认同的家;《走佬唱情歌》的主人公虽然来自农村，但其追求是成为一名歌手，进入社会的上流阶层，这与想成为纺织工的马丽、想开出租车的杜蓬并不处于同一种心态下，更接近在城市中奋斗的普通人想要获得成功的心态。因此，本质上两部拍摄于世纪之交的电影，其目标受众已不再是真正持有传统观念而过着乡村生活方式的人，而是在经历挫折之后怀念传统生活方式的都市人。消费主义带来对金钱的无止境追求，都市人利用短暂的观影时间，以求在无止境的欲望和不满足感中获得一丝喘息。

这四部不同时代的电影都描绘了消费主义文化进入泰国城市的过程。最初消费主义是以外来文化的身份在泰国立足，在经历了数十年的发展之后，这种影响渐渐内化进了泰国社会内部。经过了冲突和碰撞后，消费主义成为了都市社会文化的主流，而传统生活方式则无法在都市立足，只能将乡村当作最后的避难所。最后，在都市消费主义文化中迷失的人们只能通过对故乡的怀念，来缅怀已经逝去的传统和简单。

责任编辑：米良

# The Conflict between Consumerism and Traditional Lifestyle in Thai Films

*Tian Lin*

**Abstract:** Thai famous film directors Chatrichalerm Yukol and Pen-Ek Ratanaruang's several works shared a same theme: villager from rural area struggling in urban environment, through which the films imply the inferior statues of Thai traditional culture under the influx of consumerism from outside, and also demonstrate the awkward situation of Thailand while stepping into the globalized market. With the theme of "returning to the countryside", these films calls for the returning of self-sufficient, simple and pure, traditional lifestyle. Through the perspective of these films, this essay aims to observe the conflict between consumerism and Thai traditional lifestyle from the 1970s to the end of the $20^{th}$ century, and analyze its impact on Thai urban-rural spectrum.

**Keywords:** Consumerism; Traditional Culture; Self-sufficient; Thai Films; Economic Crisis

# “一带一路”背景下中马“两国双园”模式：现状、机遇与挑战*

〔马来西亚〕林德顺　廖博闻**

【摘　要】近年来，中国与东盟各国经济联系不断加强，其中，马来西亚凭借稳定的政治环境、良好的经济条件、地缘政治的战略性地位和友华倾向成为中国在东南亚的重要伙伴之一。中马钦州产业园区和马中关丹产业园的“两国双园”国际产能合作新模式正是上述因素综合作用的成果。随着“一带一路”倡议的提出，作为东盟率先响应该倡议的国家之一的马来西亚，积极推动中马双边合作与政策对接，“两国双园”也纳入倡议的旗舰合作项目中，成为倡议在马成功与否的重要标志之一。本文通过深入实践、走访调查，结合马来西亚本土智库、非政府组织、媒体及民间各族群人士的立场与观点，了解两地产业园区的发展现状，分析“两国双园”面临的机遇与挑战，为双园发展提出建议，以供相关单位、企业参考借鉴。

---

* 本文为2017年北京外国语大学大学生创新创业项目“中国—马来西亚‘两国双园’工业园区发展情况调查和产业合作新模式成果探究”（项目编号：201710030070）阶段成果。

** 林德顺（Ling Tek Soon），博士，马来亚大学马来西亚华人研究中心主任、中国研究所高级讲师，主要研究方向为中马关系、马来西亚华人研究；廖博闻，北京外国语大学中国马来研究中心研究助理、《中国报道》杂志社实习记者，现就读于北京外国语大学亚非学院，主要研究方向为中马关系。

【关键词】 一带一路　两国双园　中国—马来西亚关系　钦州产业园　关丹产业园

## 导　言

当前，在全球经济缓慢复苏的大背景下，区域合作在推动世界经济发展上扮演着越来越重要的角色，并且成为一种趋势。中国国家主席习近平在2013年对中亚和东南亚国家进行国事访问，其间提出了“丝绸之路经济带”与“21世纪海上丝绸之路”倡议（简称“一带一路”倡议）。马来西亚位于北纬17度和东经97~120度，是亚洲与大洋洲、太平洋和印度洋相交的十字中心，北部与泰国接壤，南部与新加坡相邻，扼守连接南海与印度洋的马六甲海峡，是中国“一带一路”倡议中“21世纪海上丝绸之路”的重要节点国家。

自1974年中马两国建交以来，两国外交关系稳定，经贸合作密切，在许多国际场合相互支持并积极开展政治合作。近年来，中国与东南亚部分国家由于南海问题，双边关系经历波折，但中国与马来西亚始终保持稳定的友谊。2013年，中马双边关系提升为全面战略伙伴关系，李克强总理专门指出，要抓住共建“一带一路”和两国经济转型升级的契机，将钦州产业园、关丹产业园和马六甲临海产业园区作为大力开展产能合作的平台；希望尽早启动中国—马来西亚东海岸铁路项目合作；同时，鼓励并欢迎中国企业扩大对马投资，并对两国地方经济合作表示支持。① 根据马来西亚国际贸易和工业部发布的2016年贸易数据，该年中马双边贸易额同比增长4.4%。2009~2017年，两国双边贸易总额占中国—东盟贸易总额的20%。② 中国长期是马来西亚最大的贸易伙伴，马来西亚也是中国在东盟

① 《总理出访微镜头 | 烹制中马合作“大菜”》，新华网，2015年11月24日，http://www.xinhuanet.com/world/2015-11/24/c_128462735.htm。

② 郑青亭：《中国对马来西亚投资激增 纳吉布称要与中国共创“亚洲世纪”》，《21世纪经济报道》，2016年11月2日，http://m.21jingji.com/article/20161102/3817e0f2eccdcaa5b09779ef28c2f00b.html。

国家中最重要的贸易伙伴之一。“一带一路”倡议提出后，马来西亚率先响应、积极参加，为双方在国际产能等方面的互利合作创造了良好条件。

就此，中国与马来西亚于 2013 年 10 月提出构建中国—马来西亚“两国双园”（简称“两国双园”）国际产能合作的新模式。① 中马“两国双园”模式，即在中国广西壮族自治区钦州市建立中马钦州产业园、在马来西亚彭亨州关丹市建立马中关丹产业园，“两国双园”共同构成“姐妹园”。早在 2011 年 4 月，时任国务院总理温家宝赴马访问，与时任马来西亚总理纳吉布就在广西钦州共同建立中马钦州产业园区一事达成一致。2011 年 10 月 21 日，两国总理共同见证了双方政府间中马园区合作会谈纪要的签订，并且为园区揭牌。2012 年 4 月 1 日，在中马钦州产业园区开园仪式上，两国总理就在马来西亚关丹设立钦州产业园的“姐妹园”——马中关丹产业园一事进行探讨。②2013 年 2 月 5 日在马来西亚关丹，时任全国政协主席贾庆林与纳吉布总理共同出席马中关丹产业园区启动仪式，随后每年由联合合作理事会分别在中国北京、马来西亚吉隆坡定期召开理事会会议③，探讨两园的发展方向、政策支持和协调共进等工作，推动“两国双园”的发展。

“两国双园”是在中国—新加坡苏州工业园区（1992 年）、中国—新加坡天津生态城（2007 年）后，中国与外国政府合作建设的第三个园区，也是马来西亚首个国家级产业园。④ 相比之前的两个产业园区，中马两国的战略合作伙伴关系是“两国双园”模式成立的基础，通过中马的互相投资、共同招商、协调管理、优势互补促进国际产能合作与国际贸易发展，打造中国第四代产业园区，并为中国与东盟国家合作发挥示范作用。

---

① 庞革平、谢建伟：《中马产业合作峰会在南宁举行》，《人民日报（海外版）》2012 年 8 月 7 日。

② 《黄家定：中方料 4 月 1 宣布 钦州产业园或列国家级》，《星洲日报》2012 年 3 月 28 日。

③ 高燕：《推动“两国双园”在更高水平上更好更快发展》，《中国—东盟博览》2016 年第 9 期，第 7 页。

④ 夏福军：《东博会：打造中国—东盟园区合作最佳载体》，广西新闻网，2016 年 8 月 31 日，http://www.gxnews.com.cn/staticpages/20160831/newgx57c6e682-15355222.shtml。

## 一 “两国双园”的发展现状

自开园以来，“两国双园”便得到中马两国政府的鼎力支持。钦州产业园由时任总理温家宝倡议设立，并提供各项优惠以支持马来西亚企业进驻投资，联合带动中国中西部的发展，同时促进中马友好关系。[①]李克强总理上任以来，在与马来西亚总理会见期间，多次强调中国政府将支持更多中国企业到马中关丹产业园进驻投资，同时欢迎马来西亚企业到钦州产业园投资，继续支持双园的建设与发展。[②]2014年11月10日的北京APEC会议上，习近平主席会见马来西亚总理纳吉布时，也提出要“将钦州、关丹产业园区培养成中马投资合作旗舰项目和中国东盟合作示范区”。[③]对此，马来西亚政府亦持有相同看法，从加深马中关系的角度出发，通过“东海岸经济特区理事会”与彭亨州政府进行协调，大力推动关丹产业园与关丹港的建设。

### （一）中马钦州产业园

中马钦州产业园位于钦州市钦南区犀牛脚镇，园区总面积约55平方公里。产业园区计划将先进制造基地、合作交流窗口、文化生态新城、信息智慧走廊合为一体，覆盖食品加工、生物技术、现代服务业等领域。中国—马来西亚钦州产业园区管理委员会是广西壮族自治区人民政府的派出机构，中国—马来西亚钦州产业园区管理委员会（简称“管委会”）主要行使园区的行政管理、公共服务等职责，同时履行国有资产管理的职能。[④]

2016年，“三年打基础”阶段基本完成后，中马钦州产业园加快推进

① 《温家宝总理访问马来西亚时宣布：中马在钦州共建产业园区》，人民网，2011年5月3日，http://gx.people.com.cn/GB/179463/14532636.html。

② 《愿承建隆新高铁 中马将加强互联互通》，《南洋商报》2015年11月24日。

③ 《习近平会见马来西亚总理纳吉布》，人民网，2014年11月10日，http://politics.people.com.cn/n/2014/1110/c1024-26002575.html。

④ 《中国—马来西亚钦州产业园区条例》，中马钦州产业园区工管委办公室，2017年10月1日发布，http://www.qip.gov.cn/News/Detail/7a46308d-5fd8-4fd5-b7db-150a4ca9b5e5。

产城项目，步入"五年见成效"阶段[①]，截至目前，园区招商引资共引进和在谈的产城项目91项，总投资883亿元人民币（若无特别说明，本文金额货币均为人民币），达产后预计年总产值1351亿元。预计2020年完成一期建设，二、三期会在2020年以后发展。[②]当前，园区发展现状及特点主要包括以下几个方面。

**1. 园区启动区产业项目布局基本完成**

2017年8月，管委会大楼、员工宿舍、食堂等均已建成投入使用。中马粮油、鑫德利光电科技项目已投产运营，慧宝源项目试投产，包括5G天线、时兴电子、中国—东盟国际医药创新园等一批高科技项目已开工建设，计划打造集新产品新技术孵化器、细胞医疗实验中心、抗肿瘤新药研究中心于一体的科技创新中心。[③]2017年11月，燕窝加工贸易基地启用仪式在中马钦州产业园区举行，成为中国首个投入使用的全产业链、集群式的燕窝产业发展平台。

**2. 园区功能配套项目建设全面启动**

园区产业配套方面，加工贸易园基本完工，互联网创教空间、燕窝加工贸易基地、中马国际科技园、智慧产业园还未完工，创业设计园、清真食品产业园、教育装备产业基地已开工建设。[④]城市配套方面，青年公寓和农民安居房已经投入使用，国际中学、中马第一小学、消防站、派出所等设施还在建设当中。随着国际医疗服务业集聚区、星级酒店、孔雀湾公园等一系列产业和城市项目先后启动建设，产业园有望建成一座新的产业新城。

**3. 园区总体开发建设进度有望提前**

根据中马四方[⑤]的合作协议，园区计划到2020年完成一期15平方公

---

① 《零起步高起点快发展——中马钦州产业园区开发建设报告》，中马钦州产业园区管委会，2017年。

② 《〈中国—马来西亚钦州产业园区条例〉获通过》，广西新闻网，2017年7月31日，http://www.gxnews.com.cn/staticpages/20170731/newgx597e88cf-16395022.shtml?pcview=1。

③ 简文湘：《两国双园绽开并蒂花》，《广西日报》2017年8月15日。

④ 《中马钦州产业园区开发建设情况报告》，中马钦州产业园区管委会，2017年。

⑤ 即广西中马钦州产业园区投资控股集团有限公司、广西北部湾国际港务集团与马来西亚常青集团、实达集团，四方集资组建广西中马钦丹产业服务有限公司。

里的开发建设任务。① 截至2016年底，园区启动区“七通一平一绿”② 已经建成，具备产业和城市项目集中入驻的条件。预计到2017年底，可完成园区一期开发范围剩余土地的征拆工作，为新项目入园随时做好准备。根据目前的工作进展和发展速度，原计划2020年完成的园区一期15平方公里开发建设任务或将提前实现。

### 4. 园区已形成完善合理的管理架构

2017年7月，《中国—马来西亚钦州产业园区条例》（简称《条例》）③ 获得通过，标志着中马钦州产业园区成为广西第一个通过实施法定条例进行管理的园区④，《条例》对园区管理机制、责任机制等方面做出了规定：园区管委会主任、副主任由自治区人民政府任免；要求自治区人民政府和有关单位支持产业园区的实践与创新活动，对活动给予必要的帮助；自治区人民政府需要建立并完善钦州产业园区的领导决策机制，并对产业园区重大事项的决策负责。

## （二）马中关丹产业园

马中关丹产业园是两国政府间的重大合作项目，由两国领导人直接倡议并亲自推进。2012年初，中马双方在筹办中马钦州工业园时，已经有意要在马来半岛东海岸区的关丹港附近设立一个国家级的姐妹园。马方对于本国工业园的设想为：一是以关丹港为中心点，在其附近选址设立工业园；二是将此工业园定位为国家级产业园，并由此要求中马钦州产业园升级为

---

① 简文湘、武丰有：《中马钦州产业园区：打造中国与东盟合作新典范》，广西新闻网，2017年4月25日，http://www.gxnews.com.cn/staticpages/20170425/newgx58fe7d4b-16132299.shtml。

② “七通一平一绿”指的是土地在通过一级开发后，达到给水、排水、通电、通路、通信、通暖气、通天然气或煤气以及场地平整和绿化的条件，使二级开发商可以进场后迅速开发建设。卢炳文、卢幸：《开辟“两国双园”模式　打造中马投资旗舰》，《中国改革报》2016年11月26日。

③ 2017年7月28日，广西壮族自治区十二届人大常委会第三十次会议表决通过《中国—马来西亚钦州产业园区条例》，自2017年10月1日起实施。

④ 广西中马钦州产业园区开发有限公司于2014年1月6日成立，总部设在中马钦州产业园区内，下设子公司包括广西孔雀湾投资开发有限公司、广西中马钦州产业园区捷成通信基础设施投资有限公司、广西孔雀湾物业服务有限公司。该公司组织架构可参见其官方网站，http://www.cmqip.com.cn/Home/ArticleDetail/1055。

国家级产业园，尤其是不能低于邻国新加坡的中新工业园的级别。在这一点上，可以看出马来西亚政府在发展东海岸经济方面的战略布局。通过工业园的设立，改良版的“Big Push Theory”（大推动理论）将能“以点带面”，带动区域经济发展，发挥辐射效应。纳吉布总理相信，产业园的带动作用将在工业的下游、加工业、运输、物流、培训、零售和港口相关产业上得以体现。而关丹港的升级，也将像巴生港发展对于巴生谷经济助推效应一样，带动整个东南亚的经济发展。

目前，马中关丹产业园规划面积 12 平方公里，分三期建设，分别占地约 6.07 平方公里、5.93 平方公里、3.24 平方公里。园区功能分区包括物流区、产业区、配套区（居住区、综合服务中心）。① 中马双方合资组建马中关丹产业园区有限公司（MCKIP Sdn. Bhd.），负责关丹产业园的开发建设和运营。其中，马方持股 51%，由马来西亚实达集团（S P Setia Bhd Group）、常青集团（Rimbunan Hijau Group 或简称 RH Group）和彭亨州发展机构（Perbadanan Kemajuan Negeri Pahang，以土地作价入股）共同参股；中方持股 49%，由钦州市开发投资有限公司和广西北部湾国际港务集团参股。

现代服务业是马中关丹产业园发展的重点，产业布局方面以钢铁及有色金属、电气电子信息工业、机械装备制造和科学技术研发等为主。目前，园区发展情况主要包括以下三个方面。

**1. 园区配套基础设施建设基本完成**

马中关丹产业园区一期 6 平方公里码头、铁路、道路等基础设施日趋完善，外部基础设施已完工并投入使用，二期配套基础设施已经开工。铝型材加工、太阳能装备制造基地、陶瓷、钢铁、电子信息等项目陆续进驻该园区，产业集群雏形初现。入园项目累计协议投资额达 245 亿元。目前，工地附近以大量活动板房为主，产业园一区除员工宿舍、办公大楼外都还处于在建状态，园区内外不少道路路况不佳。

---

① 资料来自马中关丹产业园官网，http://www.fdi.gov.cn/CorpSvc/Temp/T3/Product.aspx?idInfo=10000040&idCorp=1200000025。

**2. 联合钢铁钢厂建设进度加快**

联合钢铁钢厂占地500英亩（约2平方公里），项目总投资约14亿美元（约合80亿元人民币）。为加快建造进度和满足建筑技术需求，联合钢铁钢厂从中国国内带来一批高技术建筑工人，采用马来西亚当地劳工为主、中国国内技工为辅的方式，提高联合钢铁钢厂的建设效率，2017年底到2018年初左右陆续完工，在2017年年底部分投产，2018年全部投产，届时将实现高碳钢及H型钢年产350万吨①。园区其余700英亩（约2.8平方公里）的化肥厂、轮胎厂也已动工②，产业园二区、三区目前还是树林和沼泽地，尚未开发。

**3. 港口升级稳步迈进**

关丹港是马来西亚的战略产业重点设施，广西北部湾国际港务集团与马来西亚关丹港母公司怡保工程集团（IJM）③于2015年4月完成股权交割手续，广西北部湾国际港务集团持有关丹港40%的股权。为了支撑马中关丹产业园区的发展，为入园项目提供优良的港口物流服务，北部湾国际港务集团入股后与马方一起加快了对关丹港的升级改造，更新装卸设备，完善基础设施，优化经营管理，同时共同规划开发新港区，建设新的大型化、专业化码头，以提高港口吞吐能力和效率。④

目前，关丹港由旧港与新港两部分组成。旧港区吃水深度11.2米⑤，能够停泊4万~5万吨的船只，新港扩建工程还在修建中，一期、二期总长皆为1公里，其中一期的前400米为联合钢铁指定泊位，其余600米为其他干货泊位。同时，关丹港每年都受季风影响，由此，马来西亚政府通

---

① 数据来自笔者2017年8月7日于马中关丹产业园对该园区负责人刘茜的采访。

② 数据来自笔者2017年8月7日于关丹港对该港负责人Leanne Lim Yea Kuan的采访。

③ 怡保工程集团（IJM Corporation Berhad，简称IJM），是马来西亚一家经营多元业务的公司，涉及领域包括房地产、种植、建材、道路与港口等，其中在房地产领域因成功中标多项国家级大型工程而获利颇丰。《94亿订单在握 怡保工程前景靠建筑》，《星洲日报》2017年11月30日。

④《开辟中马产能合作的新天地——马中关丹产业园区开发建设报告》，马来西亚怡保工程集团，2017年。

⑤ 关丹港相关资料皆取自笔者2017年8月7日于关丹港对该港负责人Leanne Lim Yea Kuan的采访，下同。

过东海岸经济走廊特区理事会出资修建全长 4.6 公里的防波堤，避免海浪对港区的侵蚀。新港一期水深 16 米，二期计划发展为集装箱泊位，挖深港区至 18 米，能够停泊 10 万 ~15 万吨的船只。旧港吞吐量为 2600 万吨，预计新港建成后吞吐量将扩大一倍，达到 5200 万吨。之前计划在关丹新港区建设的两个 15 万吨码头，首个 15 万吨级泊位工程已经开工在建，考虑到港口土地的限制，只有通过填海造陆来扩建，首阶段 400 米岸线长码头计划 2018 年初竣工，另 600 米最迟 2019 年初完工。[①] 马来西亚东海岸铁路项目（ECRL）已于 2017 年 8 月 7 日举行开工典礼，预计工程耗时 7 年。

## 二 “两国双园”的优势与机遇

### （一）区位优势

中马钦州产业园区位于钦州市南部，濒临北部湾，拥有良好的区位优势，港口集疏运条件便利，处于中国—东盟自贸区、泛北部湾经济合作区等多个区域合作的交汇点，是连接以上区域的重要通道与合作平台。

此外，钦州园区毗邻中国沿海重要港口钦州港，钦州港三面环山，港湾内水域宽阔，水深浪小，具有淤积少、潮差大的特点，是天然的深水良港，现年吞吐能力达亿吨以上，未来规划吞吐能力5亿吨以上[②]。钦州港已经形成覆盖东南亚、中东、非洲和欧美各主要港口的远洋直达航线网络，是中国中南、西南地区与东南亚各国贸易往来最便捷的港口。

马中关丹产业园区位于马来西亚彭亨州首府关丹，拥有便捷的海陆空交通条件，高速公路与马来西亚全国直接相连，关丹机场航班直飞吉隆坡、槟城以及新加坡，邻近的关丹港是马来西亚东海岸的最大港口，拥有世界级的深水码头，面向南海，也是马来西亚距离中国台湾地区、韩国、

① 《开辟中马产能合作的新天地——马中关丹产业园区开发建设报告》，马来西亚怡保工程集团，2017 年。

② 相关信息和数据由笔者根据中国港口网的资料整理而得，http://www.chinaports.com/port/8/index。

日本和美国西海岸最近的港口，是直接通航钦州深水港和其他中国南部地区港口的最优位置。

从发展前景看，马来西亚位于东南亚中心，紧靠东南亚要道马六甲海峡，与中国、韩国、日本、新加坡、印度尼西亚等多国签署了自由贸易协定和相关经济合作协议，与美国、英国、澳大利亚、菲律宾、印尼等各方面合作密切，这些合作协议覆盖了总人口35亿人以上的广阔市场。从区域和国际组织角度看，马来西亚具有较强的影响力，能够辐射东盟国家、东亚国家、英联邦国家、伊斯兰会议组织（OIC）等区域和国际组织成员国。

关丹港虽然比巴生港小，但相较而言，却是整个马来半岛东海岸最大的港口，目前还在扩建中。从中国钦州到关丹比到马来西亚西海岸的巴生港，可以节省3~4天，东海岸铁路在投入使用后，将连接关丹港与巴生港，可以节省更多运输时间。[①] 此外，欧洲、中东和印度洋区域国家的商品亦可通过海路运至巴生港，随后再由关丹港运往中国。

关丹工业园区依托独特的港口优势及地处东盟国家中心的区位优势，将建设为马来西亚对外开放的东部门户，进而构筑马中经贸合作的新平台。

### （二）政策优势

除产业园本身的优势外，中马两国政府还给予投资者各种优惠政策与财政奖励，吸引外资进驻产业园。

钦州产业园方面，园区享受广西专门的政策扶持与高效服务，特别在重大产业布局、土地、税收、资金等方面拥有充分的自主权。此外，竞争力较强与发展潜力较大的龙头企业享有“一事一议”“一企一策”“特事特办”的特别待遇。[②]

① 信息整理自笔者2017年7月2日于吉隆坡关丹产业园办公室对该园区负责人Darrel Lee Teck Wei的采访。

② 《十大投资优势》，广西中马钦州产业园区开发有限公司官方网站，http://www.cmqip.com.cn/Home/ArticleDetail/1014。

关丹园区方面，政府给予的优惠政策包括长达15年（从公司取得法定收入时间起）的100%企业所得税减免，惠及生产高附加值产品和涉及高科技技术转让的投资或研发活动的投资。与此同时，从2014年1月1日至2020年12月31日，在马中关丹产业园区内，符合资格的高级技术员工可享有15%的特别所得税率的豁免。另外，投资商可享有印花税豁免（工业园区发展、农业和旅游项目），原料、部件及零件、厂房、机械及设备的进口税及销售税豁免，高达2亿元马币（约合3.2亿元人民币）基础设施扶助基金①，公私合营单位提供项目总成本的10%或最高2亿元马币（约合3.2亿元人民币）的基础设施建设补助等财务奖励。除了财务奖励，投资商可享受优惠的土地价格、利用具有完善配备基础设施的产业园区、灵活雇用外籍员工以及协助开展人力资源培训等支持性的政策。

## （三）市场优势

中国与东盟经贸合作处于快速发展期，1991~2015年，中国和东盟双边贸易额平均每年以18.5%的速度增长，于2015年达到4721.6亿美元，占中国对外贸易额的11.9%，预计2020年将达到1万亿美元。②东盟近年来迅速发展，经济影响力日益扩大，总人口逾6.01亿人，整体GDP在过去10年以约5%的速度增长。③发达国家在过去数年中经济放缓，东盟经济则保持蓬勃发展。此外，东盟以发展中国家为主，拥有质高价低的原料，同时对高科技、高技术产品需求较大。食品加工、装备制造、材料及新材料、生物技术、电子信息和现代服务业是中马钦州产业园区重点发展的六大产业，生物医药、棕榈产品提取材料、智能电子仪器等高科技产品有望填补东盟市场的空白。中马钦州产业园区面向东盟6亿人口的大市场，

① 或高达10%的基础设施建设成本，视何者较低，专用于发展基本设施。

② 在中国与东盟的相互投资方面，商务部副部长高燕曾表示，截至2016年5月底，中国与东盟双向投资额累计超过1600亿美元，中国企业投资主要涉及贸易、物流、建筑、能源、制造业和商业服务等很多领域。《中国东盟经贸合作发展迅速》，《人民日报》（海外版）2016年7月20日。

③ 《ASEAN Economic Chartbook 2016》，http://www.aseanstats.org/wp-content/uploads/2016/11/AEC-Chartbook-2016-1.pdf.

对中国国内可覆盖中南、西南地区 5 亿人口的广阔市场，亦可连接中东、东欧等国外区域的市场，在产业合作、人文交流、市场开发等方面发展前景广阔。

关丹产业园方面，作为首个入园同时也是马来西亚政府重点引进的项目，联合钢铁钢厂具有较大的潜力。根据东南亚钢铁协会（SEAISI）的统计，东盟国家到2018年钢材表观消费量将突破8000万吨①，其中，马来西亚年钢铁需求量约 1000 万吨。② 马来西亚本地钢厂的现有生产设施在生产力和技术创新方面较为落后，生产质量、效率有待提高。联合钢铁集团的到来将能够填补马来西亚无法生产 H 型钢铁的缺口。③ 联合钢铁在广西防城港设有厂房，现正将生产设施扩展至马中关丹产业园区，以满足东盟和国际市场对钢材不断增长的需求。联合钢铁项目建成后将填补当地空白，成为马来西亚最大的钢铁厂，亦是东盟首家采用全流程工艺生产 H 型钢的钢铁厂。

另外，由中国交通建设股份有限公司承建的马来西亚东海岸铁路项目于 2017 年 8 月 9 日在马来西亚彭亨州首府关丹正式开工。东海岸铁路项目线路跨越马来西亚在马来半岛上 11 个州中的 4 个（雪兰莪、彭亨、登嘉楼、吉兰丹），把东海岸各州首府、重要城镇和关丹港、甘马挽港连接起来，成为贯通马来半岛东西方向的铁路运输干线和经济动脉。东海岸铁路建成并投入运营后，中国的货物可从钦州港出发，在直接到达关丹港后，沿东海岸铁路运输，抵达东盟各国市场；来自南亚、中东、非洲等地的货物可沿此路线，到达马来西亚西海岸港口（巴生港）后再从关丹出发。如此一来，能够节省航运时间，同时绕开新加坡控制的马六甲海峡，极大降低对马六甲海峡航道的依赖，开辟“走出去”的新通道。

---

① 《钢企海外建厂为何热衷东南亚？》，中国煤炭市场网，2015 年 12 月 29 日，http://www.cctd.com.cn/show-18-8465-1.html。

② 黄贤超:《马来西亚钢铁需求高 洋灰产能过剩 建材股前景参差》，中国国际贸易促进委员会网站，2018 年 1 月 9 日，http://www.ccpit.org/Contents/Channel_4117/2018/0109/946367/content_946367.htm 。

③ 信息来自笔者 2017 年 8 月 10 日于吉隆坡关丹产业园办公室对该园区负责人 Darrel Lee Teck Wei 的采访。

### （四）配套优势

钦州产业园区发展采取产城融合的模式，开展园区内水电、通信等基础设施建设，把企业生产之外有共性的问题集约化解决，为重点产业进行针对性生产配套；集中配套食堂、职工公寓及娱乐等生活服务设施，避免出现企业建成投产后员工无处居住的问题，集中安置因征地而失地的农民，修建安置房，通过园区产生的新就业岗位带动失地农民再就业，带动当地发展。①

关丹园区方面，联合钢铁计划利用清洁化物料运输技术，通过建设管状胶带机物料运输（Tubular Belt Conveyer Transportation）的方式，将园区与港口进行连接，进行原料、成品的输送，全长预计 12 公里。② 管状胶带机物料运输的方式能大幅改善园区的环境，基本实现原材料无泄漏；采用管状胶带机方案后，项目原材料运输不增加现有道路的运输负荷；用管带替代汽车，可极大提高运输效率，降低卡车运输造成的交通阻塞、人力成本和燃油费用，同时减少环境污染。目前，园区到港口之间尚有多条高速公路，空中履带还需经过几块沼泽地，相对而言建设难度较大，建设周期可能较长，目前仍处于规划之中。若能顺利完工，此方案将极大提高产业园和港口运输、生产的效率。

由于关丹产业园属工业园区，对电力需求较大。目前修建中的自备电厂预计将拥有 2 个 8000kW 燃气发电机组、1 个 275kV 总降变电所和 2 个区域变电所，可以满足园区的用电需求。

目前，由于关丹产业园暂时只开放三块园区中的前两块，计划根据发展情况考虑是否开放第三块地并将其打造为高级住宅区或生活区，因此关丹产业园将打造纯产业园还是产业城，尚有待观察。

---

① 《十大投资优势》，广西中马钦州产业园区开发有限公司官方网站，http://www.cmqip.com.cn/Home/ArticleDetail/1014。

② 数据来自笔者 2017 年 8 月 7 日于关丹港对该港负责人 Leanne Lim Yea Kuan 的采访和 2017 年 8 月 10 日于吉隆坡关丹产业园办公室对该园区负责人 Darrel Lee Teck Wei 的采访。

## 三 “两国双园”面临的挑战

随着“两国双园”的先后启动，园区的建设工作在双方的联动下稳步迈进，短短3年间很快展现出蓬勃的活力和广阔的前景，为中国与其他国家的合作起到示范作用。同时，“两国双园”的未来发展仍面临不小的挑战，中马两国要在不同政治、经济、文化背景下，实践“两国双园”的规划、保证该模式持续健康发展，笔者认为，总体上面临两个方面的挑战。

### （一）经济风险

#### 1. 双园发展不平衡的问题

作为协调发展的两个国家级园区，钦州园与关丹园应在发展上保持基本步调的一致，但是自2013年2月关丹产业园开园以来，中马钦州产业园区与马中关丹产业园的发展速度并不一致。外在来说，主要在于中资企业为主的企业是否愿意和有多少意愿走出国门投资海外；内在来说，这主要是关丹园区在股权和政府单位权责划分方面不够明确、金融制度相对落后、立法较慢等原因造成的。

马中关丹产业园在开园之后经历了股权转让的过程。最初，马中关丹产业园建设工程由马方财团负责，之后交由怡保工程集团（IJM）土地有限公司和森那美产业有限公司（SIMEPROP）负责，怡保工程集团土地有限公司在计划中占马方40%的股权，而森那美产业有限公司及彭亨州政府各占30%。2013年10月，中国广西北部湾国际港务集团与怡保工程集团签署《马来西亚关丹港股权转让协议》，正式参股关丹港建设。

除此之外，建设初期关丹园区负责单位权责之划分与规划尚未能明确，马联邦政府与彭亨州政府间需要重新整合与沟通[①]；马来西亚相对保守的金融体制，尚不能支持将关丹园区打造成区域营运中心的理念。但是，后期经马国联邦政府通过东海岸经济走廊理事会与州政府协调沟通后，这

① 《以“关丹速度”完成产业园区》，《星洲日报》2012年6月19日。

些问题逐步得以解决。

### 2. 中资企业“走出去”的问题

近年来，中马“两国双园”愈发成为中国企业与投资者进行海外投资、进军东盟市场的“第一站”，而对于打算进入中国市场的外国企业而言，中马“两国双园”则扮演“着力点”的角色。时任广西中马钦州产业园区开发有限公司总裁翁忠义认为，“两国双园”是促进中国产品进入海外市场的载体，同时马来西亚及东盟国家的清真食品、燕窝等深加工产业属于优势产业，是园区招商引资、吸引入驻的重要目标，入驻企业同时还享受土地、财政、金融、税收、人才等方面的多项优惠政策。①

从钦州园区来看，目前入驻、投产的还都是中资企业。以港青油脂为例，该公司 2013 年 3 月筹备建厂，2015 年 4 月投产，是中马钦州产业园区首家建成投产的项目，也实现了年加工油料 150 万吨的目标。② 目前，中马钦州产业园建成了集植物油料存储加工、毛棕榈油分提、植物油脂（棕榈油、大豆油、花生油）精炼于一体的大型粮油加工基地。马来西亚目前为世界第二大棕榈油生产及出口国，其棕榈油产量的 90% 用作出口，马来西亚政府于 2010 年 10 月启动“十年经济转型计划”，将棕榈油产业列为 12 项关键经济领域（NKEA）③ 之一。

不过，虽然港青油脂公司计划利用北部湾港口的物流优势，整合马来西亚棕榈油的资源优势，拓宽中国油脂产业链，但据相关负责人介绍，目前该公司还没有正式投产棕榈油的项目，也还没有从马来西亚进口棕榈油，与马来西亚的棕榈油合作只是一个意向，尚未成形。中国国内的棕榈油市场中消费者的接受度还不是很高，中国人的饮食还不习惯使用棕榈油。另外，棕榈油的凝固点很高，在中国北方地区的冬天，棕榈油会凝固

① 《“两国双园”推动中马合作迈向新台阶——专访广西中马钦州产业园区开发有限公司总裁翁忠义》，《中国—东盟博览》2016 年第 9 期，第 40~41 页。

② 数据来自笔者 2017 年 7 月 9 日于中马钦州产业园区对广西港青油脂有限公司副总经理周波的采访。

③ 马来西亚国家关键经济领域（National Key Economic Area，NKEA），共 12 项，涵盖了允许私营机构参与推动经济发展的多个领域，有助于马来西亚实现高收入目标并增强国际竞争能力。

成固体，食用上不是很方便。而国外的棕榈油产品虽然有市场，可是出口成本问题还没有很好解决。考虑到目前世界棕榈油行情不佳，而中国国内目前对棕榈油接受度不高，即便东盟人口众多、市场巨大，但与中国国内市场相比仍然吸引力不足，于中国企业而言，中国国内市场相对更加熟悉、稳定、安全。由此，虽然相关设备、生产线都已准备完毕，但港青油脂公司暂时没有启用棕榈油或开发海外市场生产线的计划。

笔者认为，长远来看，随着人们对棕榈油认识的不断加深、各国对棕榈油进口的日益开放、市场对棕榈油的需求不断增强，棕榈油价格或许将在波动中上涨。若中资企业能借助“两国双园”与“一带一路”建设的良好趋势，利用双园的政策优势和地理优势，落实中马粮油加工合作项目，增加科技投入，引入先进技术与管理系统，棕榈油方面的合作或将为企业带来可观的收益。

另外，中资需要敢于脱离较为熟悉的国内市场，有“走出去”的勇气与决心。中国拥有庞大的国内市场和中国企业更为熟悉的市场环境，但国际市场拥有不同的市场规则，中国国内也面临产品过剩的问题，应当看到中国企业走出国门是时代所需，中国企业需要培养国际视野，注重品牌影响力与品牌战略，而非短期利益，寄希望于短期收回成本并盈利。

**3. 开发过程中的环境问题**

钦州产业园区邻近野生中华白海豚栖息地三娘湾、国家海洋公园茅尾海，园区内拥有天然港湾海域孔雀湾，其中白海豚、红树林都是极其脆弱的珍惜濒危物种。根据规划，钦州产业园区计划在发展电子信息、装备制造、材料及新材料、食品加工、生物技术和现代服务业六大产业的同时，将产业园打造为“展现东南亚风情的宜居山水城”，建设高级住宅区。① 据钦州产业园相关负责人吴冰峰介绍，目前大部分企业的工业污染非常小。像港青油脂等企业虽然会产生一些异味，但其实是豆油的味道，北方常见，南方少见，并非空气污染。园区基本不会布局产生污染的企业，对于进驻企业一直会进行筛选，会优先考虑科技含量高的

① 《让战略优势转化为企业发展的机遇——浅谈中马钦州产业园区的十大投资优势》，中马钦州产业园委员会，2017 年。

企业。

但是，在进行园区建设、港口开发拓展的同时，仍需要特别注意建筑废料的处理和开发环节对环境的影响。特别是在园区企业建成投产之后，园区面积大，大型企业多，港口流量增加，加上后期计划建设的星级酒店、度假村、游乐城等，生活污水、工业废水、石油污染等废弃废水的处理问题不容忽视。

对于环境问题，园区管委会、地方政府与企业需要共同沟通配合，抓好环境监管工作。首先，管委会在选择入驻企业时就要进行严格考察，绝不能为追求经济效益和发展成果而承担破坏环境的风险，须拒绝高污染、对自然资源高需求的企业入驻，同时严格控制建筑过程中产生的建筑垃圾与建筑污染。其次，企业须及时办理排污许可证，通过引入先进技术、优化生产流程等方式，做到节能减排和工业废水废料的循环使用。最后，管委会与相关部门必须进行实时监测、定期审核。唯有搞好环境治理，才能保持园区得天独厚的环境优势，确保产业园区的可持续发展。

关丹方面，据相关负责人介绍，进入马来西亚设厂的项目必须经过马来西亚环保局的审批，污染指数不达标的企业也不会被允许设厂。① 不过，相对于马来西亚的环境指标，中国的标准更高，大多数企业都是遵照中国的环境标准规范，加上园区本身的定位就是工业园区，周围没有密集居民区或野生动物保护区，预计不会出现较为严重的污染问题。

### （二）政治风险

#### 1. 东海岸铁路巨大投资对马国人民生活成本的影响

马来西亚东海岸铁路项目是中国“一带一路”倡议在马来西亚的标志性项目，规划总长688公里，由中国交通建设集团承建并采用中国设计、技术和装备合作建设，合同金额550亿林吉特（约合745亿元人民

① 信息来自笔者2017年8月10日于吉隆坡关丹产业园办公室对该园区负责人Darrel Lee Teck Wei的采访。

币），合同工期为7年，计划于2024年完工并投入运营。① 虽然这条铁路能够加强马来西亚东西海岸之间的互联互通，带动东海岸经济发展，与多项政策实现对接，但由于其投资高、规模大，在马来西亚国内一直争议不断。

据估算，东海岸铁路（简称“东铁”）每年将运输超过6亿吨货物，相比之下，马来西亚的马来亚铁道公司（KTM）② 依靠现有的铁路系统，每年仅仅运输600万吨货物。部分马来西亚人担心，在东铁建成后，并无足够的货物需通过高铁运输③，而东铁收益的不足将导致税费的提高，对于近几年因实施消费税（GST）④ 导致生活成本提升、压力增加的马来西亚人民而言，无疑是“雪上加霜”。

据《南洋商报》报导，马来西亚联邦在野党联盟——希望联盟⑤ 总裁敦·马哈蒂尔在2017年8月24日出席“中国投资对大马影响”主题活动时表示，若希望联盟执政，他会检讨部分中资项目，并考虑废除部分“无谓”的项目，更直言“马新高铁和东铁都是没必要的，我们可能付赔偿金，但总好过让大马负债”。他认为，目前的马来西亚政府无力偿还东海岸铁路建设的巨额债务，国家最后将走向破产之路，抑或选择修改协议，舍弃高建费的东海岸铁路。⑥ 若东海岸铁路项目被废除，关丹园区与港口商品运输能力将被极大削弱，特别是失去联通东西海岸、直达巴生港的高速通道。

---

①《马东海岸铁路计划动土　全长逾600公里》，《联合早报》2017年8月10日。

② 马来亚铁道公司是马来西亚马来半岛主要的铁路经营者，其铁路网络的建设可以追溯至英国殖民时代，铁路在当时主要作运输锡米之用。“马来亚铁道”的名称是在1962年马来西亚独立后开始使用，此前该机构被称为马来联邦铁路和马来亚铁道管理局。

③《质疑推动东海岸发展能力　马学者称东铁或成“白象”》，《联合早报》2017年8月15日。

④ 马来西亚消费税（Malaysia Goods & Services Tax，简称“GST”）。马来西亚总理纳吉布在2014年的财政预算案中提出，从2015年4月1日开始，马来西亚正式实行消费税，税率为6%。

⑤ “希望联盟”（马来语：Pakatan Harapan，马来语和英语简称均为PH）是马来西亚的一个选举联盟，由民主行动党、人民公正党、土著团结党和国家诚信党组成，在2018年5月的马来西亚大选前是反对党联盟。

⑥《敦马：检讨中国项目免负债 希盟若执政废高铁动铁》，《南洋商报》2017年8月25日。

**2. 中资企业对马国当地政经文化缺乏了解，引发当地人民不满**

由于中国与马来西亚华人公会（MCA）[①]的高调互动，政府之间或官方与马来西亚民间的活动被一些人士过度解读，造成作为主体民族的马来人担心中资与华人的合作会更大程度“占有”马来西亚的资产，合作项目仅仅使马来西亚华人受益，随着外来的先进中资企业抢占市场，马来西亚本土企业担心被不断“挤出”，在经济上将马来族边缘化[②]。另外，由于与马来族语言不通、文化差异大，中资企业往往倾向于与华人对接合作[③]。

以 2017 年 8 月 9 日在马来西亚关丹举行的东海岸铁路开工仪式为例，由于该项目是中马联合建设，特别是首个入园项目——联合钢铁的技术人员全都来自中国，动土仪式上插满中文标语旗帜，开工仪式中许多环节也以中文进行，马来非政府组织土著权威组织（Perkasa）就称该计划“中国味太浓”[④]，批评政府“典当”马来民族的尊严与权益，认为政府大规模引进中资会挤占马来人的就业机会、损害马来人的权益。

对此，两个产业园区可以考虑将轻、重各种工业机构与小微企业等联系起来，带动它们一起协同发展。在关丹产业园、钦州产业园附近，还有很多低收入农民，他们生产技术有限，知识水平相对较低，对两国产业园的项目也缺乏了解，如果能对他们进行技能培训，将他们吸纳到产业园相关项目之中，享受发展红利，不仅能带动当地就业、填补劳动力空缺，还有助于园区的正面宣传效应，加深当地群众对“两国双园”的了解。

除此之外，在马中资企业在招聘员工方面应以本地员工为主、中方员工为辅，摒弃过去“投资海外，员工全从中国带”的模式。中国员工通

---

① 马来西亚华人公会（Malaysian Chinese Association）是一个代表马来西亚华人的单一种族政党，该党所有党员皆是由马来西亚华人和具有华人血统的公民组成，在 2018 年 5 月的大选前是马来西亚执政党联盟成员之一。

② “Najib Tempelak Pembangkang Tuduh Kerajaan Jual Kedaulatan Negara Kepada China”, *Bernama*, December 12, 2017, http://www.bernama.com/bernama/v8/bm/po/newspolitics.php?id=1312633.

③ 沈泽玮：《工人、钢铁、机器全带齐，中国在马投资吓坏马国人？》，《联合早报》2017 年 5 月 12 日。

④ 《马东海岸铁路计划动土　全长逾 600 公里》，《联合早报》2017 年 8 月 10 日。

常对薪资要求不高，工作效率、工作耐性更高，但大量中国员工转移海外，无法带动国外当地就业，往往得不到当地政府的接受或支持。在聘用本地员工时，对于一些高技术型工作，需要对他们进行定期培训，以满足企业要求；同时，中资企业需要尊重当地文化，理解国情差异，避免文化差异带来的误解。马来西亚虽是多元宗教国家，伊斯兰教拥有官方宗教的地位，占多数的信奉伊斯兰教的马来人每天需要在五个不同的时段进行祷告，每周五中午男性穆斯林则要到清真寺进行祷告，《马来西亚劳工法令与条例》也对单日、单周工作时间等做出明确规定，在马中资企业须遵照相关法规安排工作时间，并保证穆斯林每日祷告时间和设立祷告室；在人员管理方面，不妨尝试在管理层引入当地员工，一方面本地员工之间更容易沟通，避免抵触情绪；另一方面本地管理人员更了解当地状况，在人员管理、满足员工需求、解决员工问题等方面更有经验。

目前来看，东海岸铁路项目是打破马六甲海峡垄断、对接两国双园和“一带一路”倡议的最重要途径。中资企业需要密切关注马来西亚局势，同时增加对马来西亚文化、民风的了解，避免中马合作被恶意民族化、妖魔化，在与当地华人华侨展开合作的同时，也需要开展与马来族、印度族等其他族裔的交流互动，考虑聘请中国国内相关智库研究人员、马来语言文化学者作为智囊团针对“中资到马本地化”建言献策，加深双边了解，消除认识误区，并对海外投资提供更安全的保障。

## 结　语

随着中国—东盟自贸区升级建设加快，共建“一带一路”倡议深入实施，中马经济、文化、军事各领域交流合作不断深化，“两国双园”也将迈入大机遇与大挑战并存的新阶段。适逢两国政府大力支持、多项优惠政策对接，“两国双园”在不断“抓速度”“抓质量”的同时，需要同中国在马来西亚、在东盟其他国家的项目进行对接，更需要重视经济合作外的文化、语言等方面的问题。从马来西亚历史、文化角度来看，由于历史原因，马来西亚受英国传统文化影响较深，高度看重已经签署的契约的效力，通常不会轻易违约。同时，马来西亚总体上政治稳定，一般来说，政府换届并不会影响之前已签署条约的效力，因此与马来西亚的投资合作还是有保障的。相比中国在“一带一路”项目中由于某些国家政府换届而推翻先前条约所造成的损失，马来西亚出现此类情况的风险较小，对中资企业而言，也是利好信息。

中国—马来西亚“两国双园”的合作机制正日益走向成熟，发展的步伐也越来越快，但厂房建设、招商引资、港口扩建等项目还在推进之中，园区的发展模式有待后续观察和进一步研究。总体来说，尽管面临的挑战不断，但“两国双园”的未来前景十分光明。

责任编辑：傅聪聪

# China-Malaysia "Two Countries Twin Parks" under the Background of Belt and Road Initiative: Status quo, Opportunities and Challenges

*Ling Tek Soon, Liao Bowen*

**Abstract:** In recent years, the economic ties between China and the ASEAN countries have been continuously strengthened. Among them, because of its stable political environment, favorable economic conditions, geopolitical strategic position and friendly tendencies, Malaysia has become one of China's important partners in Southeast Asia. With the proposal of Belt and Road Initiative, Malaysia, as the pioneered country to respond among ASEAN, has actively promoted bilateral cooperation and policy docking. "Two Countries, Twin Parks" is also incorporated into the flagship cooperation projects of the initiative, and becomes one of the key indicators of the success of the initiative in Malaysia. Based upon the information from in-depth practice, investigations and interviews, and combining with the positions and opinions of Malaysian native think tanks, non-governmental organizations, the media and people from all ethnic groups, this paper obtained the status quo of industrial parks in both places and analyzed the opportunities and challenges confronted by the "Two Countries, Twin Parks", meanwhile, provided advice on the development of the two industrial parks for the relevant institutions and enterprises as references.

**Keywords:** Belt and Road Initiative; Two Countries, Twin Parks; China-Malaysia relations; Qinzhou Industrial Park; Kuantan Industrial Park

# 亚非经典译介

# 柬埔寨王国宪法

顾佳赟 译

1993年版《柬埔寨王国宪法》是于1993年9月21日在金边经制宪议会审议通过的。1993年9月24日，该宪法由诺罗敦·西哈努克国王签署生效。《柬埔寨王国宪法》是柬埔寨王国的最高法律，任何部门制定的法案和决议都必须服从于该宪法。截至2015年底，该宪法已经经过8次修订，具体情况如下。

一、1994年7月14日，首届国会非常大会通过宪法第28条的修正案，旨在向代理国家元首赋予权力，当国王不在时，经国王书面委托可以代为签署圣谕。

二、1999年3月4日，第二届国会非常大会通过宪法第11条、第12条、第13条、第18条、第22条、第24条、第26条、第28条、第30条、第34条、第51条、第90条、第91条、第93条的修正案，旨在组建参议院。

三、2001年7月2日，第二届国会第六次会议通过宪法第19条、第29条的修正案，旨在明确由“国王设立、颁发勋章”，同时修订第19条中的技术错误，将原第100条修改为第119条。

四、2004年7月8日，第三届国会第一次会议通过《关于确保国家机关正常运转的补充法案》。该法案旨在确保国家机关在任何情况下都能够遵循多党自由民主的基本准则，满足各类需要，维持正常而良好的运转。

五、2005 年 5 月 18 日，第三届国会第二次会议通过宪法第 88 条、第 111 条的修正案，旨在修订国会会议的表决人数。

六、2006 年 3 月 2 日，第三届国会第四次会议通过宪法第 82 条、第 88 条、第 90 条、第 98 条、第 106 条、第 111 条、第 114 条的修正案和《关于确保国家机关正常运转的补充法案》第 6 条的修正案。法案的修订和补充旨在完善有关国会成员票决人数的条款，即从三分之二多数决定有效性修改为绝对多数决定有效性，以便：

1. 投票选举国会主席、副主席和国会各专门委员会成员；

2. 投票通过政府信任案和通过弹劾内阁或政府案；

3. 投票选举参议院主席、副主席和参议院各专门委员会成员；

4. 通过国会和参议院政令。

七、2008 年 1 月 15 日，第三届国会第七次会议通过宪法第 145 条、第 146 条的修正案，明确柬埔寨王国行政区划分为首都、省、市、县、区、乡、分区。

八、2014 年 10 月 1 日，第四届国会通过《关于确保国家机关正常运转的补充法案》第 76 条的修正案和宪法第 15 章至第 16 章各条款的修正案，旨在明确经宪法授权的选举组织机构。

## 序　言

柬埔寨国民曾经拥有卓越的文明、富饶的国度、广袤繁荣的国土和崇高的威望，曾经如五彩宝石一般熠熠生辉。

然而，在最近 20 年里，柬埔寨国民堕入无底深渊，经历了无比的恐惧和磨难，致使国力衰颓，令人扼腕浩叹。

如今，柬埔寨国民已经觉醒，并再度崛起，将以坚决、坚定的信念，团结一致，强化统一，维护国家的领土、民族、荣誉，以及卓越的吴哥文明，将国家重新建设成为“和平之岛”；要依靠多党自由民主制度，保护人权，遵守法律，为把柬埔寨建设成为永远发展、永远繁荣、永远富强的国家而恪尽职守。

鉴于以上信念，特制定柬埔寨王国宪法如下：

## 第一章　主权

第 1 条　柬埔寨是君主立宪制国家，国王依据宪法和多党自由民主制度履行职责。

柬埔寨王国是独立、民主、和平、永久中立、不结盟国家。

第 2 条　柬埔寨王国的领土完整不可侵犯，王国疆界以 1933 年至 1953 年间绘制的、1963 年至 1969 年间获得国际公认的地图版本为准，比例尺为 1∶100000。

第 3 条　柬埔寨王国不可分裂。

第 4 条　柬埔寨王国的口号是民族、宗教、国王。

第 5 条　官方语言和文字是高棉语和高棉文。

第 6 条　柬埔寨王国的首都是金边。

国旗、国歌和国徽于本法附件一、二、三中规定。

## 第二章　国王

第 7 条　柬埔寨国王荣登王位，但不执政。

国王终身是国家元首。

国王不容侵犯。

第 8 条　国王是国家统一、民族延续的象征。

国王保证柬埔寨王国民族独立、民主和领土完整。国王尊重公民权利、公民自由和国际公约。

第 9 条　国王是确保准确行使公权的最高仲裁人。

第 10 条　柬埔寨的君主制是选举君主制。

国王无权指定王位继承人。

第 11 条 （修正案）

如国王因病重无法正常履行国家元首职责，经国会主席、参议院主席和首相选择的专业医疗专家组确认，由参议院主席担任摄政王，代为履行国家元首职责。

如国王病重，参议院主席亦无法出任摄政王代为履行职责，由国会主席代为履行。

代替国王履行国家元首职责的摄政王亦可更换他人，人选更替按照如下顺序执行：

1. 参议院第一副主席

2. 国会第一副主席

3. 参议院第二副主席

4. 国会第二副主席

第 12 条 （修正案）

如国王晏驾，由参议院主席以摄政王身份履行柬埔寨王国代理国家元首职责。

如国王晏驾，参议院主席亦无法代替国王担任代理国家元首，由国会主席以摄政王身份行使代理国家元首职责，并依照本法第 11 条第 2 款和第 3 款执行。

第 13 条 （修正案）

王位委员会最晚应于国王晏驾 7 日内选举出柬埔寨王国新任国王。

王位委员会由如下人员组成：参议院主席，国会主席，首相，大部派僧王，法部派僧王，参议院第一副主席、第二副主席，国会第一副主席、第二副主席。

王位委员会的组织和执行另行立法规定。

第 14 条　被选举为柬埔寨王国国王的高棉王室成员须年满 30 周岁，须具有安东国王、诺罗敦国王或西索瓦国王的血统。

登基之前，国王候选人须举行宣誓仪式，内容如本法附件四所述。

第 15 条　国王的妻子是柬埔寨王国王后。

第 16 条　柬埔寨王国王后无权从政，无权担任国家领导人或政府领导人，亦无权担任行政或政治职务。

柬埔寨王国王后应倾注心力服务社会、人道、宗教事业。王后有义务协助国王履行出席仪式、从事外交的职责。

第 17 条　本法第 7 条第 1 款有关在位国王不执政的条款，不得申请修订。

第 18 条（修正案）

国王通过书面谕旨的形式与参议院和国会进行联系。

参议院和国会不得妄议谕旨。

第 19 条（修正案）

国王根据本法第 119 条修正案的程序规定，任命首相和内阁。

第 20 条　国王每月接受首相、内阁觐见两次，听取国家形势汇报。

第 21 条　国王根据内阁的建议，签署圣谕，任命、更换和罢免行政、军队的高级官员，驻外特命全权大使和使节。

国王依照最高司法委员会的建议，签署圣谕，任命、更换和罢免大法官。

第 22 条（修正案）

如国家面临危险，国王在与首相、国会主席和参议院主席达成一致意见后，可公开宣布国家进入紧急状态。

第 23 条　国王是柬埔寨王家军最高统帅。柬埔寨王家军总司令由国王任命，指挥柬埔寨王家军。

第 24 条（修正案）

国王是最高国防委员会主席。最高国防委员会的组建另行立法规定。

经国会、参议院通过，国王可以宣布战争。

第 25 条　国王接受外国驻柬埔寨王国特命全权大使和使节。

第 26 条（修正案）

经国会、参议院通过，国王可以签署国际条约和协定，并承认国际条约和协定。

第 27 条　国王有权减轻和赦免刑罚。

第 28 条（修正案）

国王签发经国会通过、参议院审核的宪法和法令。国王根据内阁请求，签发圣谕。

如国王抱恙需赴国外治疗，国王有权以书面形式将签署法令和圣谕的权力移交代理国家元首。

第 29 条 （修正案）

国王设立、颁发勋章。

国王根据法律规定，授予军衔和行政级别。

第 30 条 （修正案）

国王不在时，由参议院主席履行代理国家元首职责。

国王不在时，如参议院主席无法代替国王履行代理国家元首职责，须按照本法第 11 条第 2 款和第 3 款执行。

## 第三章 柬埔寨公民的权利和义务

第 31 条 柬埔寨王国承认并遵守《联合国宪章》中有关人权的规定，《世界人权宣言》及其他有关人权、妇女权利、儿童权利的公约和协定。

柬埔寨公民在法律面前一律平等，不分种族、肤色、性别、语言、宗教信仰、政治倾向、家庭出身、社会地位、财产状况或其他情况，均享有同等的自由权利和义务。公民行使个人权利和自由时，不得妨碍他人的权利和自由。公民必须依照法律规定行使权利。

第 32 条 每一位公民均享有生存、自由与人身安全的权利。

国家废除死刑。

第 33 条 除有协议约定外，柬埔寨公民不得被剥夺国籍、流放或移交外国。

旅居国外的柬埔寨公民受国家保护。

柬埔寨国籍的取得另行立法规定。

第 34 条 （修正案）

柬埔寨的男女公民均享有选举权和被选举权。

年满 18 岁的男女公民享有选举权。

年满 25 岁的男女公民享有被选举为人民代表的权利。

年满 40 岁的男女公民享有被选举为参议员的权利。

剥夺选举与被选举权另行立法规定。

第 35 条　柬埔寨男女公民均享有积极参与国家政治、经济、社会和文化生活的权利。

国家机关须认真审核并解决公民提出的意见和建议。

第 36 条　柬埔寨男女公民均享有根据自身能力和社会需要选择职业的权利。

柬埔寨男女公民享有同工同酬的权利。

家庭妇女的劳动与家庭外的社会劳动具有同等价值。

柬埔寨男女公民依法享受社会保障和社会福利的权利。

柬埔寨男女公民享有组建工会、加入工会的权利。

工会的组织和运行另行立法规定。

第 37 条　公民通过和平手段举行罢工和游行的权利应遵照法律框架执行。

第 38 条　法律保护公民人身不受侵犯。法律保护公民的生命、荣誉和尊严。

对公民实施指控、逮捕、拘留和监禁，必须正确依据法律规定执行。

禁止对被监禁人员或服刑人员实施强迫、人身迫害或其他加重刑罚的行为。主犯、从犯和同谋须依照法律接受惩罚。

通过对身心进行刑讯逼供获得的供词不得用作证明有罪的证据。

不确定性怀疑须被视为对被告有利。

在法庭宣判前，被告人须被视为无罪。

每一位公民均享有接受辩护的权利。

第 39 条　由于国家机关、社会机构和国家机关、社会机构职员的违法所造成的损失，柬埔寨公民有权提出申诉、控告或索取修复赔偿。控告和索取修复赔偿事宜由法院负责处理。

第 40 条　公民合法移动、定居的自由须得到尊重。

柬埔寨公民可以移居国外或回国定居。

公民的住宅不受侵犯。公民的信件、电报、传真、捎带和电话往来等隐私受法律保护。

搜查公民住宅、物品和人身必须符合法律规定。

第 41 条　柬埔寨公民拥有言论、新闻、出版、集会的自由。任何人不得使用此项权利损害他人名誉、社会优良习俗、公共秩序和国家安全。

新闻制度另行立法规定。

第 42 条　柬埔寨公民有权结社和组建政党。此项权利另行立法规定。

全体柬埔寨公民均可以参加群众组织，互相帮助，保护国家财产，维护社会秩序。

第 43 条　柬埔寨男女公民均享有充分的信仰自由的权利。

国家保护信仰自由和宗教活动，但不得妨碍其他宗教信仰、公共秩序和社会安定。

佛教是国教。

第 44 条　任何个人或团体均享有财产所有权。只有获得柬埔寨国籍的自然人或法人有权拥有土地所有权。

合法的私有财产受法律保护。

仅在有法可依的前提下，因公共利益需要，才可征用公民财产，但须事先给予适当、公正的补偿。

第 45 条　禁止歧视妇女。

禁止利用妇女谋生。

男女权利平等，尤其在婚姻和家庭关系当中。

婚姻须符合法律规定，遵照自愿、一夫一妻的原则。

第 46 条　禁止贩卖人口、卖淫和猥亵妇女。

禁止以有身孕为由辞退妇女。妇女享有在生产期间带薪休假的权利。此间，原有工作待遇和其他社会福利须予以保证。

国家和社会须重视为妇女创造福利，尤其要援助边远地区无所依靠的妇女，要提供工作机会、医疗条件，解决其子女就学问题，并创造适当的生活条件。

第 47 条　父母有责任抚养和教育子女直至成人。

子女有义务根据柬埔寨风俗赡养父母。

第 48 条　国家依照儿童协定条款保护儿童，尤其要保护儿童的生存权、受教育权和战时特别保护权，反对童工、利用儿童营利和对儿童的性侵犯行为。

国家反对妨碍儿童教育、学习和影响儿童身心健康的一切行为。

第 49 条　全体柬埔寨公民必须遵守宪法和法律。

全体柬埔寨公民有责任参加国家建设，保卫祖国。

保卫国家的义务必须依法履行。

第 50 条　柬埔寨男女公民必须维护国家主权，维护多党自由民主制度。

柬埔寨男女公民必须爱护公共财物，尊重合法私有财产。

## 第四章　政治制度

第 51 条　柬埔寨王国实行多党自由民主的政治制度。

柬埔寨公民是国家命运的主人。

一切权力归公民所有。柬埔寨公民通过国会、参议院、政府和司法机构行使自己的权利。

立法权、行政权和司法权相互分立。

第 52 条　柬埔寨政府坚决捍卫柬埔寨王国独立、主权和领土完整，奉行民族团结政策，以保卫国家统一，维护良好的民俗和传统。柬埔寨政府必须捍卫国家合法性，维护公共秩序和公共安全。国家优先关注公民的生活与和谐。

第 53 条　柬埔寨王国永远奉行中立政策，永不结盟。柬埔寨王国与邻邦和全世界其他国家和平共处。

柬埔寨王国永不侵犯他国，永不直接或间接干涉他国内政。在任何情况下，坚持通过和平方式和遵循尊重相互利益的原则解决一切争端。

柬埔寨王国不缔结、不参加与中立政策相违背的军事联盟或军事协定。

除联合国的要求外，柬埔寨王国不允许在本国领土上修建外国军事基地，亦不在外国建设本国军事基地。

柬埔寨王国保留从外国获得军事物资、武器、弹药、部队训练和其他形式援助的权利，以保卫祖国，维持内部公共秩序和安全。

第 54 条　坚决禁止生产、使用、保有原子武器、化学武器或细菌武器。

第 55 条　废除一切不符合柬埔寨王国独立、主权、领土完整、中立政策和国家统一的条约和协定。

## 第五章　经济

第 56 条　柬埔寨王国施行市场经济体制。

经济体制的组织和执行另行立法规定。

第 57 条　征税须遵循法律规定。国家预算须依照法律实行。

货币制度和金融制度另行立法规定。

第 58 条　土地、地下资源、山岭、海洋、海床、海床下资源、海岸、大气、岛屿、河流、溪流、湖泊、森林、自然资源、经济文化中心、国防基础及其他建筑设施等资源、财产属于国家。

管理、使用和分配国家资源财产另行立法规定。

第 59 条　国家应保护环境和生态平衡，须制定明确计划，有序管理如下资源：土地、水、大气、风、地质资源、环境、矿产、油气资源，以及沙石、宝石、森林和森林副产品、野生动物、鱼类和水产品。

第 60 条　公民有自由出售自己产品的权利。除法律允许的特殊情况外，禁止以国家的名义向公民征购产品，禁止征用私人所得或财产，即使是短期征用亦不得例外。

第 61 条　国家促进经济全面发展，尤其是农业、手工业和工业领域。自偏远地区开始，应重视水资源、电资源和道路资源政策开发，重视发展运输、现代技术和信贷系统。

第 62 条　国家重视帮助农民、手工业者解决生产方式问题，保护产品价格，并帮助开拓销售市场。

第 63 条　国家重视市场管理，帮助公民保持适宜的生活水平。

第 64 条　国家严禁并重罚走私、生产和出售毒品的行为，以及走私、生产和出售影响公民身心健康的假冒伪劣、过期商品的行为。

## 第六章　教育、文化和社会福利

第 65 条　国家保护并鼓励公民接受各个层次的良好教育，千方百计地将教育逐步惠及全民。

国家重视关乎柬埔寨全体公民福祉的体育教育。

第 66 条　国家建设全面、统一的全国教育系统，确保公民拥有自由开展研究的权利，确保教育公平，让每一位公民在人生发展的进程中都拥有充足、平等的机会。

第 67 条　国家施行兼容外国科学技术和外国语言的相关学习项目和现代师范教育原则。

国家对各级各类公立、私立教学场所施行管理。

第 68 条　国家通过公立学校向全体公民提供义务制初级、中级教育。

公民应至少接受 9 年教育。

国家帮助宣传和鼓励巴利语学校和佛教教育。

第 69 条　国家有责任维护和发展民族文化。

国家有责任保护和发展高棉语，以符合国家需求。

国家有责任维护和保护古代寺庙、古代文物，有责任修缮历史古迹。

第 70 条　严惩一切影响和破坏文化遗产和艺术遗产的违法行为。

第 71 条　国家级、世界级历史文化遗产及周边地区为非军事中立区。

第 72 条　国家须保证公民健康，重视疾病预防和治疗。贫困公民在公立医院、公立诊所、公立妇产医院接受免费治疗。

国家在农村地区修建诊所、妇产医院。

第 73 条　国家重视儿童和母亲的福利。国家组建幼儿园，向多子女、无依靠的妇女提供帮助。

第 74 条　国家援助残障人士，优抚为国家事业献身的军人家庭。

第 75 条　国家为工人、职员制定社会安全保障制度。

## 第七章 国会

第 76 条 国会议员人数不少于 120 人。

议员通过无记名投票的方式，自由、平等、直接地在全国大选中选举产生。

议员可以作为候选人多次参加竞选。

议员候选人应为具备选举资格、年满 25 周岁、自出生以来始终为柬埔寨国籍的柬埔寨王国男女公民。

组织选举的机构、选举程序和选举执行应另行立法规定。

第 77 条 国会议员是全体公民的代表，不仅仅是选区的代表。

行政命令对议员无效。

第 78 条 国会任期每届 5 年，于新一届国会任职开始时终结。国会不得提前解散，除非政府在 12 个月内被两次弹劾。

在这种情况下，国王应依照首相的动议，争得国会主席的同意，解散国会。

新一届国会选举须于国会解散之日起最晚 60 日内举行。

在此期间，政府只可履行处理日常事务的职能。

战争期间或在无法举行大选的特殊情况下，国会可以依照国王的提议，宣布延长任期 1 次，为期 1 年。

国会宣布延长任期须征得三分之二以上国会议员的同意。

第 79 条 国会议员在任期内，除了在政府内阁供职外，不应担任公共事务职务和宪法中规定的其他机构的职务。

当议员供职政府内阁时，该议员的身份为普通议员，不能在国会各常务委员会和其他专门委员会中担任职务。

第 80 条 国会议员拥有豁免权。

任何国会议员均不能因履行职责，表达观点、思想而被起诉、逮捕、拘留或监禁。

起诉、逮捕、拘留或监禁国会议员须经国会同意或在国会休会期间经国会常务委员会同意，确凿的刑事犯罪行为除外。在发现议员的刑事犯罪行为时，有关部门应及时向国会或国会常务委员会呈送报告，请求裁决。

国会常务委员会的决议须提交下次国会会议讨论，并经国会全体议员三分之二多数通过确认。

当国会全体议员的四分之三多数要求中止针对国会议员的拘留和起诉时，须立即中止拘留和起诉。

第 81 条　国会有运营预算自主权。

国会议员享受津贴。

第 82 条 （修正案）

大选结束后最晚 60 日内，由国王召集首次国会会议。

在履职前，国会应宣布每一位议员的议员资格合法有效，须依照绝对多数原则，分别选举产生国会主席、国会副主席和各国会专门委员会委员。

国会须依照绝对多数原则，通过内部规定。

国会议员必须宣誓就职，誓词见本宪法附件五。

第 83 条　国会每年召开两次常规会议。

每次会期 3 个月以上。如有国王的要求，或首相的请求，或国会三分之一以上议员的建议，国会常务委员会须召集非常大会。

非常大会的日程和会议时间须通知到每一位议员。

第 84 条　国会会议休会期间，由国会常务委员会履行工作职责。

国会常务委员会成员包括：国会主席、国会副主席和各专门委员会主席。

第 85 条　国会会议应在柬埔寨王国首都国会大厦召开，如因故变更，须于召集函中注明正当理由。

非上述情况，非上述地点，不按照邀请函中规定的时间举行的国会会议被视为非法和无效。

第 86 条　当国家处于紧急状态时，国会每日连续召开会议。如情况允许，国会有权宣布国家结束紧急状态。

如国会因外国武力占领等原因无法召集会议，则紧急状态将自动延续。

国家紧急状态期间，国会不得解散。

第 87 条　国会主席领导国会议员认可由国会通过的全部法案和决议，保证国会内部规定的实施，处理国会的全部国际联络事务。

如国会主席因故无法履行主席职责，如因健康原因，或出任代理国家元首，或出任摄政王，或赴国外执行公务，则由一位国会副主席代理主席职务。

如国会主席或国会副主席离职或离世，国会须重新投票选举主席或副主席。

第 88 条（修正案）

国会会议须公开举行。

依照国会主席，或十分之一以上的国会议员，或国王，或首相的提议，国会会议亦可以闭门举行。

国会会议如符合以下条件，则被视为有效：

1. 出席大会的议员人数超过议员总人数的三分之二，以便通过须要依照三分之二多数原则通过的法案或决议；

2. 出席大会的议员人数超过议员总人数的二分之一，以便通过须要依照二分之一绝对多数原则通过的法案或决议。

第 89 条　依照十分之一以上国会议员的提议，国会可以邀请知名人士到会就特别重要的问题做出说明。

第 90 条（修正案）

国会是立法权力机构，依照宪法和现行法律的规定履行职责。

国会负责通过国家预算、国家规划、国家借款、国家对外贷款、金融类协定，以及制定、修订或废除赋税。

国会通过政府预算。

国会通过大赦。

国会通过废除国际条约或国际协定。

国会通过宣布战争法案。

以上提案须依照国会议员总人数的绝对多数原则进行通过。

对政府的信任案，依照国会议员总人数的绝对多数原则投票通过。

第 91 条 （修正案）

参议院议员、国会议员和首相均有权提议制定法律。

人民代表有权提议修订法律。如修订提议涉及减少公共收入或增加公民负担，则不予采纳。

第 92 条　国会通过的提案如违背维护柬埔寨王国独立、主权和领土完整原则，影响国家政治统一或行政管理，须被视为无效。制宪委员会为唯一有权裁定无效机制的机构。

第 93 条 （修正案）

由国会通过，参议院完成审议，并经国王签署发布施行的法律，应于发布之日起 10 日后在首都金边施行，于发布之日起 20 日后在全国范围内施行。如该法律为特急，则应自发布当日起在全国范围内施行。

国王已经签署发布施行的法律须按照上述时间规定被列入王国事务，并在全国范围内颁布。

第 94 条　国会设立各专门委员会。各专门委员会的组织和执行由国会内部条例做出规定。

第 95 条　如国会议员在任期结束前 6 个月或 6 个月以上出现离世、离职或失去议员身份的情况，须依照国会内部条例和选举法选举新任议员。

第 96 条　议员有质询政府的权利。质询案应以书面形式，通过国会主席提交。

质询案可以由一名或多名大臣进行答复，依照质询问题涉及的部门而定。如问题涉及政府总体政策，须由首相亲自答复。

大臣或首相的答复可以采取口头的形式或书面的形式。

答复须在收到质询案后 7 日内做出。

如采取口头答复的形式，由国会主席决定是否进行辩论。如不进行辩论，则大臣或首相的答复将作为最终答复，质询结束。

如进行辩论，则质询方、其他发言人和相关大臣或首相可以当场进行辩论、交换意见，时长不应超过该次会议的会期。

国会规定每周须有一日用于回答质询。

无论如何，在答复质询期间，不得进行任何形式的投票活动。

第 97 条　国会各专门委员会可以邀请大臣对涉及职权范围内的问题进行解释。

第 98 条 （修正案）

国会依照全体国会议员绝对多数原则，通过不信任案，弹劾内阁成员或政府。

对政府的不信任案须由 30 名国会议员联名呈交国会，方可提交讨论。

## 第八章　参议院（修正案）

第 99 条 （修正案）

参议院是立法权力机构，依照宪法和现行法律履行职责。

参议院议员总人数不得超过国会议员总人数的一半。

参议院议员一部分由任命产生，一部分由内部投票选举产生。

参议院议员可以被重复任命和选举。候选人须为具备选举资格、年满 40 周岁、自出生以来始终为柬埔寨国籍的男女公民。

第 100 条 （修正案）

参议院议员 2 名由国王任命。

参议院议员 2 名由国会按照多数原则选举产生。

参议院其他议员由内部投票选举产生。

第 101 条 （修正案）

任命和选举产生参议院议员及有关选举人、被选举人和选区的规定之组织、执行程序另行立法规定。

第 102 条 （修正案）

参议院任期每届 6 年，于新一届参议院任职开始时终结。

战争期间或在无法举行大选的特殊情况下，参议院可以依照国王的提议，宣布延长任期 1 次，为期 1 年。

参议院宣布延长任期须经三分之二以上的议员同意。

当国家处于紧急状态时，参议院每日连续召开会议。如情况允许，参议院有权宣布国家结束紧急状态。

如参议院因外国武力占领等原因无法召集会议，则紧急状态自动延续。

第 103 条 （修正案）

参议院议员在任期内，不应担任公共事务职务、人民代表职务和宪法中规定的其他机构的职务。

第 104 条　参议院议员有豁免权。

任何参议院议员均不能因履行职责，表达观点、思想而被起诉、逮捕、拘留或监禁。

起诉、逮捕、拘留或监禁参议院议员须经参议院同意或在参议院休会期间经参议院常务委员会同意，确凿的刑事犯罪行为除外。在发现议员的刑事犯罪行为时，有关部门应及时向参议院或参议院常务委员会呈送报告，请求裁决。

参议院常务委员会的决议须提交下次参议院会议讨论，并经参议院全体议员三分之二多数通过确认。

当四分之三多数的参议院议员要求中止针对参议院议员的拘留和起诉时，须立即中止拘留和起诉。

第 105 条 （修正案）

参议院有运营预算自主权。

参议院议员享受津贴。

第 106 条 （修正案）

选举结束后 60 天内，由国王召集首次参议院会议。

参议院在履职前，须宣布每一位议员的议员资格合法有效，须依照绝对多数原则，分别选举产生参议院主席、参议院副主席和参议院各专门委员会委员。

参议院议员必须宣誓就职，誓词见本宪法附件七。

第 107 条 （修正案）

参议院每年召开常规会议 2 次。

每次会期3个月以上，如有国王的要求，或首相的请求，或参议院三分之一以上议员的建议，参议院须召集非常大会。

第108条 （修正案）

参议院会议休会期间，由参议院常务委员会履行工作职责。

参议院常务委员会成员包括：参议院主席、参议院副主席和各专门委员会主席。

第109条 （修正案）

参议院会议须于柬埔寨王国首都参议院大厦召开，如因故变更，须于召集函中注明正当理由。

非上述情况，非上述地点，不按函件规定的时间举行的参议院会议被视为非法和无效。

第110条 （修正案）

参议院主席领导参议院议员认可由参议院审核的全部法案和决议，保证参议院内部规定的实施，处理参议院的全部国际联络事务。

若参议院主席因故无法履行主席职责，如健康原因，或出任代理国家元首，或出任摄政王，或赴国外执行公务，则由一位参议院副主席代理主席职务。

如参议院主席或参议院副主席离职或离世，参议院须投票重新选举主席或副主席。

第111条 （修正案）

参议院会议须公开举行。

依照参议院主席，或十分之一以上的参议院议员，或国王，或首相的提议，参议院会议亦可闭门举行。

参议院会议如符合以下条件，则视为有效：

1. 出席大会的议员人数超过议员总人数的三分之二，以便审核须依照三分之二多数原则通过的法案或决议；

2. 出席大会的议员人数超过议员总人数的二分之一，以便审核须依照多数规则或绝对多数原则通过的法案或决议；

参议院沿用宪法中关于国会通过法案或决议的票决规定。

第 112 条 （修正案）

参议院有责任协调国会与政府之间的工作。

第 113 条 （修正案）

参议院须于 1 个月内审议完成由国会初次通过的法律草案或法律建议，以及国会提交审议的相关问题，并提出意见。如事出紧急，则须于 5 日内完成。

如参议院在规定的时限内同意或未提出意见，国会通过的法律将直接公布施行。

如参议院要求修改法律草案或法律建议，国会须立即对其进行第二次讨论。国会须直接对参议院提出的法律条文或要求修改的问题进行审核和裁决，是全部删除还是部分保留。

参议院与国会之间就法律草案或法律建议的工作来回间隔应不超过 1 个月。如审核的是国家预算或财政问题，则须缩减至 10 日内，如事出紧急，须缩减至 2 日内。

如国会审议超过时限或须延长审议时间，原则上国会、参议院的审议时间均须相应延长。

如参议院驳回法律草案或法律建议，国会在 1 个月内不得就该法案或建议提出第二次审议请求。如涉及审议国家预算和国家财政，间隔时间须减少至 15 日，如法案为特急，则减少至 4 日。

如需第二次提请审议法律草案或法律建议，国会须公开投票，依照绝对多数原则表决通过。

已经完成上述决议程序的法律草案或法律建议即可公布施行。

第 114 条 （修正案）

参议院设立各专门委员会。各专门委员会的组织和执行由参议院内部条例做出规定。该内部条例须经参议院全体议员依照绝对多数原则投票表决通过。

第 115 条 （修正案）

如参议院议员在任期结束前 6 个月或 6 个月以上出现离世、离职或失去议员身份的情况，须依照参议院内部条例和委任、选举参议院议员法委任或选举新任议员。

## 第九章　国会和参议院大会（修正案）

第 116 条 （修正案）

在必要的情况下，可以举行国会和参议院大会，处理国家重大事件。

第 117 条 （修正案）

如本宪法第 116 条所述之国家重大事件，以及组织和召开国会和参议院大会应另行立法规定。

## 第十章　政府（修正案）

第 118 条 （修正案，原第 99 条）

内阁是柬埔寨王国政府。

内阁接受一名首相领导，副首相协助首相工作，并由国务大臣、大臣和国务秘书组成。

第 119 条 （修正案，原第 100 条）

在国会主席和两位副主席意见统一的前提下，由国会主席提议，国王从赢得大选的党派中任命 1 名该党派代表负责组建政府。受任命的议员选择国会中的本党或其他党派代表，形成内阁名单，并提请国会审议新内阁信任案。国会审议通过信任案后，国王通过圣谕任命全体新内阁成员。

内阁成员必须宣誓就职，誓词见本宪法附件六。

第 120 条 （修正案，原第 101 条）

内阁成员不得从事商业经营、工业生产活动，不得在公共社会机构兼职。

第 121 条 （修正案，原第 102 条）

政府内阁成员原则上向国会负责。

各内阁成员各司其职，分别向首相、国会负责。

第 122 条 （修正案，原第 103 条）

政府内阁成员不得通过任何文字命令或口头转述，为自己须承担的责任进行开脱。

第 123 条 （修正案，原第 104 条）

政府内阁成员须每周召开 1 次大会或研讨会。

大会由首相主持。首相有权委派副首相主持召开研讨会。

会议记录须呈报国王。

第 124 条 （修正案，原第 105 条）

首相可以向副首相或内阁成员进行授权。

第 125 条 （修正案，原第 106 条）

如首相职位长期空缺，须依照本宪法重新组阁。如首相职位为暂时空缺，则须任命代理首相。

第 126 条 （修正案，原第 107 条）

政府内阁成员在履职过程中出现的刑事犯罪和轻度罪行均须受到惩罚。

对于履职过程中的犯罪和严重过失行为，国会有权通过决议，向法庭提起诉讼。

如遇上述情况，国会应依照绝对多数原则，通过无记名投票的方式做出决定。

第 127 条 （修正案，原第 108 条）

内阁组织和执行应另行立法做出规定。

## 第十一章　司法权力（修正案）

第 128 条 （修正案，原第 109 条）

司法权力独立。

司法权力用于维护公平正义，保护公民自由权利。

司法权力涵盖全部案件，包括行政案件。

最高法院，各级、各领域法院和法庭拥有司法权力。

第 129 条 （修正案，原第 110 条）

案件须以全体高棉国民的名义，通过法律程序，依照现行法律进行公正裁决。

法官独有审判权。法官须严格遵守法律，恪尽职守。

第 130 条 （修正案，原第 111 条）

任何立法或执法机构均不具有任何司法权力。

第 131 条 （修正案，原第 112 条）

只有检察机构有权进行法律监督。

第 132 条 （修正案，原第 113 条）

国王确保司法独立。最高司法委员会协助国王保证司法独立。

第 133 条 （修正案，原第 114 条）

法官不得被解除职务。但最高司法委员会有权裁定并惩罚违规法官。

第 134 条 （修正案，原第 115 条）

最高司法委员会应立法组建，并对委员会的组成和职能做出规定。

最高司法委员会对国王负责。国王可以指定一名国王的代表担任最高司法委员会主席。

法官、法院检察官的任命，由最高司法委员会呈禀国王。

最高司法委员会对涉及法官和检察官的案件裁决，须在最高法院院长或最高法院总检察长的主持下进行。

第 135 条 （修正案，原第 116 条）

法官和检察官的相关条例，以及司法机构的组成应另行立法做出规定。

## 第十二章　制宪委员会（修正案）

第 136 条 （修正案）

制宪委员会须确保宪法得以遵守和维护，负责解释宪法以及由国会通过、参议院审定的全部法律。

制宪委员会有权对国会议员选举、参议院议员选举过程中出现的分歧进行审查和裁决。

第 137 条 （修正案，原第 118 条）

制宪委员会由 9 人组成，每届任期 9 年。每 3 年，须更换制宪委员会中三分之一的成员。委员会中的 3 名委员由国王任命，3 名委员由国会选举产生，另外 3 名委员由最高司法委员会任命。

制宪委员会主席由制宪委员会成员选举产生。当委员会内部出现意见分歧且表决票数相当时，主席拥有最高裁决权。

第 138 条 （修正案，原第 119 条）

制宪委员会委员应在拥有法律、行政管理、外交或经济等专业高等学位的杰出人士当中进行遴选。委员须具有丰富的工作经验。

第 139 条 （修正案）

制宪委员会委员不得兼任参议院议员，国会议员，内阁成员，法官，公共职务，政党正、副主席，工会正、副主席。

第 140 条 （修正案）

国王、首相、国会主席、十分之一的国会议员、参议院主席或者四分之一的参议院议员，均有权将国会通过的法案在公布施行前提交制宪委员会审核。

国会、参议院的内部规定和各机构组织法均须在公布施行前提交制宪委员会审核。制宪委员会最晚于 30 日内裁定法案、内部规定是否符合宪法。

第 141 条 （修正案）

某部法律付诸实施以后，国王、参议院主席、国会主席、首相、四分之一的参议院议员、十分之一的国会议员或法庭，仍有权提请制宪委员会审核该法是否符合宪法。

国民有权通过国会议员，或国会主席，或参议院议员，或参议院主席对法律是否违背宪法精神提出申诉。

第 142 条 （修正案，原 123 条）

制宪委员会认为不符合宪法的法律条款不得公布实施。

制宪委员会的决议为终审决议。

第 143 条 （修正案，原第 124 条）

所有修改宪法的提议须由国王出面与制宪委员会进行协商。

第 144 条 （修正案，原第 125 条）

制宪委员会的组织和执行应另立相关机构组织法做出规定。

## 第十三章　行政管理（修正案）

第 145 条 （修正案）

柬埔寨王国行政区划分为首都、省、市、县、区、乡、分区。

第 146 条 （修正案）

首都、省、市、县、区、乡、分区的管理应另立相关机构组织法做出规定。

## 第十四章　全国大会（修正案）

第 147 条 （修正案，原第 128 条）

召开全国大会旨在让国民直接了解涉及国家利益的各项事务，国民通过大会向权力部门提出问题和要求，并寻求解决。

柬埔寨男女国民均有权参加全国大会。

第 148 条 （修正案，原第 129 条）

全国大会于每年 12 月初举办 1 次，由首相负责召集。

全国大会由国王主持召开。

第 149 条 （修正案）

经由全国大会通过的请求将呈送参议院、国会和相关权力部门进行讨论。

全国大会的组织和执行应另行立法做出规定。

## 第十五章　选举组织机构

第 150 条 （修正案）

国家选举组织委员会是法定的负责组织、安排和管理参议院议员选举、国会议员选举和其他选举的权力机构。

国家选举组织委员会应独立、中立地履行职权，保证选举自由、正确、公正地举行，符合多党自由民主的原则要求。

国家选举组织委员会成员不得担任公共事务职务和宪法规定的其他机构的职务。国家选举组织委员会成员不得出任政党党员，不得出任非政府组织、社团、工会或公司负责人。

国家选举组织委员会有运营预算自主权。

第 151 条 （修正案）

国家选举组织委员会由 9 人组成，任期 5 年。其中 4 人从组阁政党中遴选，4 人从国会中未参与组阁的政党中遴选，1 人由国会中的全部政党协议产生。

国会常务委员会应负责组织公开、透明地遴选国家选举组织委员会成员。国会常务委员会须将国家选举组织委员会成员名单呈交国会审议，并依照绝对多数原则通过信任案。

国家选举组织委员会成员由国王颁布圣谕任命。

如国家选举组织委员会成员失去成员资格，国会常务委员会应按照法律程序于失去成员资格当日起最晚 15 日内遴选替换新成员。遴选新成员的法律程序应另行立法做出规定。

如出现未能及时成立国家选举组织委员会的情况，原国家选举组织委员会应继续履行职责，依法组织安排选举工作。

国家选举组织委员会的组织和执行应另行立法做出规定。

## 第十六章　宪法的权威、评估和修订

第 152 条 （修正案，原第 131 条）

宪法是柬埔寨王国的最高法律。

国家各机构的法律法规和决议均须与宪法保持绝对一致。

第 153 条 （修正案，原第 132 条）

国王、首相和国会主席均有权依照国会四分之一议员的提议，提出评估或修订宪法。

评估或修订宪法须依照国会通过的法律规定执行，并经三分之二国会议员同意。

第 154 条 （修正案，原第 133 条）

如遇本宪法第 86 条所述之国家紧急状态，禁止评估或修订宪法。

第 155 条 （修正案，原第 134 条）

评估或修订宪法的动议不得与多党自由民主制度和君主立宪制度相抵触。

## 第十七章　过渡条款

第 156 条 （修正案）

本宪法通过后，由柬埔寨王国国王宣布，并立即施行。

第 157 条 （修正案，原第 136 条）

本宪法公布施行后，原制宪议会立即转为国会。

国会的内部规定自国会通过之后起立即施行。

在国会未能开始运行的情况下，如国家需要，原制宪会议主席、第一副主席和第二副主席将参与成为王位委员会成员。

第 158 条 （修正案）

宪法公布施行后，国王的选任须依照本宪法第 13 条和第 14 条规定执行。

第 159 条 （修正案）

第一届参议院任期五年，任期于新一届参议院任职开始时终结。

以下规定适用于首届参议院：

1. 首届参议院有参议员 61 名，其中 2 名参议员，参议院主席、第一副主席和第二副主席由国王任命。

2. 其余议员由国王依照参议院主席和国会主席的建议，从组成国会的政党党员中遴选任命。

3. 国会和参议院大会由两院主席联合主持。

第 160 条 （修正案，原第 139 条）

现行之符合国家利益，保护国有财产、自由权利和合法私人财产的法律法规继续有效，直至出现新的修改或者废除。与本宪法精神相悖之法律除外。

## 附件一：

柬埔寨王国国旗

## 附件二：

柬埔寨王国国歌:《王国》

## 附件三：

柬埔寨王国国徽

## 附件四：

### 柬埔寨国王誓词

我宣誓遵守柬埔寨王国宪法和其他法律，决心为国家和国民的利益服务。

## 附件五：

### 柬埔寨王国国会主席、副主席、议员誓词

我们在国王、僧王和神明的见证下宣誓：

当我们履行国民赋予的职务、职责之时，我们决心遵守宪法，永远为国民、民族和祖国谋福祉，绝不为个人、家庭、党群或集团谋私利。

为柬埔寨王国的独立自主，为柬埔寨王国的主权完整，为延续 1963 年至 1969 年的合法领土之完整，为民族统一和不容分裂与干涉，我们永远敢于奉献生命。

我们决心永远坚持柬埔寨王国中立和不结盟精神，绝不允许外来侵略，绝不允许干涉柬埔寨国内和国际政治政策，绝不损害柬埔寨国民、民族和国家利益，为他国谋福利。

解决国内、国际问题的时候，我们坚决摒弃暴力行为。

但是，柬埔寨王国将永远保留武力对抗外来侵略、保卫国家的权利。

我们决心永远遵行民主、自由，维护议会制度和多党制度，坚决尊重人权和遵守《世界人权宣言》。

我们决心对抗腐败，对抗社会邪恶，为民族团结、民族统一、社会安定、国家安全、国民的幸福安康、国家的繁荣昌盛而不懈奋斗。

## 附件六：

### 柬埔寨王国首相、内阁成员誓词

我们在国王、僧王和神明的见证下宣誓：

当我们履行国民赋予的职务、职责之时，我们决心遵守宪法，永远为国民、民族和祖国谋福祉，绝不为个人、家庭、党群或集团谋私利。

为柬埔寨王国的独立自主，为柬埔寨王国的主权完整，为延续 1963 年至 1969 年的合法领土之完整，为民族统一和不容分裂与干涉，我们永远敢于奉献生命。

我们决心永远坚持柬埔寨王国中立和不结盟精神，绝不允许外来侵略，绝不允许干涉柬埔寨国内和国际政治政策，绝不损害柬埔寨国民、民族和国家利益，为他国谋福利。

解决国内、国际问题的时候，我们坚决摒弃暴力行为。

但是，柬埔寨王国将永远保留武力对抗外来侵略、保卫国家的权利。

我们决心永远遵行民主、自由，维护议会制度和多党制度，坚决尊重人权和遵守《世界人权宣言》。

我们决心对抗腐败，对抗社会邪恶，为民族团结、民族统一、社会安定、国家安全、国民的幸福安康、国家的繁荣昌盛而不懈奋斗。

## 附件七：

### 柬埔寨王国参议院主席、副主席、议员誓词

我们在国王、僧王和神明的见证下宣誓：

当我们履行国民赋予的职务、职责之时，我们决心遵守宪法，永远为国民、民族和祖国谋福祉，绝不为个人、家庭、党群或集团谋私利。

为柬埔寨王国的独立自主，为柬埔寨王国的主权完整，为延续 1963 年至 1969 年的合法领土之完整，为民族统一和不容分裂与干涉，我们永远敢于奉献生命。

我们决心永远坚持柬埔寨王国中立和不结盟精神，绝不允许外来侵略，绝不允许干涉柬埔寨国内和国际政治政策，绝不损害柬埔寨国民、民族和国家利益，为他国谋福利。

解决国内、国际问题的时候，我们坚决摒弃暴力行为。

但是，柬埔寨王国将永远保留武力对抗外来侵略、保卫国家的权利。

我们决心永远遵行民主、自由，维护议会制度和多党制度，坚决尊重人权和遵守《世界人权宣言》。

我们决心对抗腐败，对抗社会邪恶，为民族团结、民族统一、社会安定、国家安全、国民的幸福安康、国家的繁荣昌盛而不懈奋斗。

责任编辑：米良

# 《亚非研究》稿约

《亚非研究》（*Journal of Asian and African Studies*）创刊于2007年，由北京外国语大学亚非学院主办，是国内亚非研究领域的专业性集刊。经过多年发展，在国内外专家、学者的支持帮助下，其专业性、权威性已获得国内同行的认可和好评，也为国家亚非问题决策提供了智力支持。

根据发展的需要，《亚非研究》从2015年起改版，由每年1期改为每年2期，每年上半年和下半年各出1期。现面向国内外亚非问题专家、学者征稿，欢迎惠赐论文、译作和学术书评，并请注意以下事项。

一、稿件内容范围：涉及亚洲、非洲任何国家或地区的任何问题，包括政治、经济、法律、文化、历史、民族、宗教、语言文学、国际关系、安全、军事、环境保护等所有社会科学和人文学科的论文，均属于本刊的征稿范围。译作应选择重要、权威、经典的亚非研究相关文献。学术书评应为包括内容概括、学术史回顾、具有真知灼见的评论文章。

二、稿件规范：论文应包括问题提出、文献回顾、逻辑推论和结论等完整内容；形式上应包括文章标题、摘要、关键词、正文、注释、作者简介等部分。文章标题一般不超过15个字。摘要部分字数通常在300字以内，简要介绍论文的研究问题、研究目的、研究发现和结论。关键词一般为3~5个词，能够表现论文的主题、研究领域、创新点等。作者简介包括姓名、单位、职务、职称、学位、研究方向、电子邮箱、电话、通信地址等。来稿字数以8000字左右为宜，特殊稿件不超过1.5万字。如为译文，请附外文原文。

三、投稿方式：请通过电子邮箱 yfyj@bfsu.edu.cn 投稿或寄送纸质稿件。邮寄地址：北京市海淀区西三环北路 2 号北京外国语大学亚非学院《亚非研究》编辑部，邮编：100089，联系电话：010-88818350。

四、本刊拟加入相关数据库，来稿如不同意编入电子数据库，请书面声明。

五、本刊有权对来稿做技术性删改，如不同意删改，请在来稿中注明。

六、本刊实行专家匿名审稿制度。如编辑部收稿后三个月内未发出用稿通知，请作者自行处理。

《亚非研究》编辑部

北京外国语大学亚非学院

图书在版编目(CIP)数据

亚非研究. 2018年. 第一辑：总第13辑 / 孙晓萌主编. -- 北京：社会科学文献出版社，2018.8
ISBN 978-7-5201-3164-3

Ⅰ. ①亚… Ⅱ. ①孙… Ⅲ. ①亚洲-研究-丛刊 ②非洲-研究-丛刊 Ⅳ. ①D73-55 ②D74-55

中国版本图书馆CIP数据核字（2018）第166449号

亚非研究（2018年第一辑）总第13辑

主　　编 / 孙晓萌

出 版 人 / 谢寿光
项目统筹 / 高明秀
责任编辑 / 王晓卿　张旭东

出　　版 / 社会科学文献出版社·当代世界出版分社（010）59367004
地址：北京市北三环中路甲29号院华龙大厦　邮编：100029
网址：www.ssap.com.cn
发　　行 / 市场营销中心（010）59367081　59367018
印　　装 / 三河市尚艺印装有限公司

规　　格 / 开　本：787mm×1092mm　1/16
印　张：20.25　字　数：302千字
版　　次 / 2018年8月第1版　2018年8月第1次印刷
书　　号 / ISBN 978-7-5201-3164-3
定　　价 / 89.00元

本书如有印装质量问题，请与读者服务中心（010-59367028）联系